Impressum

1. Auflage 2021

in der Verlagsgruppe MusketierVerlag GmbH, Bremen,
Konsul Smidt Straße 92,
28217 Bremen
www.musketierverlag.com
Designidee: Harald Glööckler
Autor: Harald Glööckler
Illustrationen: Harald Glööckler
Coverdesign: Harald Glööckler
Grafik : Christian Schmitt, MusketierVerlag
Lektorat: Vivien Catharina Altenau
Satz: Christian Schmitt, MusketierVerlag
Printed in Germany
ISBN: 9783946635437

Inhaltsverzeichnis

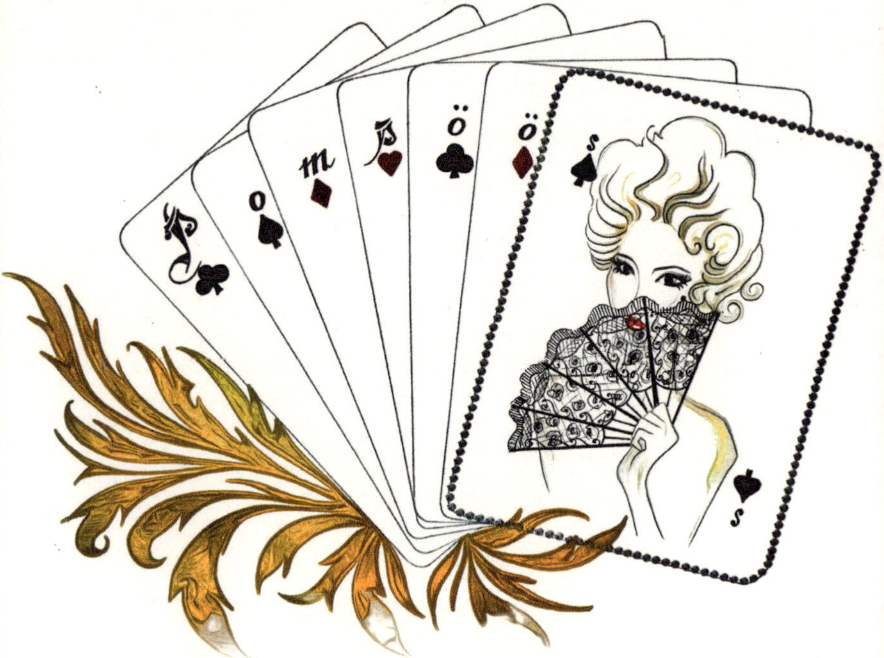
P
o
m
ß
ö
ö
s

Status quo

Als Kind wirkt das Leben für viele von uns wie ein großes, leeres, weißes Blatt, welches noch beschrieben werden muss. Ich aber betrachte unser Dasein anders! Für mich ist das Blatt bereits beschrieben, dessen Schrift und Deutung erkennen wir jedoch erst, wenn wir reif genug sind. Eine Geheimschrift sozusagen, wie bei einem mit Zitronensaft beschriebenen Blatt, die man erst erkennen kann, wenn man es über Feuer hält. So stelle ich es mir vor. Das Leben von uns allen ist bereits vorgeschrieben, allerdings mit verschiedenen Möglichkeiten, die noch nicht gänzlich zu erkennen sind. Auf meinem Blatt stehen also verschiedene Dinge und unterschiedliche Wege und je nach dem, wie rein das Feuer ist, kommt das eine oder andere, das Positive oder Negative zum Vorschein.

Da kann das vermeintlich Negative auch das Positive sein, weil es uns eine Erfahrung gewährt, aus der wir lernen können. Wir machen Erfahrungen, keine Fehler! Alles unterliegt einer Fügung des Schicksals und keinem Zufall. Und selbst wenn wir oftmals denken: „Das ist nicht das, was ich wollte“, kann sich daraus etwas Wunderbares ergeben. Das Schicksal kennt nicht immer den direkten Weg, sondern geht oft auch Umwege, die uns schließlich doch zum Ziel führen.

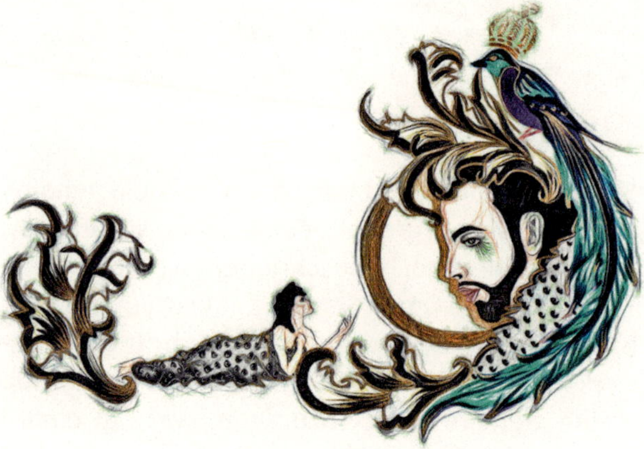

„HARALD GLÖÖCKLER
– Star-Designer und Kreativgenie“
(Business Voice Magazin)

„Mit preußischer Disziplin und kreativem Freigeist kreiert er seine Pompöös-Lifestylewelt, in der die markante POMPÖÖS-Krone sein Markenzeichen ist und er sich selbst als lebendes Kunstobjekt sieht …“
(Business Voice Magazin)

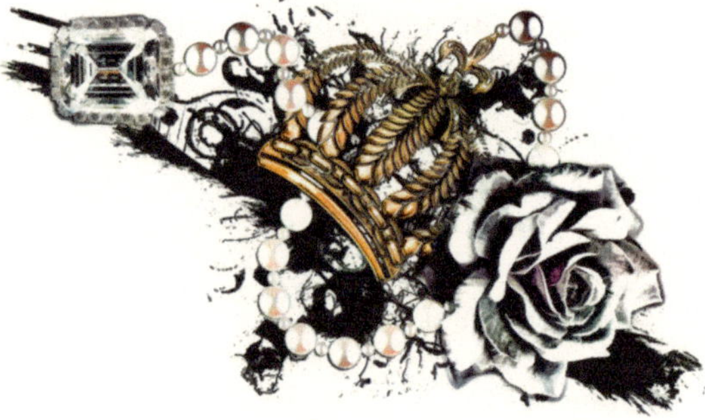

Fabel

Es lebte einmal ein Prinz in einem modernen Palast über den Dächern von Berlin. Der Prinz war Tag und Nacht damit beschäftigt, alle Prinzessinnen des Landes schön zu machen. Er ließ die großartigsten Roben und schönsten Juwelen anfertigen, denn es war weithin bekannt, dass in seinem Königreich die schönsten Prinzessinnen leben würden. Eines Tages beschloss der Prinz, aus der Stadt hinaus aufs Land zu ziehen. Es kam ihm zu Ohren, da gäbe es ein kleines verwunschenes Schloss inmitten eines großen Parks. Das Schloss und der Park waren seit über hundert Jahren unbewohnt und riesige Dornenhecken überwucherten den Park, sodass das Schloss kaum noch zu erkennen war. Seit langem hatte kein Mensch mehr diesen Ort betreten. Der Prinz beabsichtigte, das Schloss zu kaufen und so machte er sich auf den Weg. Dort angekommen mussten ihm seine treuen Gefolgsleute mit Mühe eine Schneise schlagen, durch all die Dornenhecken und Lianen, welche den Park überwucherten. Seine Berater rieten ihm von dem Kauf ab, da auch das Schloss selbst in einem schrecklich maroden Zustand war. Er aber ließ sich nicht beirren, denn es war ihm von Anfang an klar, dass dies ein besonderer Fleck Erde mit einer inspirierenden Energie war. Sein bester Freund und treuer Begleiter war ein kleiner Hund namens Billy King. Billy King war ein ganz besonderer Hund, ein Papillon. Die Papillons gelten weltweit als die grazilsten Hunde. Der kleine Billy inspizierte den Park sehr genau, entdeckte Eichhörnchen, einen Marder, Bussarde, einen Kauz und allerlei andere Vögel und Tiere. Aber er entdeckte auch die Kobolde, Elfen und Naturgeister.

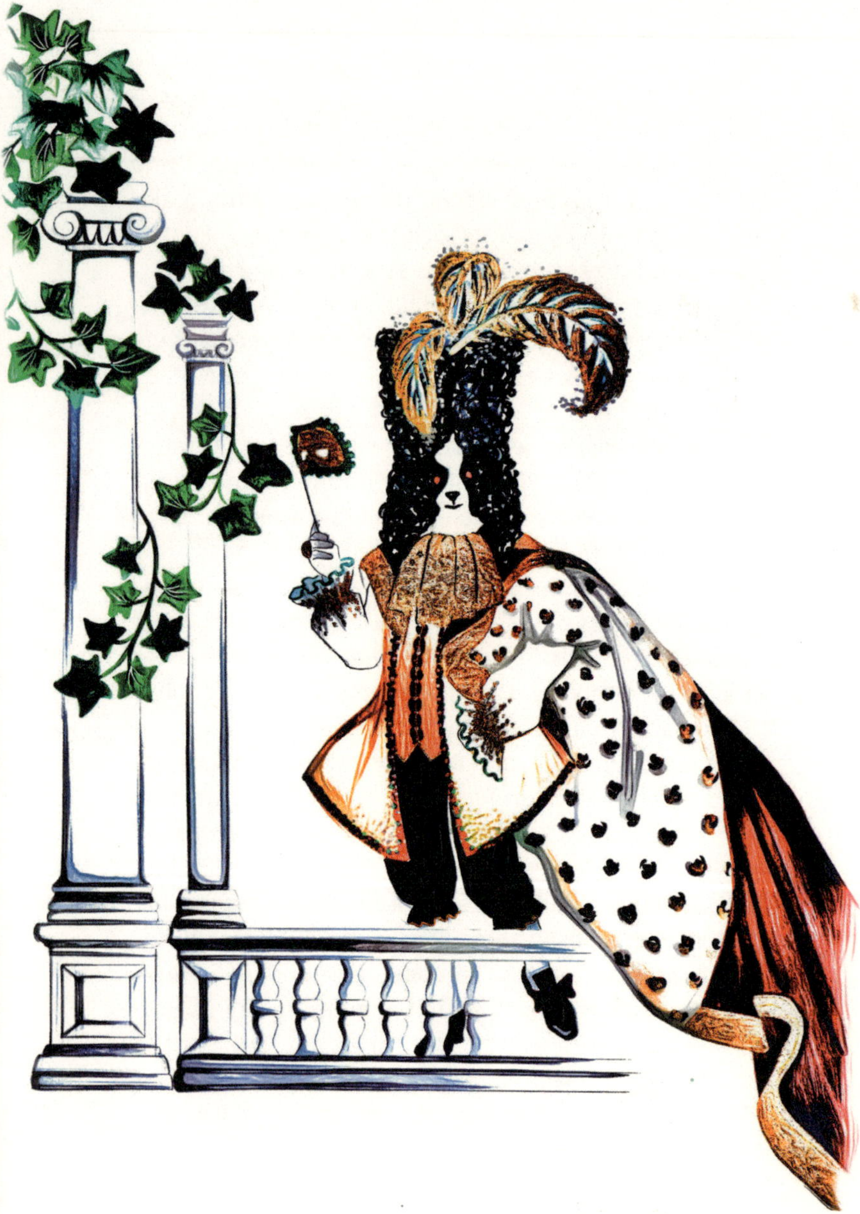

Dies alles blieb auch dem Prinzen nicht verborgen. Er kaufte das Schloss und den Park, viele fleißige Handwerker und Gärtner renovierten und setzten seine Visionen um. Der Park wurde im Stil des Barocks angelegt, überall standen opulente Skulpturen. Es blühte und es duftete verführerisch nach Rosen und Jasmin. Doch es gab auch versteckte Ecken und Nischen, wo sich die Elfen und Schutzgeister aufhalten konnten. Das Schloss wurde mit seinen kostbaren Tapeten, dicken Teppichen, in denen man versank, brillanten Kronleuchtern und seinem kostbaren Mobiliar eines der schönsten Anwesen im Land. Alles war vom Prinzen selbst entworfen und entsprach daher dem feinsten Geschmack. An diesem wunderschönen Ort lebte der Prinz mit seinem kleinen Hund glücklich und zufrieden im Einklang mit sich, der Natur und all den zauberhaften Wesen.

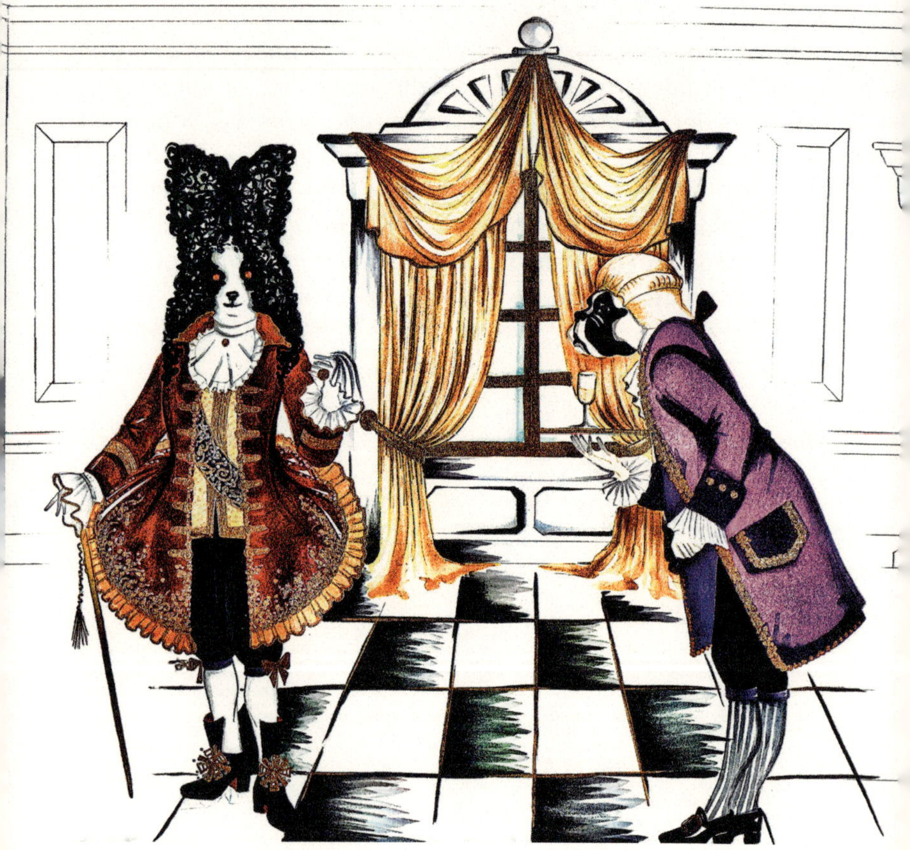

Beginn

Wenn man ein solches Buch schreibt, sein Leben und die Momente darin erinnert, dann reflektiert man auch eben jenes große Ganze, um das es eigentlich im Leben geht. Welche sind die Attribute, die meinen Charakter ausmachen? Was sind die Parameter, die Säulen, auf denen mein Leben stützt, die mich und mein Leben stützen? Was ist mir wichtig? Ich schätze vor allem Treue, Loyalität, Zuverlässigkeit, Disziplin, Pflichtbewusstsein und Integrität. Dies sind die absolut wichtigsten Attribute in meinem Leben. Teilweise sind solche Eigenschaften sicherlich angeboren. Wenn nicht, können sie jedoch auch erlernt werden. Vor allem aber müssen sie immer wieder auf den Prüfstand gestellt und gepflegt werden. Da ist aber noch etwas Anderes und ich denke, in diesem Fall unterscheide ich mich wesentlich von so manchem meiner Zeitgenossen: Meine faszinierende, alles überstrahlende Fantasie. Wir werden dazu erzogen, das Leben sei schwer und mühsam, man müsse sich mit Gegebenheiten abfinden. Denn wir unterliegen dem Trugschluss: Wer arm geboren wurde, sei im Nachteil und habe keinerlei Chancen, nach ganz oben zu gelangen. Diese Resignation, dieses eingeschränkte, geradezu destruktive Denken war mir von klein auf fremd. Für mich gab es niemals Begrenzungen oder Einschränkungen. In meiner Fantasie und in meinen Gedanken ist und war schon von jeher alles möglich. Für mich ist das Leben voller Wunder und diese wollte und will ich immer wieder neu entdecken. Ich bin zwar von Natur aus, nicht zuletzt auch bedingt durch meine Kindheit, wohl eher ein melancholischer, schwermütiger Mensch, aber ich habe da eben auch diese angeborene rosa Brille. Diese Faszination und die Gabe, alles schöner und größer zu sehen, als es ist, erscheint mir sicherlich mein größtes Geschenk zu sein. Viele von uns Menschen verwechseln Realität mit Wahrheit. Dies sind zwei völlig unterschiedliche Dinge. Die Wahrheit ist jenseits der Realität, denn die Realität ist eine Projektion, ein Trugschluss und jeden Moment bereit, jede gewünschte Form anzunehmen. Wir gestalten unsere Realität und damit unsere Zustände und unser Leben ständig neu. Wenn Menschen mich fragen, wie ich die Person geworden bin, die ich heute bin, frage ich mich: „Was soll ich da antworten?" Die Frage an sich ist schon falsch! Denn man ist nicht so geworden, man hat im höchsten Fall etwas an sich entdeckt. Es ist ja nicht so, dass wir unperfekt wären und etwas hinzugefügt werden müsste. Vielmehr verhält es sich wie bei einer archäologischen Ausgrabung: man entdeckt Dinge an sich, die verschollen, vergraben im Verborgenen liegen. Auch scheint es mir so, dass die Einen interessierter sind als die Anderen und der Eine oder Andere durchaus mehr erfahren, wissen und erlernen möchte als sein Gegenüber. Ich war schon vom Kindesalter an extrem neugierig auf das Leben und versuchte, alles aufzuschnappen, was ich konnte. Mir wurde sehr schnell klar, dass man manches Mal auch auf das achten sollte, was nicht gesagt wird, da dies wichtiger ist als das, was so bereitwillig ausgesprochen wurde. Schon sehr früh hatte ich das Gefühl, dass in mir nicht nur eine Persönlichkeit schlummert, sondern dass ich so viele Möglichkeiten der Entfaltung besitze, wie ich nur möchte. Mir kam es gar nicht in den Sinn, Gegebenheiten einfach so hinzunehmen und mein Leben, wie so viele um mich herum, resignierend hinzunehmen, wie ein Opferlamm. Ich wollte mich nicht zufriedengeben mit dem, was mir mein Umfeld bislang anbot, ich wollte nicht ein Stück vom Kuchen, ich wollte die ganze Bäckerei.

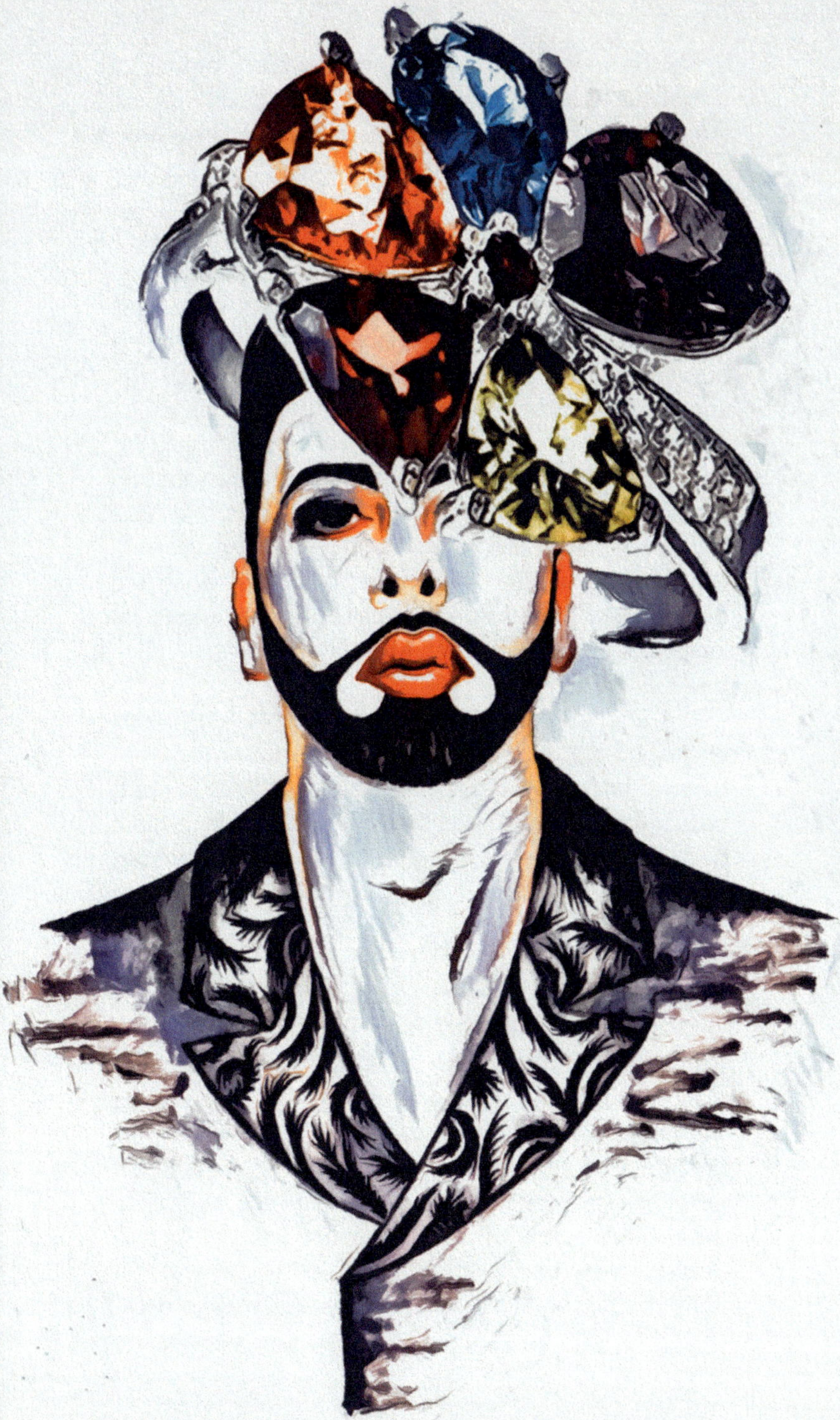

Ich hatte meine Träume, meine Fantasien, meine Visionen und die setzte ich um. Ich wurde militärisch streng erzogen. Meine Kindheit war wahrhaftig nicht einfach, mein Vater führte ein diktatorisches, fast terroristisches Regime. Ich war jedoch ein sehr ruhiges, fügsames Kind, zu rebellieren oder mich aufzulehnen war mir fremd. Zudem war ich dazu viel zu beschäftigt mit dem Erschaffen meiner eigenen Welt. Um es frank und frei zu sagen: Ich habe mich irgendwann komplett ausgeklinkt und begonnen, mein eigenes Ding zu machen. Meine Eltern hatten ein Gasthaus mit großen Gesellschaften und somit wurde ich sehr früh dazu angehalten, stets zu jedem höflich und nett zu sein und meine *Honneurs* zu machen. Egal, ob Gäste oder Personal, ich hatte allen respektvoll entgegenzutreten. Obwohl wir auf dem Land lebten, hatten wir aufgrund der guten Küche ein sehr exquisites Publikum und ich lernte die interessantesten Menschen kennen.

Die Ehe meiner Eltern war zerrüttet, mein Vater war jähzornig, aggressiv und brutal, quasi eine wandelnde Zeitbombe. Seine Gewalttätigkeit ging so weit, dass meine Mutter eines Tages, als sie wieder einmal nach einer solchen Attacke ärztlich versorgt werden musste, nicht mehr aus dem Krankenhaus nach Hause zurückkehrte.

Meine ganze Kindheit und Jugend erlebte ich in kriegsähnlichen Zuständen und ich lernte sehr früh zwischen den Zeilen zu lesen, auf der Hut und wachsam zu sein. Es gab aber auch sehr viele schöne Momente. Wie bereits erwähnt: Meine Kindheit verbrachte ich auf dem Lande und das war im Nachhinein gesehen ein großes Glück! Wir hatten viele, sehr viele unterschiedliche Tiere. Da war zum Beispiel unsere Rottweiler-Hündin Bella vom Bühlertal. Sie war ein wunderschöner Hund und liebte mich abgöttisch.

Ich erinnere mich noch gerne daran, als sie Welpen bekam. Acht kleine Bellas. Sie waren so süß und klein, einfach zum Knuddeln. Auch die Stummenten hatten Nachwuchs bekommen: Die Entenmutter war schwarz-weiß gefiedert und die kleinen Entlein sonnengelb. Wenn Bella in ihre Nähe kam, griff die Entenmutter todesmutig an. Das wäre jedoch völlig unnötig gewesen, denn Bella hätte den kleinen Entenküken nie etwas zuleide getan, dies jedoch konnte die tapfere Entenmutter nicht wissen. Und Angriff ist mitunter die beste Verteidigung. Wir hatten aber auch Falken, Bussarde, ein Pony, Zwerghühner – fast einen ganzen Zoo. Eine heile Welt, wie man so schön sagt. Alles wirkte ein wenig wie aus einem Märchen. Wundervoll war für mich der riesige Birnenbaum des Hufschmieds, dessen Schmiede direkt gegenüber unserem Haus neben der Kirche lag. Die Äste des Baumes bogen sich unter der Last der Birnen. Hunderte, ich glaube tausende, kleiner, wohlschmeckender Birnen trugen seine Äste. Der Geschmack war unvergleichlich. Sie waren eher klein und hatten eine zarte Schale. Wenn man hineinbiss, dann explodierte ein Genussfeuerwerk. Die Birnen, die man dagegen heutzutage zu kaufen bekommt, sind nur ein schlechter Abklatsch davon. Der Boden war übersät mit unzähligen kleinen Birnen und es schwirrten unendlich viele Bienen und Wespen um diesen reich gedeckten Tisch. Ich freute mich, dass auch den Insekten dieser Ort gegeben war und betete zu Gott, dass der Baum niemals gefällt würde. Er wurde es nicht. Wir waren oft beim Schmied in der Nachbarschaft. Er war ein gütiger Mann, der uns Kinder gerne empfing.

Nicht selten brachte seine Frau uns eine Tasche, damit wir so viel wie möglich von diesen wunderbaren, wohlschmeckenden Birnen mitnehmen konnten. So etwas war übrigens auf dem Land selbstverständlich.

Wenn man etwas hatte, dann teilte man, ob das nun Birnen waren oder Blumen. Besonders interessant war es für uns, wenn Pferde zu ihm gebracht wurden, um neue Hufeisen zu bekommen. Die Pferde standen wiehernd und schnaubend, mit den Hufen scharrend vor der Schmiede, während der Schmied drinnen das Eisen in der heißen Glut des Ofens erhitzte, dass die Funken nur so flogen. Ich betrachtete das Schauspiel immer wieder, sah ich doch fasziniert in den Funken unzählige Derwische tanzen. Die glühenden Eisen wurden mit einer Zange gebogen, indem er mit dem Hammer auf das Metall schlug, bis es die Form eines Hufes hatte. Wie ein maßgeschneiderter Schuh für Pferde. Dann wurden die Hufe ausgeputzt. Mit einem Haken wurden Erde, Dreck und Heu herausgeschabt. Als der Schmied dann ansetzte und das rot schimmernde, heiße Eisen an die Hufe des Pferdes legte, hatte ich immer entsetzliche Angst, er könne damit das Pferd verletzen. Doch meine Sorge war unbegründet. Es rauchte zwar wie verrückt und auch das Hämmern war nicht zu überhören, doch den Pferden ging es gut, das versicherte uns der gute Schmied. Sie waren allesamt wohlgenährt und wurden gehegt und gepflegt. Am Schluss wurden die Hufe schwarz eingeschmiert – das Pferd sah fantastisch aus. Noch heute habe ich den Geruch des verbrannten Horns in der Nase, wenn ich daran denke. Für mich ein unglaublich angenehmer Geruch voller Erinnerungen.

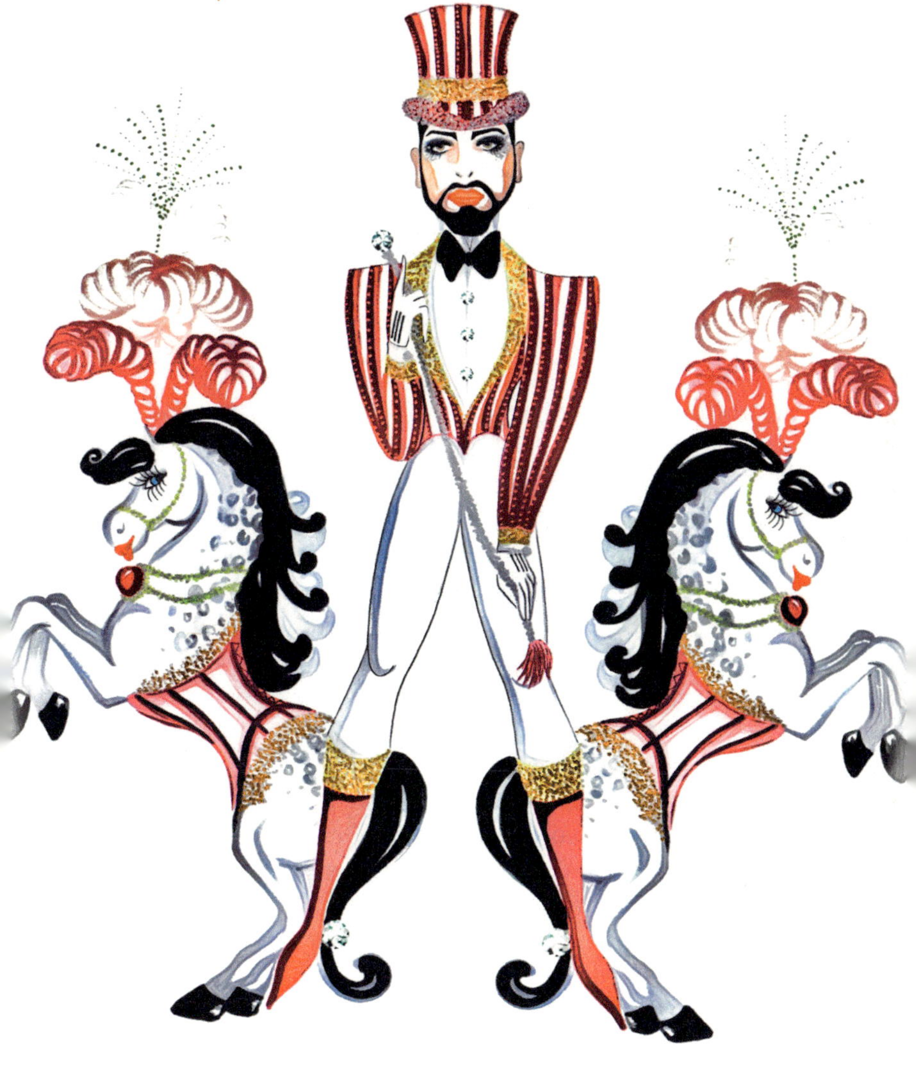

Ich möchte Ihnen mein Leben aus meiner Perspektive zeichnen und sie in meine Welt des erlebten Seins entführen. In diesem Buch geht es vor allem darum, wieso, wie und wann Harald zum Prince of POMPÖÖS wurde. Es geht um Träume und Visionen und um die Möglichkeiten, das Leben auszuschöpfen. In meinem Leben gab es viele Hochs und Tiefs und auch so manche Rückschläge. In diesem Buch halte ich es getreu den erwähnten Worten meiner Großmutter. „Immer nach vorne sehen“ und „leben und leben lassen“ sind meine Devisen. Man hat mich so erzogen, dass es sich nicht gehört, Menschen zu sezieren, zu kategorisieren, auf sie hinab zu schauen. Denn das ist nichts anderes als ganz, ganz schlechter Stil. Ich muss nicht damit konform gehen, was andere machen, aber es geht mich auch nichts an und man sollte einfach akzeptieren, dass wir alle unterschiedlich sind und dass dies auch gut so ist. Für mich ist jeder Mensch etwas Besonderes, denn ich betrachte niemanden nach seiner Herkunft oder Hülle. Für mich zählt einzig und allein die Seele. Wir sollten verinnerlichen, dass wir am Ende des Tages alle denselben Weg nehmen, und zwar zum Friedhof. Und den nehmen wir stets allein. Aber bis dahin sollten wir das Leben auskosten mit allen Möglichkeiten und Sinnen, das Beste und Allerletzte aus dem Leben herauspressen. Die besten Geschichten schreibt das Leben selbst. Man hat uns dazu erzogen, das Leben sei schwer. Ich hingegen möchte mir die Geschichte erzählen, dass das Leben die wunderbarste Reise ist, die wir machen können. Das Leben ist so, wie wir es sehen. Es ist alles möglich! Nichts ist unmöglich, wenn wir unsere Kindheitsträume leben und sie uns ein Leben lang erhalten. Dann werden wir durchs Leben gehen wie durch ein Wunderland. Ich wünsche Ihnen nun eine gute Reise durch das spannende Leben des Prince of POMPÖÖS. Schnallen Sie sich gut an. Es wird mitunter sehr aufregend werden.

Romantische Momente

Vorab gleich einmal ein Geständnis ... ich bin ein unverbesserlicher Romantiker. Wir leben in einer Zeit, in der Romantik im gleichen Maße notwendig wie selten ist.

Die Süddeutsche Zeitung schrieb einmal sinngemäß: „Wenn man Harald Glööckler begegnet, ist es, als würde Alice im Wunderland einen an die Hand nehmen. Die Welt wird größer, schöner und bunter sein. Harald Glööckler macht das, was die Romantiker bereits vor zweihundert Jahren gefordert haben. Deutschland braucht so einen Menschen wie Harald Glööckler."

Romantiker sind zumeist Menschen, welche die Welt für besser halten als sie ist. Treibende Kraft der deutschen Romantik ist eine in die Unendlichkeit gerichtete Sehnsucht nach Heilung der Welt, nach der Zusammenführung von Gegensätzen zu einem harmonischen Ganzen. Im Gegensatz zur Rationalität der Aufklärung und Idealisierung der Klassik wandten sich die Vertreter der Romantik eher zur eigenen Kultur, zur Sagen- und Mythenwelt des Mittelalters. Und eben diese ließen die Welt für mich schon immer schöner aussehen, als sie eigentlich war. Gestatten Sie mir, Sie an einige Künstler zu erinnern, die man zweifelsohne als die berühmtesten Vertreter der Romantik bezeichnen darf: Felix Mendelssohn-Bartholdy, Heinrich Heine, die Brüder Grimm, Wilhelm Hauff, Johannes Brahms, Frédéric Chopin, Richard Wagner, um nur einige zu nennen.

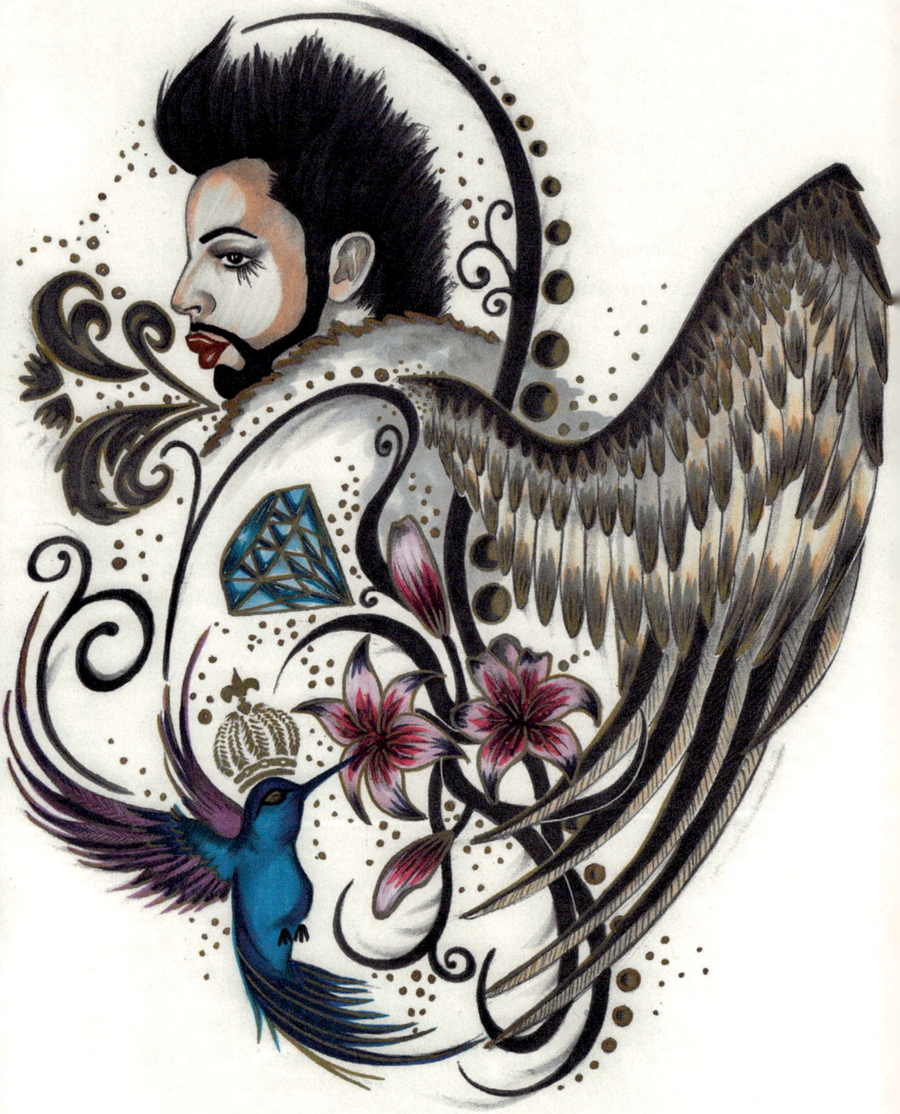

Wenn also diese Menschen, diese großartigen Künstler, die Welt und die Zukunft für besser gehalten haben als sie war, ja, dann frage ich Sie, war das ein Fehler? Verdanken wir nicht gerade ihnen die größten Schöpfungen der Menschheitsgeschichte? Wir alle kennen das Märchen von „Hänsel und Gretel" und lieben es. Wir erinnern uns gerne daran, wie wir das erste Mal zu einem klassischen Konzert gingen und den Klängen von Brahms lauschten. Was wären wir ohne „Tristan und Isolde" oder „Othello"? Das sind Werke, die uns ein Leben lang über Generationen hinweg begleiten. Diese Künstler haben die Romantik ins Leben gerufen. Ihnen haben wir es zu verdanken, dass wir träumen können, von Prinzessinnen und Prinzen und einem Happy End. Der eine oder andere von Ihnen kann sich bestimmt noch daran erinnern, wie Ihnen als Kind von Ihrer Mutter oder Großmutter aus Märchenbüchern vorgelesen wurde. Wie haben wir es geliebt, wenn sie sich neben uns gekuschelt hat, das schwere Buch vom Nachttisch holte und uns in die Welt von Aschenputtel, Dornröschen oder Schneewittchen entführte. Immer waren diese Prinzessinnen wunderschön, lebten jedoch meist sehr unglücklich, weil die böse Stiefmutter ihnen das Leben zur Hölle machte, wurden aber dann von einem Prinzen gerettet und lebten mit diesem glücklich bis an ihr Lebensende. Alle diese Geschichten sind Märchen, also frei erfunden. Und dennoch bleiben sie ein Leben lang in den Köpfen der Frauen. Nicht zu Unrecht. Denn ich bin fest davon überzeugt: Sie möchten alle leben wie eine Prinzessin, aussehen wie eine und das Happy End erleben, das auch Aschenputtel, Schneewittchen oder Dornröschen zuteilwurde. So wie wir uns als Kind entscheiden, welches Märchen wir am meisten lieben, so haben wir auch im Unterbewusstsein entschieden, welches Märchen wir leben. Fege ich täglich die Asche vom Boden und lasse auf mir herumtrampeln oder tanze ich in einem voluminösen, prächtigen Kleid auf einem Ball? Sie sind der Regisseur Ihres Lebens. Sie schreiben das Drehbuch und Sie entscheiden, ob es ein Happy End gibt oder nicht. Darauf zu warten bringt nichts. Sie müssen selbst dafür sorgen. Erwachen Sie aus Ihrem Dornröschenschlaf! Lernen Sie, den Alltag zu verzaubern und Ihr Leben in ein Märchen zu verwandeln. Und denken Sie jetzt bitte nicht, dafür müssten Sie reich sein. Natürlich geht vieles leichter, wenn man das nötige Kleingeld hat. Aber es geht um die kleinen Dinge im Leben und vor allem um die Einstellung, die Sichtweise. Machen Sie es besser als Schneewittchen und Co. Warten Sie nicht darauf, bis ein Prinz auf einem Schimmel angeritten kommt und Sie aus einem Turm befreit. Befreien Sie sich selbst.

Mir wurde sehr früh klar, dass wir unser Leben selbst gestalten können und müssen. Man kann alles erreichen im Leben. Dazu muss man aber klare Vorstellungen von dem haben, was man in seinem Leben möchte und (er)schaffen will, wie man sein Leben zu gestalten und verbringen gedenkt und vor allem, was man von seinem Leben erwartet. Eigentlich sollte man immer das Beste erwarten und das Optimum herausholen. Dem Kosmos ist es egal, ob wir uns mit wenig zufriedengeben oder aus dem Vollen schöpfen. Es ist unsere Entscheidung, des Schöpfers Geschenk in seiner großartigen, unendlichen Fülle anzunehmen. Denn dies ist es, unser Leben, und als solches sollten wir es auch bitte betrachten, als das großartigste Geschenk, das uns jemals gemacht wurde und uns jemals gemacht werden wird. Ich möchte Sie mit diesem Buch dazu einladen, dieses großartige Leben zu genießen und sich als Teil dieses Wunders zu sehen, denn Sie sind allesamt großartig und einmalig wie die Schöpfung selbst.

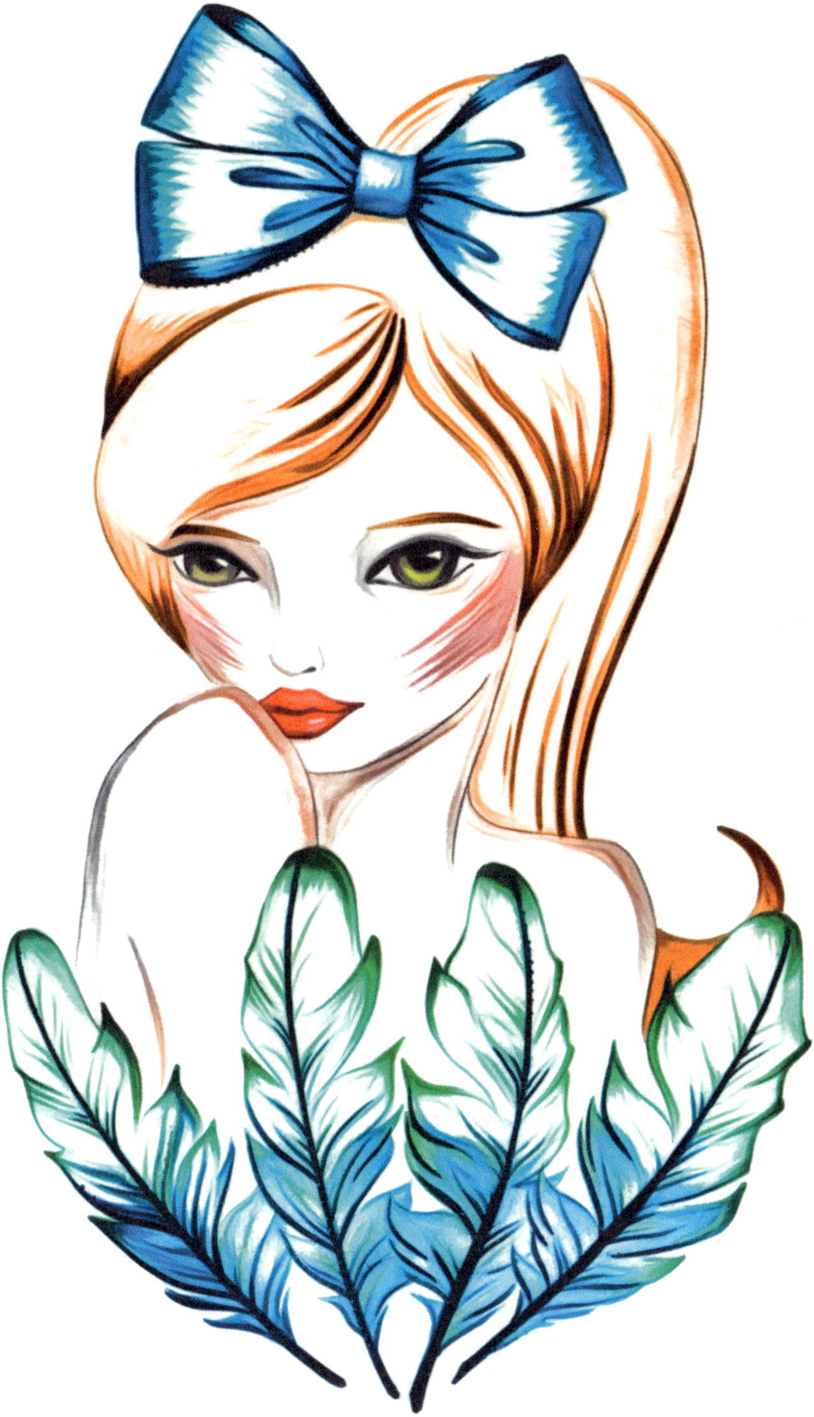

Wir alle sind miteinander und mit dem Kosmos verbunden, wir sind ein Teil von ihm. Denken Sie nicht auch manchmal, dass in Ihnen eigentlich eine ganz andere Person steckt als jene, die Sie momentan sind oder zu sein scheinen? Vielleicht der schöne elegante Schwan, der für ein hässliches Entlein gehalten wird! Eine falsche Identität? Ja richtig, unsere Persönlichkeit besteht aus vielen verschiedenen Facetten. Ich war schon als Kind ein Romantiker und habe die Welt schöner gesehen als sie eigentlich ist. Für diese Eigenschaft, diese Gabe, danke ich Gott von ganzem Herzen. Gab es in Ihrem Leben auch die „böse Stiefmutter", oder hatten Sie nicht auch schon einmal das Gefühl, nicht richtig eingeschätzt zu werden und viel mehr Potenzial in sich zu tragen? Oft bleiben die Talente ungenutzt und Sie können sich nicht weiterentwickeln, weil man Ihnen keine Chance gab, diese zu beweisen. Eine solche Chance wird man Ihnen auch nie geben. Sie müssen sie selbst schaffen. Träumen Sie Ihr Leben oder leben Sie Ihren Traum.

Sie können alles werden, was Sie sein wollen, wenn Sie nur fest daran glauben. Ich hatte mich entschieden, in diesem Leben ein Prinz zu werden. Mit allem Drum und Dran, denn letztendlich ist es die Kulisse, in welcher wir uns bewegen, die unsere Persönlichkeit formt. Eine Persönlichkeit erstrahlt durch ihr Umfeld wie der Mond durch die Sonne. Ein strahlend glamouröser, pompööser Modeprinz sollte ich werden, welcher die Welt mit seiner Magie verzaubert, das war mein Ziel. Ich habe beschlossen, mein Märchen zu leben oder sollte man sagen, mein Leben zu einem Märchen – meine Vision wahr – zu machen.

Als das „personifizierte Neuschwanstein"
hat man den Designer bezeichnet.
Stuttgarter Zeitung

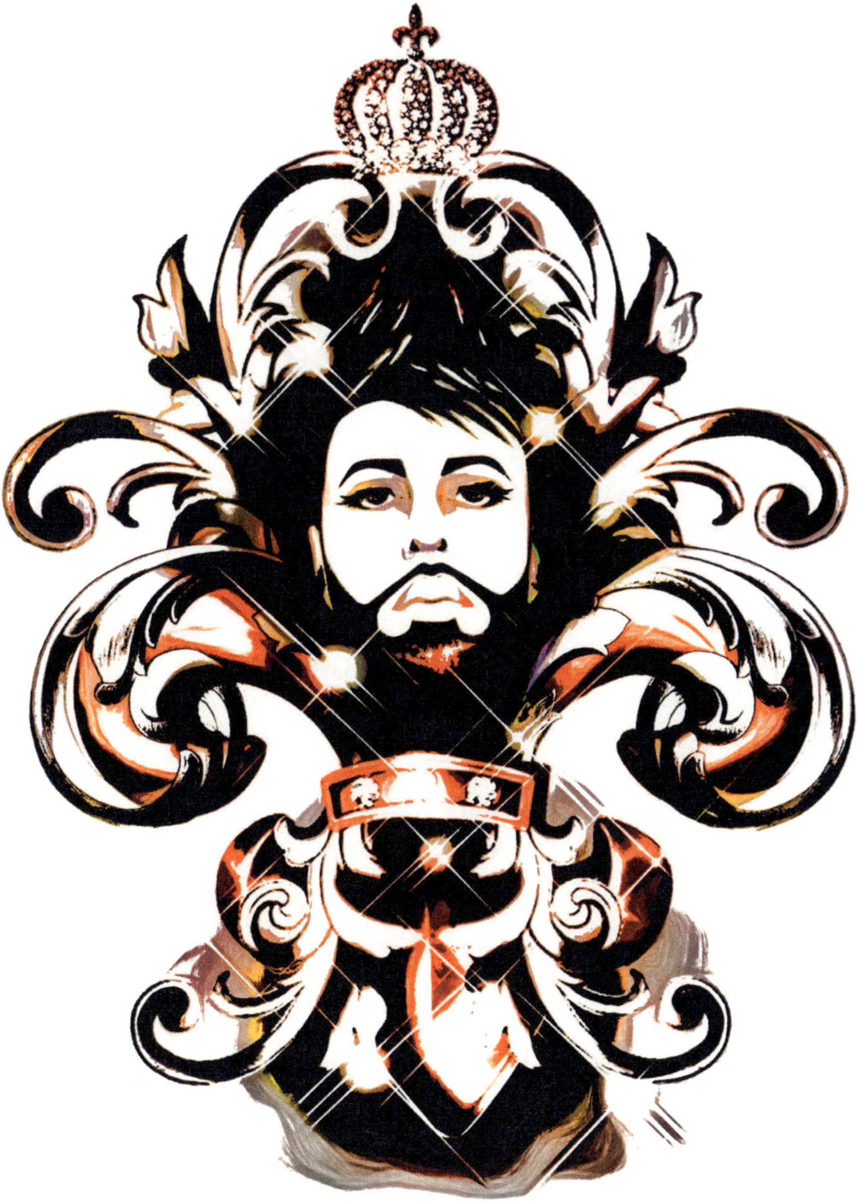

Mit seinem Make-up und dem rabenschwarzen Bart wirkt Glööckler wie das personifizierte Neuschwanstein.
- Stuttgarter Zeitung -

Einer der größten Romantiker und Visionäre war der Märchenkönig Ludwig II. von Bayern. Er war ein Paradebeispiel eines Menschen. Ein Mann, der es schaffte, das anscheinend Unmögliche möglich zu machen. Märchen wahr werden zu lassen, grandiose Kulissen zu schaffen und dabei selbst ein Teil der Inszenierung des Mythos zu werden. Ihn wollte ich studieren, bei ihm in die Lehre gehen, von ihm wollte ich lernen. Die Beziehung zu seinem Vater war wie in meinem Fall von Distanz bestimmt, nicht zuletzt, da dieser den jungen Ludwig sehr streng erzog und auch vor Strafen und Züchtigung nicht Halt machte. Auch war er wie ich ein glühender Verehrer Ludwig XIV., des Sonnenkönigs. Er beschloss daher, sein ganz persönliches „Versailles" in Bayern zu erschaffen. Er wählte dazu die Herreninsel und nannte das Schloss Herrenchiemsee. Einerseits Romantiker, andererseits Visionär, erbaute er ein Schloss nach altem Vorbild, aber mit den absolut unfassbarsten technischen Errungenschaften der damaligen Zeit. Einige Räume sind majestätisch groß, mit hohen Decken und meist prunkvoll opulent. Erstaunlich in Herrenchiemsee ist das Prunktreppenhaus mit seiner Eisen-Glaskonstruktion. Derartige Materialien zu verwenden war in der damaligen Zeit noch eher unüblich. Auch konnten die Räume des Schlosses sowie das fließende Wasser über besondere Vorrichtungen im Innern beheizt werden. Die Krönung seines Schaffens in meinen Augen jedoch ist die im Historismus erbaute Märchenburg Neuschwanstein. Kronprinz Maximilian II., Ludwigs Vater, hatte das bereits baufällige

Schloss Hohenschwangau ab 1832 im „gotischen Stil" restaurieren lassen. Die märchenhafte Gebirgslandschaft faszinierte Ludwig II. schon als junger Prinz. Das Sommerschloss Hohenschwangau mit seinen üppigen Wandmalereien mit Szenen aus mittelalterlichen Legenden und Sagen, darunter der vom Schwanenritter Lohengrin, wurde einer seiner liebsten Orte. Ludwig identifizierte sich schon von früh an mit eben jenem Lohengrin, dem Richard Wagner 1850 eine Romantische Oper gewidmet hatte. Zudem war der Schwan das Wappentier der Grafen von Schwangau, als deren Nachfolger sich Ludwig II. fühlte. In der Nähe dieser Burg plante Ludwig II. seine märchenhafte Neue Burg Hohenschwangau, welche nach seinem Tod in Neuschwanstein umbenannt wurde. Die Burg wurde im Stil des Historismus erbaut. Im Historismus wurde häufig die sogenannte „Vollendungsidee" formuliert, es kam drauf an, die historischen Stile nicht einfach zu kopieren, sondern vielmehr diese unter Anwendung aller modernen kunsthandwerklichen und technisch gegebenen Möglichkeiten quasi zu perfektionieren, zu „vollenden".

Eine Vorgehensweise, auf welcher ich meine komplette Modelinie aufbaute. Ich bediente mich an Originalschnitten aus der Renaissance, des Rokokos und Barocks, um diese dann so zu verändern, dass diese sich in unsere Zeit einfügen. Ich habe eine Mode neu kreiert, indem ich das Rokoko für die heutige Zeit tragbar machte. Die heutige Zeit bietet Stoffe und Möglichkeiten, welche in der damaligen Zeit noch nicht gegeben waren. Wenn man meine Kollektionen betrachtet, wird man erkennen, dass zu Anfang in den beginnenden 90er Jahren meine Entwürfe noch sehr am Barockoriginal angelegt und recht statisch waren, danach aber immer leichter und freier in ihrem Ausdruck wurden. So wie sich Ludwig II. mehr und mehr mit den Helden mittelalterlicher Versromane wie Parzival, jener mittelalterlichen Sagengestalt, identifizierte, tauchte ich in die Rolle eines Prinzen im Rokoko ein. Dass mich so mancher für einen Spinner hielt, störte mich keineswegs, wurde doch auch meinem Idol Ludwig II. nachgesagt, nicht ganz richtig im Kopf zu sein. Dass ich anders tickte als andere, war mir schon länger klar, aber auch das stellte für mich kein Problem dar, denn ich hatte ohnehin das Gefühl, dass ich in eine falsche Zeit und eine falsche Welt geboren wurde. Und schließlich: Was war schon normal? Ich hasste Normalität, sie war öde und langweilig.

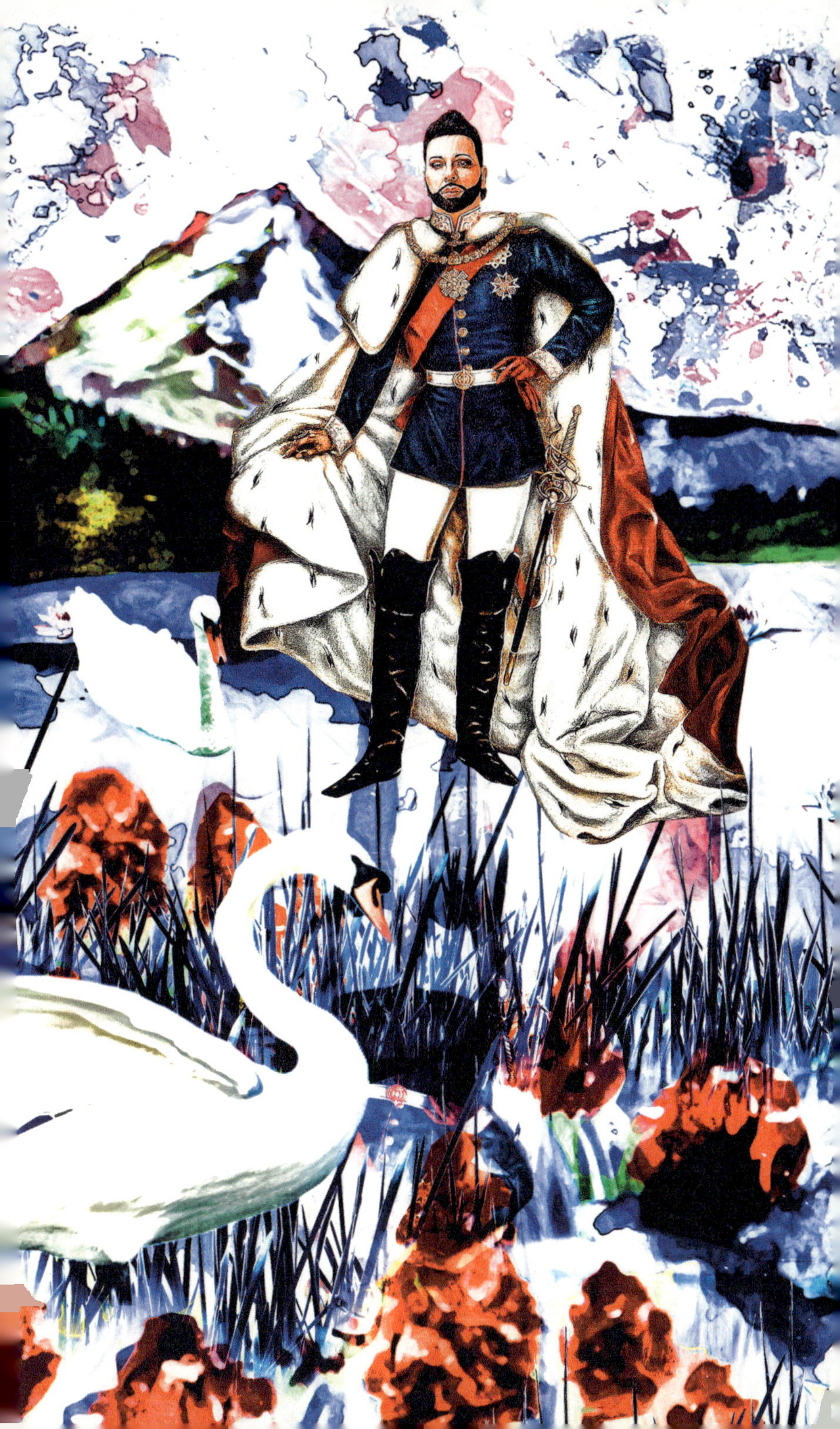

Über Götter und Herrscher

Politik und Geschichte waren bei uns zuhause keine Themen, über die gesprochen wurde, und schon gar nicht mit mir. Bei meiner Großmutter war das jedoch völlig anders. Sie war sehr interessiert und bestens informiert. Meine Großmutter war es letztlich auch, die mich an die Politik und Geschichte heranführte. Zuallererst bekam ich ein Buch geschenkt. Das Buch „Die Deutschen Sagen" ist, nach den uns wohl allen bekannten Grimms Märchen, das wohl weitreichendste Werk der Brüder Grimm und wird als das Bedeutungsvollste seiner Art bezeichnet. Egal ob „Tannhäuser" („Ich habe Dinge gesehen, die ihr Menschen niemals glauben würdet."), „Lohengrin" („Der Ritter mit dem Schwan von Heliás"), „Heinrich der Löwe" („Zu Braunschweig stehet aus Erz gegossen das Denkmal eines Helden, zu dessen Füßen ein Löwe liegt.") oder „Der Sängerkrieg auf der Wartburg" (in dem sechs Sänger vor dem Landgrafen und der Landgräfin von Thüringen darum streiten, wer den besten Fürsten auf die beste Weise zu rühmen verstehe), „Der Rattenfänger von Hameln" oder wie Luther das Tintenfass dem Teufel an den Kopf warf. Insgesamt 585 Sagen unterschiedlichster Herkunft, die mitunter auf eine über 1.500-jährige Erzähltradition zurückgehen. Noch heute schwirrt mir der „Erlkönig" durch den Kopf: „Wer reitet so spät durch Nacht und Wind, es ist der Vater mit seinem Kind". Oder wie wundervoll ist es, wenn man am Rhein entlangfährt, an der Lorelei vorbei und ihre Geschichte kennt.

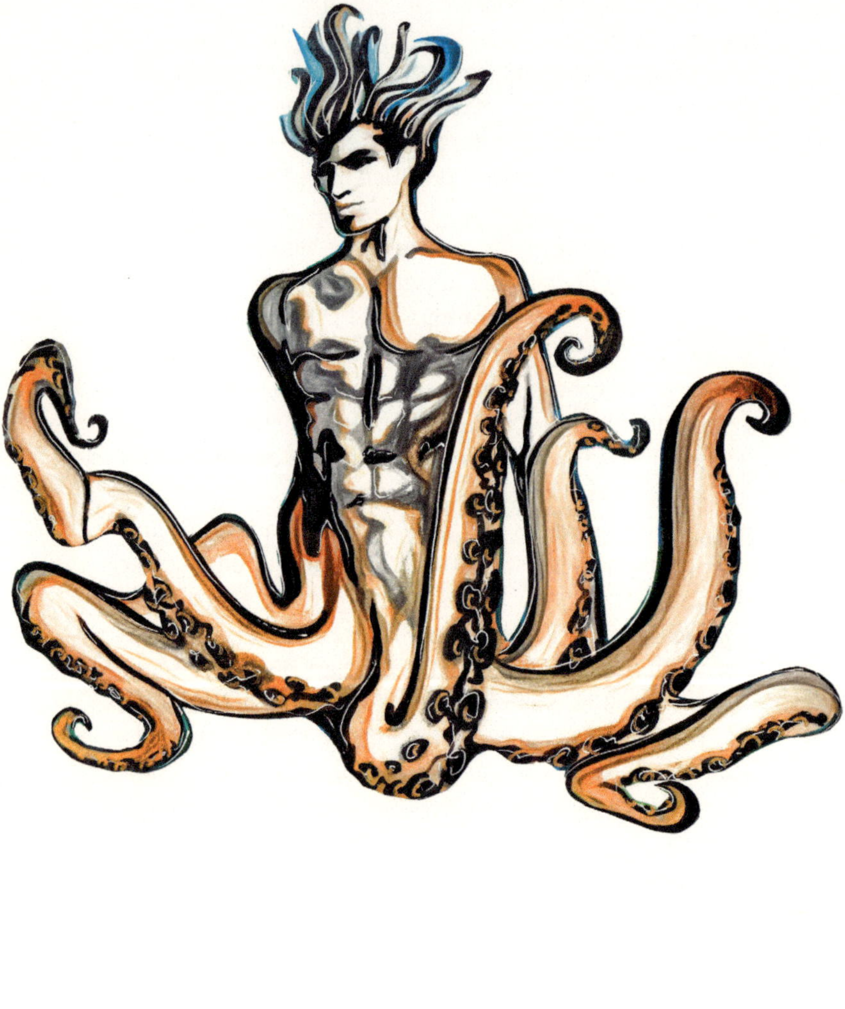

„…Zu Bacharach am Rheine
Wohnt eine Zauberin,
Sie war so schön und feine
Und riss viel Herzen hin.
Und machte viel zu schanden
Der Männer rings umher,
Aus ihren Liebesbanden
War keine Rettung mehr.“

Oder am Mäuseturm an die Sage vom hartherzigen Mainzer Erzbischof Hatto II. erinnert zu werden, welcher den Mäuseturm im 10. Jahrhundert erbauen ließ. Damals herrschte eine Hungersnot und der herzlose Bischof soll der Sage nach den Armen die Hilfe aus seinen prall gefüllten Kornkammern versagt haben. Als sie immer weiter bettelten, soll er sie letztendlich in eine Scheune eingesperrt haben und diese dann von seinen Handlangern anzünden lassen haben. Die schrecklichen Schreie der Sterbenden soll er noch spöttisch mit den Worten „Hört ihr, wie die Kornmäuslein pfeifen?“ abgetan haben. Der Sage nach erschienen just in diesem Moment tausende Mäuse aus allen Ritzen und wimmelten über Stühle, Tische und durch sämtliche Gemächer des Bischofs. Von ihnen soll er am Ende bei lebendigem Leibe aufgefressen worden sein.

Danach ging es an griechische Sagen und Mythen, die Abenteuer des Odysseus, Troja und der trojanische Krieg, der Aufstand des Titanensohnes Zeus gegen seinen Vater Kronos, das Leben des Herakles, die Suche der Argonauten nach dem goldenen Vlies, Orpheus und Eurydike und natürlich alles über die griechischen Götter Zeus, Poseidon, Ares, Hermes, Aphrodite und viele mehr. Danach folgten Bücher über Nero, Kaiser Augustus und die römische Geschichte an sich.

Aber auch die Geschichte der deutschen Herrscher, der Karolinger, Konradiner, Ottonen, Salier, Supplinburger, Stauffer, Welfen, Wittelsbacher, Wettiner und so weiter. Eine Wettiner Prinzessin wollte mich sogar eines Tages heiraten, aber mehr dazu in einem späteren Kapitel. Wenn ich heute so darüber nachdenke, kann ich meiner Großmutter nicht dankbar genug sein, dass sie mir diese Welt der Sagen und Mythen eröffnet hat. Sie bereicherte mein ganzes Leben und wenn man einen solchen Schatz an Wissen in sich birgt, dann ist man niemals einsam und alleine. Heute haben wir es zudem viel einfacher, Wissen zu generieren. Wenn wir etwas nicht kennen, müssen wir nur googeln und schon erhalten wir alle Informationen. Und dennoch habe ich das Gefühl, dass gerade Bildung, welche über Jahrtausende hochgehalten und dem gemeinen Volk über Jahrhunderte verwehrt wurde, plötzlich uninteressant wird. Manchmal denke ich, je leichter etwas zu erreichen ist, desto weniger nehmen es die Menschen an.

Die Entschuldigung, wenn man aus einfachen oder ärmlichen Verhältnissen komme, habe man keine Möglichkeit und Chance auf Bildung, ist heutzutage geradezu lächerlich. Wer will, der kann auch. Man muss aber auch wollen.

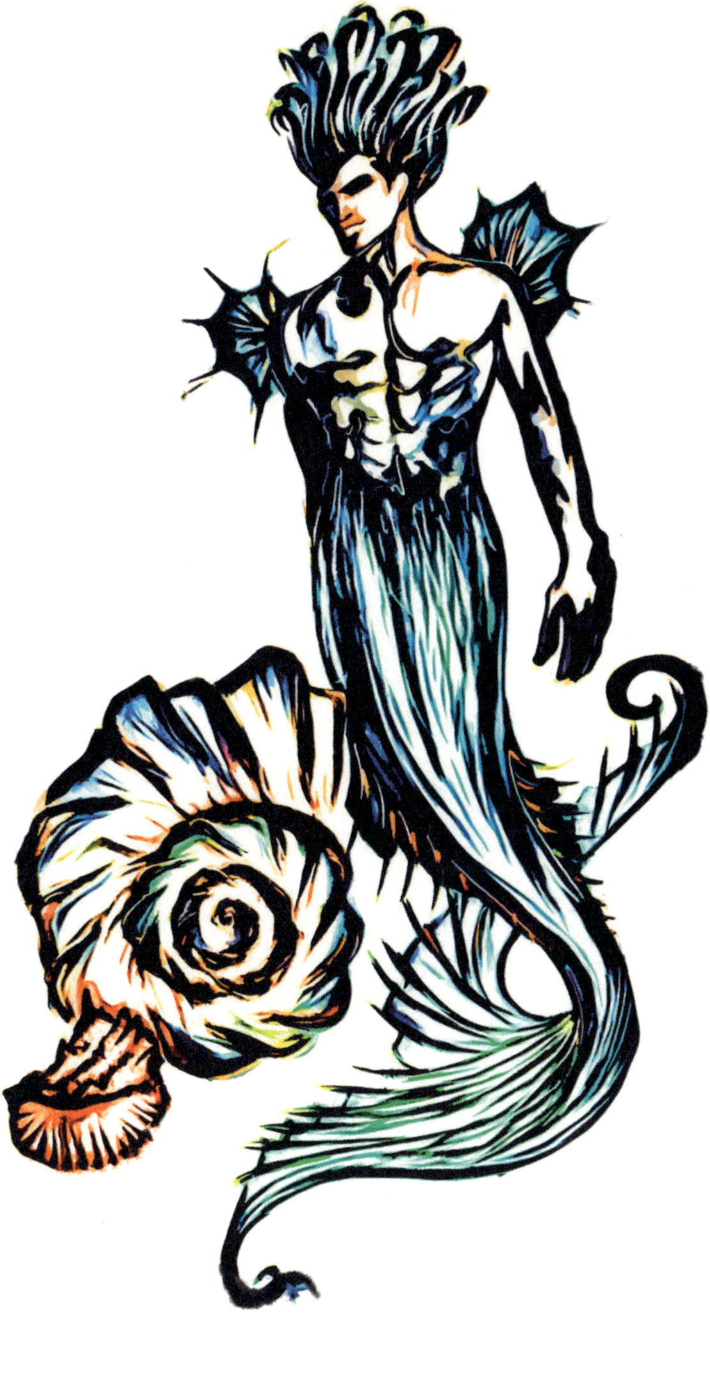

Kloster Maulbronn

Meine Kindheit war nicht immer rosig, aber sie ist vorbei und heute sehe ich vieles in einem anderen Licht als noch vor zehn Jahren. Weitaus versöhnlicher und weniger düster. Ich erinnere mich vorwiegend an die schönen Momente und auch Orte, so wie zum Beispiel die Klosterkirche, die in unmittelbarer Nähe meines Elternhauses lag und oftmals ein Zufluchtsort für mich war. Diese alte Kirche wurde vor circa neunhundert Jahren für Nonnen und Mönche erbaut, die ein Leben des Gebets, der Lesung und der Arbeit führen wollten. So war auch diese Kirche einfach. Klein, aber fein. Es war keine der opulenten, reich geschmückten Barockgebäude, wie man sie im katholischen Bayern kennt. Nein, sie war schlicht, aber schön. Ich verbrachte fast jeden Sonntag dort. Es gab einen Kindergottesdienst, an dem ich immer teilnahm, nicht zuletzt, um von zu Hause zu entfliehen. Dennoch erinnere ich mich auch, dass ich mir als Kind wünschte, die Kirche wäre pompööser. Während des Kindergottesdienstes träumte ich so manches Mal vor mich hin und stellte mir vor, wie sie aussehen könnte, wenn die Fenster und Decken reich bemalt wären, die Wände mit Putten verziert und Kronleuchter von den Decken hängen würden. Unsere Kirche war immer geschmückt, als stünde eine Königshochzeit an. Riesige Blumensträuße rahmten den Altar ein. Je nach Jahreszeit wechselten die Blumen. Mal Gladiolen, mal Dahlien. Die Kirche war umgeben von einer hohen alten Mauer. Diese war bereits in die Jahre gekommen, der Zahn der Zeit nagte auch an ihr.

Sie wirkte morbide, aber sehr romantisch, nicht zuletzt durch die riesigen Buschrosen in seidigem Karmesinrot und zartem Rosa. Sie dufteten so fruchtig, man konnte sie schon von Weitem riechen und sehen. Die Rosen überwucherten die ganze Mauer und bedeckten sie wie ein farbenfrohes Abendkleid bis zum Boden. Es waren kleine, feine Wildrosen. Eine sehr alte Sorte, wie mir die Pfarrersfrau erklärte und ich liebte diese Blumen sehr.

Genauso stellte ich mir die Rosen von Dornröschen vor. Es waren Prinzessinnenrosen. Doch eines Tages passierte das Unglaubliche, mit dem ich nie gerechnet hatte. Ich war entsetzt. Es rückten Bagger an und rissen die Mauer ab und mit ihr meine geliebten Rosen. Sie töteten sie einfach. Völlig teilnahmslos, ja herzlos, so erschien es mir damals, vernichteten sie diese zarten, empfindlichen Blumen. Ich bin mir sicher, die Rosen hätten sich gerne gewehrt, aber ihre einzige Waffe waren ihre Dornen. Diese waren jedoch im Verhältnis zu den Bedrohungen der Menschen klein. Was konnten sie also schon gegen einen solch grausamen Feind und Zerstörer wie einen Bagger bewirken? Dann errichtete man statt der alten Mauer eine Neue. Sie war mit unterschiedlich gehauenen Sandsteinen gebaut. Aber der Zauber fehlte. Sie war eben neu und gleichmäßig. Sie hatte keine Seele.

Neben den seltenen Rosen verschwanden auch die unzähligen Schmetterlinge und Bienen, denn auch die wurden mit der Zerstörung der Rosen ihres Lebensraumes beraubt. Das war schrecklich. Alle ergötzten sich an der neuen Mauer, ich aber hätte weinen können. Sah denn niemand diesen Verlust? Das danach erbaute Zisterzienserkloster lag vier Kilometer von meinem Wohnort entfernt. Das Zisterzienserkloster Maulbronn gilt als eine der am besten erhaltenen

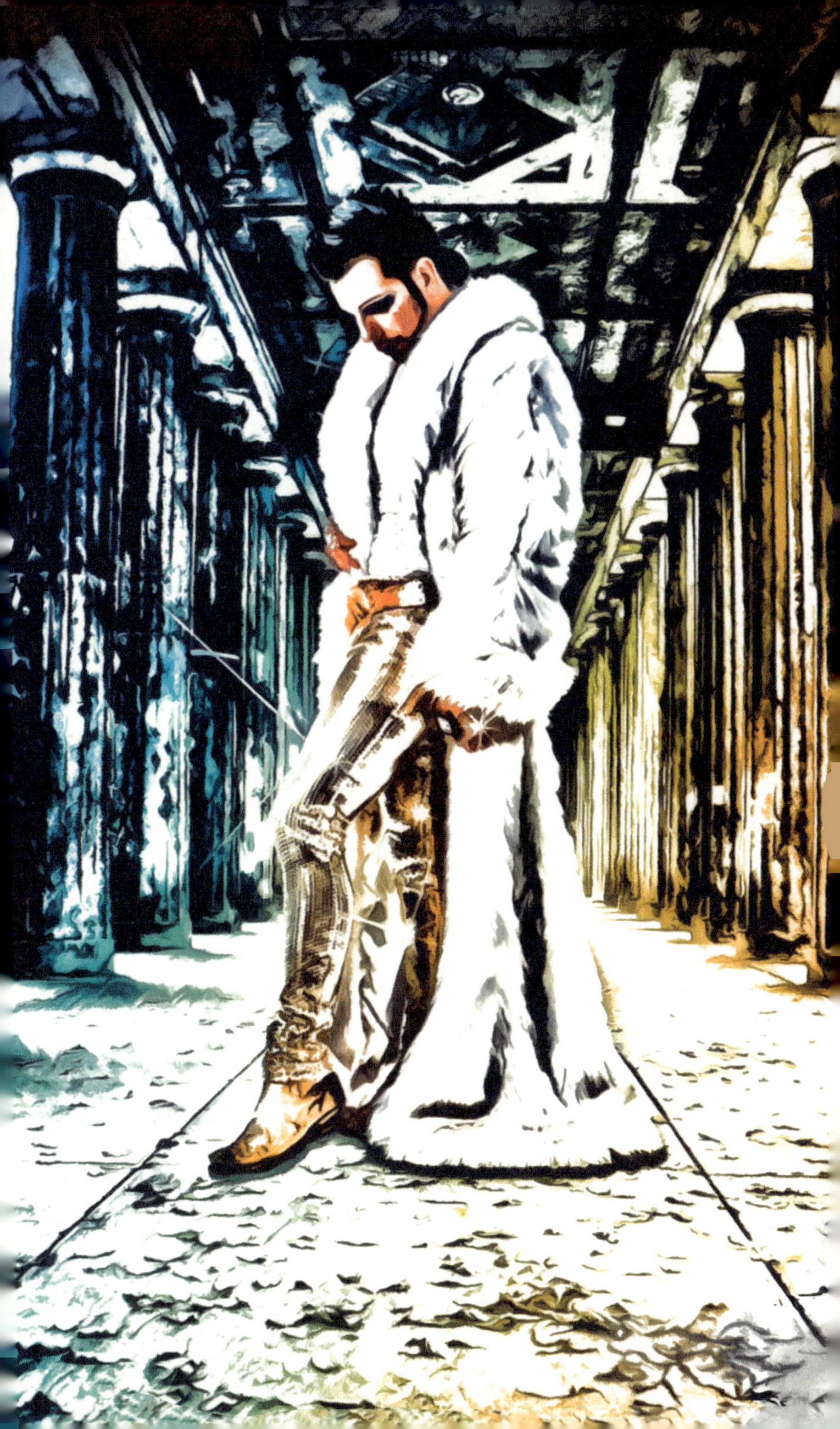

mittelalterlichen Klosteranlagen nördlich der Alpen. Die Anlage in Maulbronn vermittelt uns heute ein wundervolles Bild von dem geistigen und wirtschaftlichen Schaffen der Mönche in damaligen Zeiten. Wenn man vor dem wahrhaft eindrucksvollen Ensemble, vor allem dem Hauptgebäude, steht, reibt man sich schon mal die Augen und fragt sich: Ist das die Wirklichkeit oder träume ich?

Das Hauptportal sowie das Südportal der Klosterkirche öffnet sich durch die ältesten datierbaren Türen Deutschlands, welche durch kunstvolle Schmiedearbeit, eiserne Zierbeschläge und die gewaltige Größe beeindrucken. Bereits die Vorhalle der Klosterkirche, auch Paradies genannt, ist ein künstlerisches Meisterwerk und zählt zu den schönsten architektonischen Beispielgebilden in der Frühgotik. Das Herrenrefektorium, der Speisesaal der Mönche, ist sage und schreibe 27,20 Meter lang, 11,50 Meter breit und 10,40 Meter hoch, ein wahrhaft fürstlicher Saal. Auch der Kreuzgang im Kloster mit seinen offenen Fenstern in den Garten ist wahrhaft pompöös. Die Klosterkirche selbst wirkte auf mich wie eine Kathedrale, am meisten imponierte mir hier das opulente Chorgestühl.

Ich weiß nicht, wie oft ich nach Maulbronn gefahren bin, um mir eine Eintrittskarte zu lösen und Stunden in diesem Kloster verbrachte. Einige Jahre danach erstand Anita, die Freundin meiner Mutter, eines der alten kleinen Fachwerkhäuser im Klosterhof und richtete dort eine Galerie ein. Ich war derart überwältigt von der Großartigkeit dieser Anlage und dachte mir, wenn schon Mönche, die eigentlich ja in Armut und Zurückhaltung leben, so groß denken und vor hunderten Jahren ein derartig gewaltiges Monument für die Ewigkeit errichteten, ist es da nicht auch eine heilige Pflicht für jeden von uns, es ihnen gleichzutun? Sollte

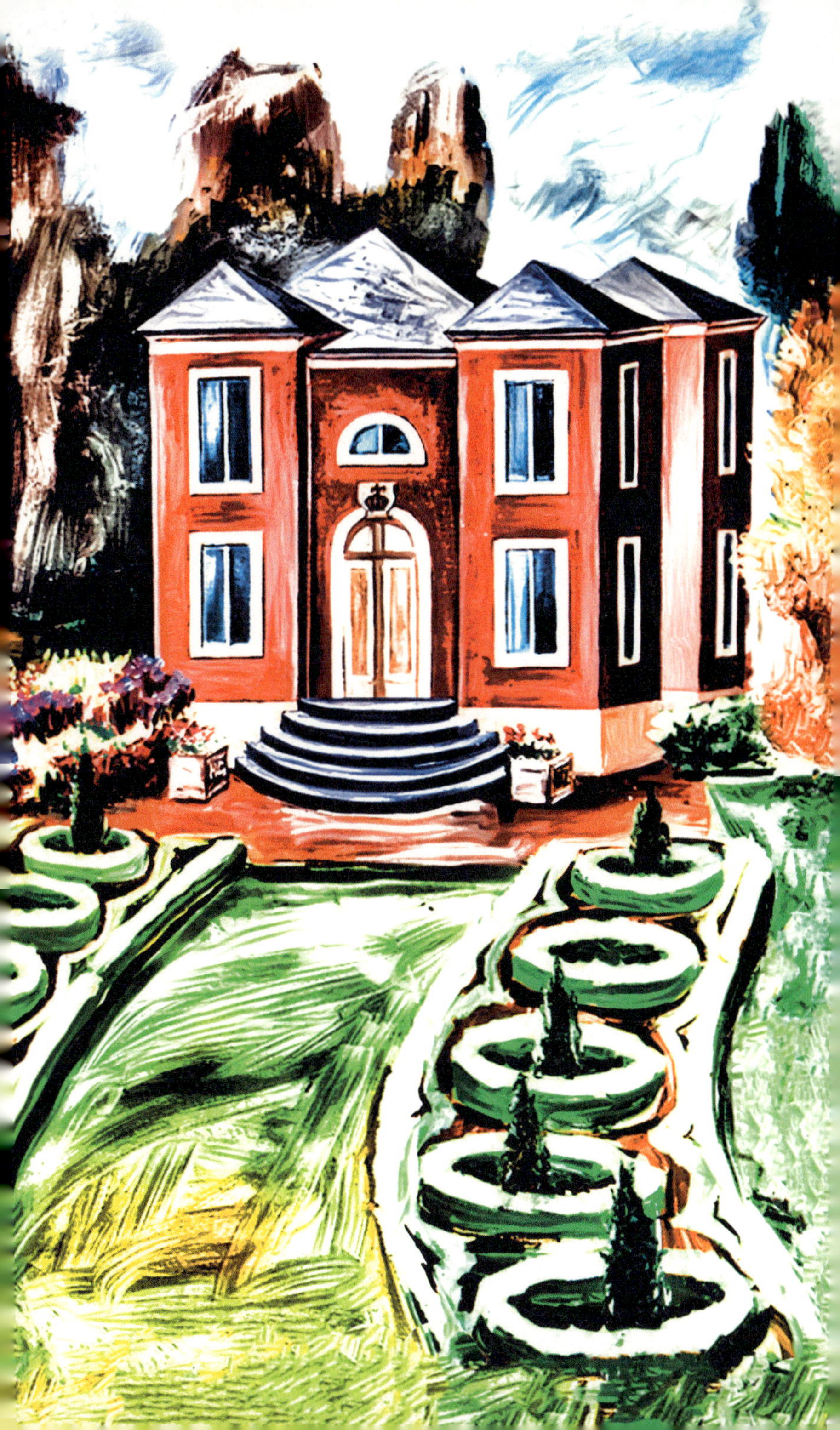

nicht jedes Haus, egal wie klein, majestätisch und beeindruckend erbaut werden? Jahre später sollte ich genau diese Aufgabe in Angriff nehmen, als ich mein Glööckler Petit Palais als Fertighaus kreierte und somit einen bezahlbaren Palast für jedermann bereitstellte.

Als mich eine Prinzessin heiraten wollte ...

Es war mitten in der Nacht, als meine Limousine von Konstanz am Bodensee losfuhr, wohin ich einer Einladung der bezaubernden Bestsellerautorin Gaby Hauptmann in ihre Fernsehshow folgte, um mein Buch „Vor Zwölf" vorzustellen. Ich wohnte im Steigenberger Inselhotel, einem ehemaligen Kloster. Nicht so überwältigend wie das Kloster Maulbronn, aber in einem Kloster zu wohnen hatte für mich schon etwas Besonderes. Allerdings hätte ich auch in dem wundervollen Schloss am Bodensee wohnen können, das Freunden von mir gehört, aber da das Hotel bereits gebucht war, wollte ich nicht unhöflich sein. Immer wieder erfüllt es mich, zu wissen, an solch schönen Orten willkommen zu sein und mit Freuden empfangen zu werden. Wie gesagt, ich war auf dem Weg vom Bodensee zum Hotel Petersberg, denn dort sollte ich die Charity Gala der Ursula-Rahman-Stiftung als Ehrengast unterstützen. Die Ursula-Rahman-Stiftung arbeitet seit Jahrzehnten wie ich unermüdlich daran, diese Welt ein kleines bisschen besser zu machen, Kindern Möglichkeiten zu bieten, die ihnen verwehrt wurden.

Bildung schafft eine bessere Welt, Bildung schafft Gerechtigkeit. Aus diesem Grund widmet sich die Ursula-Rahman-Stiftung diesem Anliegen. Schule, Ausbildung, Studium – alles ist wichtig, um etwas für sich und andere zu erreichen. So möchte die Stiftung jungen Menschen ermöglichen, ihren Weg zu gehen und ihre Fähigkeiten zu entfalten. Sie sollen ein gutes Leben haben und ihren Beitrag zu einer funktionierenden Gesellschaft leisten. Dafür muss jedes Kind und jeder Jugendliche die richtige Unterstützung zum Lernen bekommen, um seine Fähigkeiten später als Erwachsener weiter geben zu können. So entsteht ein Kreislauf von Geben und Nehmen für eine bessere Welt.

„Wir selbst müssen die Änderung sein, die wir in der Welt sehen wollen."

Mahatma Gandhi

Helfen Sie dabei und werden Sie selbst Teil des Gebens und Nehmens.

Während wir die pompöose Auffahrt zum Hotel nahmen, erklärte mir der Fahrer, das Schloss gegenüber sei die im Historismus erbaute Drachenburg, welche ich mir unbedingt anschauen solle. Als ich am nachfolgenden Tag gefrühstückt und noch freie Zeit zur Verfügung hatte, machte ich mich also auf den Weg zur Drachenburg. Ich betrat geradewegs die Freitreppe, da hörte ich, wie eine Dame bei der Schlossführung etwas erzählte, das mich aufhorchen ließ. Sie erklärte „Die Wettiner sind mit über 1.000 Jahren Familiengeschichte eines der ältesten urkundlich nachgewiesenen Adelsgeschlechter des deutschen Hochadels. Ihre königliche Hoheit Erina Prinzessin von Sachsen und Herzogin zu Sachsen war die Ehefrau des letzten Königs von Sachsen. Diese Prinzessin lebte hier in diesem Schloss, bevor es dann ans Land verkauft wurde." Das weckte Erinnerungen in mir. Das erste Mal lernte ich Erina Prinzessin von Sachsen kennen, als sie meine Haute Couture Show in Stuttgart 1994 besuchte.

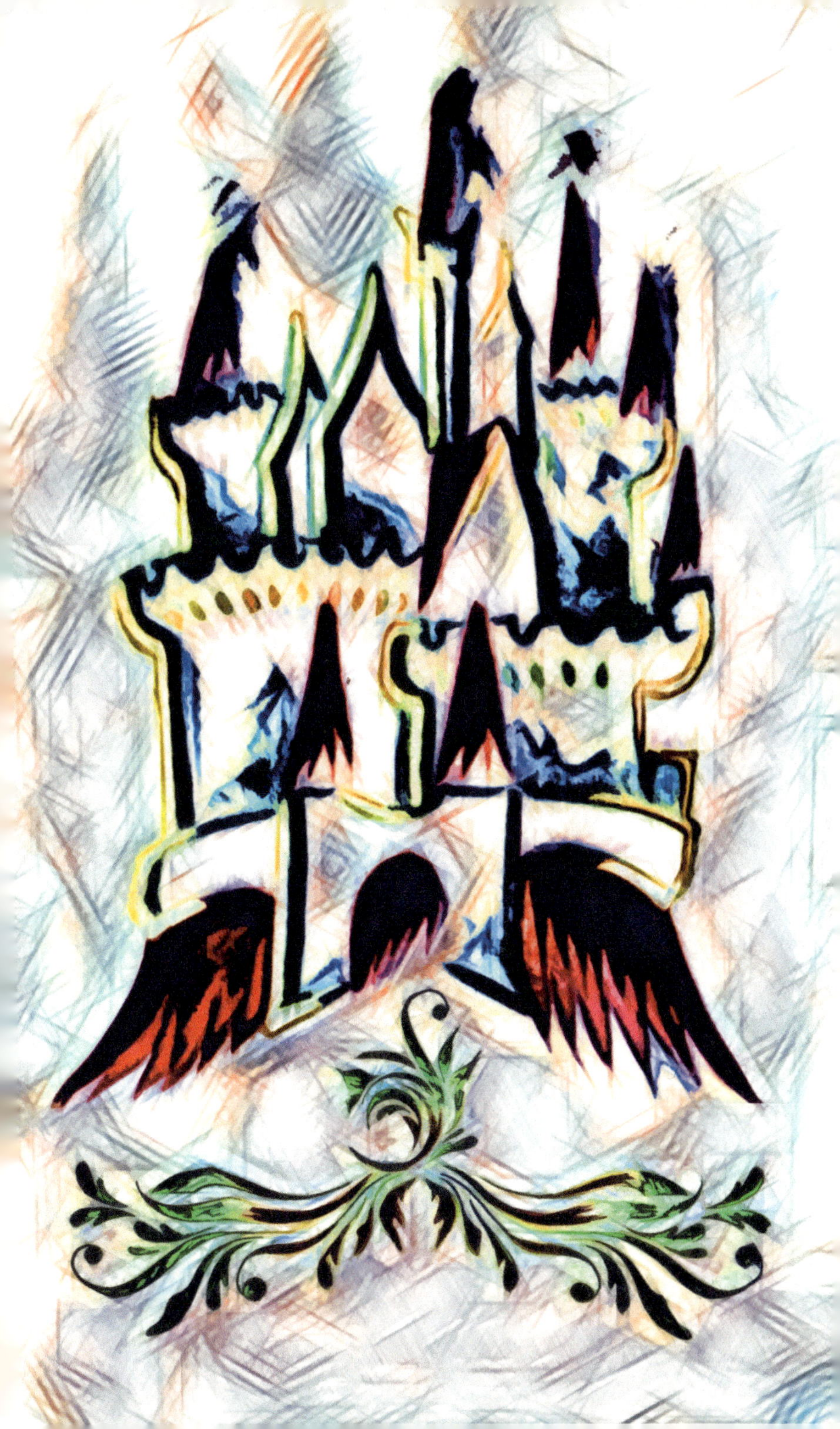

Sie war schon eine ältere Dame über achtzig mit weißem Haar, sehr würdevoll, trug immer ein Diadem und verstand es, sich in einer wundervollen, aristokratischen Art und Weise zu artikulieren.

Es entwickelte sich über die Jahre eine tiefe Freundschaft. Und so war sie über viele, viele Jahre Gast bei all meinen Veranstaltungen und modelte sogar das eine oder andere Mal selbst. Ich erinnere mich an eine Show, die ich in Berlin im Hotel InterContinental während des Staatsbesuchs der Queen zelebrierte. Die Show war inspiriert von Dame Barbara Cartland, welche perfekt von der Prinzessin dargestellt wurde. Erina erschien in einem weißen Rolls Royce ganz in pink mit Unmengen an Federn und Bergen von Chiffon. Unter ihrem Arm klemmte ein Yorkshire Terrier und die Prinzessin mimte die Bestsellerautorin bestens. Am Abend begannen die Nachrichten, die Tagesschau, mit der Einleitung: „Die Queen hat Berlin noch nicht verlassen, da zelebrierte heute der exzentrische Modemacher Harald Glööckler eine extravagante Show im Hotel InterContinental zu Ehren von Dame Barbara Cartland.

Sein Starmodell: Ihre königliche Hoheit Erina Prinzessin von Sachsen Herzogin zu Sachsen. Was für ein Spektakel!“ Einmal besuchte ich die Prinzessin auch in ihrem Wohnort in Emden und verbrachte einige wunderschöne Tage dort. Eines Tages kam die Prinzessin mit einem Foto. Auf diesem stand sie ganz in weiß gekleidet in einem Brautkleid allein vor der Little White Chapel in Las Vegas und meinte, rechts neben ihr sei Platz für mich, wir beide sollten doch heiraten.

Ich schmunzelte und antwortete gerührt: „Liebe Erina, ich bedanke mich, das ist eine große Ehre, aber ich glaube, es gibt nun schon genug Prinzen, die den

Namen „Sachsen“ tragen und ich bin ja bereits ein Prinz.“ Sie bat mich, ich solle mir das nochmal überlegen, ich könne sie ja schließlich nicht einfach so alleine dort stehen lassen.

Eine herrliche Anekdote, doch nun ist es letztendlich so: Ein Titel macht noch keinen Prinzen. Also verstehen Sie mich nicht falsch, ich habe nichts dagegen, wenn Menschen ihren Namen ändern oder sich adoptieren lassen, um einen Adelstitel zu erhalten. Inzwischen ist es ja bereits gang und gäbe, sich für dreißig Euro einen Titel im Internet zu kaufen und diesen auf Social Media zu nutzen. So lesen wir so klangvolle Namen wie Herzog von Meranien, Graf von Freudenberg, Prinz von Rosenberg und so weiter. Letztendlich muss man diese Anrede dann aber mit Persönlichkeit füllen, mit Charisma, Ausstrahlung und Noblesse. Allerdings verstehe ich weder die Aufregung noch das Ächten, welches stattfindet, wenn sich jemand einen solchen Titel gekauft hat. Ich frage mich, wieso sich die Menschen darüber aufregen. Was geht es sie schon an? Sie müssen es ja schließlich nicht gutheißen, aber doch wenigstens akzeptieren. Im Grunde genommen ist es meist auch wieder der Neid, welcher daraus spricht, man kann es einfach nicht verkraften, dass jemand anderes sich in irgendeiner Art und Weise erhöht oder womöglich sogar mehr hat als man selbst.

Wissen Sie, ich habe viele echte Prinzen und Prinzessinnen und Adelige kennen gelernt, die nicht wissen, was sich gehört und deren Benehmen fragwürdig ist. Also bitte, wo ist das Problem? Mir jedenfalls ist es gleich, ob jemand Müller, Maier oder Prinz von Soundso heißt. Denn letztendlich sind die Adelstitel in Deutschland ohnehin abgeschafft und der Titel lediglich ein Bestandteil des Namens.

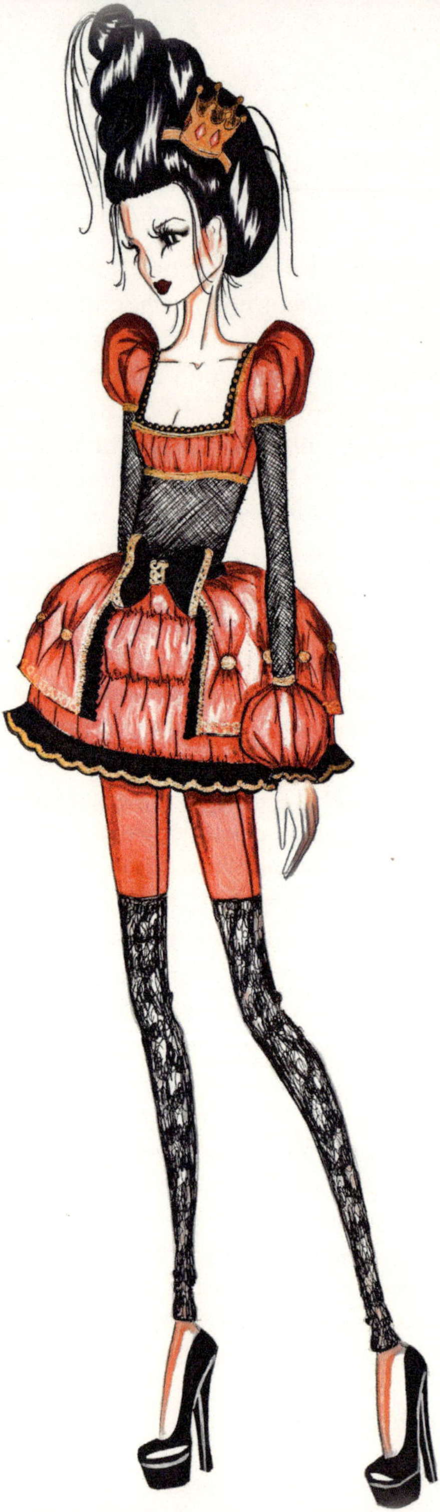

Und wenn wir einige Jahrhunderte zurückgehen, dann kommen viele heutige Fürsten- und Königstitel von ehemaligen Raubrittern oder Schergen, die für irgendwelche oftmals sogar fragwürdige Dienste zu Rittern und danach in den weiteren Adelsstand erhoben wurden. Für mich sind sowieso alle Frauen Prinzessinnen und alle Männer Prinzen.

Einige Jahre später wohnten wir in einer Wohnung in Berlin, die witzigerweise Theophana Prinzessin von Sachsen Herzogin zu Sachsen gehörte. Auch mit ihr verbindet mich seither eine jahrelange Freundschaft. Auch sie ist sehr engagiert in charitativen Belangen. Ebenso Xenia Prinzessin von Sachsen Herzogin zu Sachsen, eine Enkelin des Gemahls von Erina Prinzessin von Sachsen. Xenia ist ein wundervoller Mensch, gradlinig und ohne jegliche Vorbehalte. Wir sind seit vielen Jahren eng verbunden. Zeitweise arbeitete sie für mein Management, reiste mit mir zu Verpflichtungen und übernahm die Organisation. Zuletzt modelte sie für mich in einer meiner Shows.

Zarentöchter und Pharaonen

Als ich noch ein kleiner Junge war, verbrachte ich hin und wieder meine Ferien bei meiner Großmutter. Sie war eine absolut außergewöhnliche, charismatische Frau mit einer imposanten Erscheinung. Dabei gebildet und durchweg modern in ihren Ansichten. Optisch verkörperte sie nie das damals typische Bild der Großmutter. Anstelle eines Haarknotens auf dem Kopf trug sie eine Kurzhaarfrisur und wirkte auf mich wie ein jugendlicher Punk. Statt wie damals für Witwen üblich zurückhaltend in Schwarz zu gehen, liebte sie alles Bunte, trug stets Make-up und elegante hohe Schuhe. Sie verfügte bis ins hohe Alter über etwas, was heute leider sehr vielen Menschen fehlt, und zwar: Haltung. Sie entstammte einer Offiziersfamilie und entsprechend diszipliniert militärisch wurde sie erzogen. Diese Erziehung gab sie an meine Mutter und diese wiederum an mich weiter. Das Motto lautete: „Was getan werden muss, muss getan werden, darüber wird nicht diskutiert und auch nicht lamentiert.“ Befehle werden ohne Murren ausgeführt, man hat stets Haltung und Disziplin zu bewahren. Sie war aber auch eine Diva und ich liebte sie dafür. Einmal entdeckte ich bei ihr ein Buch über die vermeintliche Zarentochter Anastasia. Eine weitläufige Verwandte meiner Großmutter hatte es ihr geschenkt, sogar handsigniert. Diese Anastasia oder Anna Anderson lebte zeitweilig im Schwarzwald ganz in der Nähe dieser Verwandten meiner Großmutter. Ich verschlang das Buch regelrecht. In meinen Gedanken lebte ich selbst bereits als kaiserlicher Prinz in Russland zwischen Gold, Silber und Juwelen.

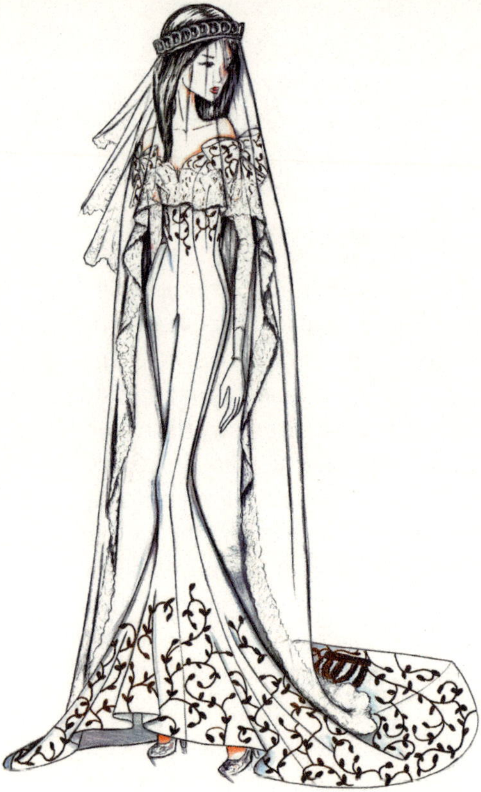

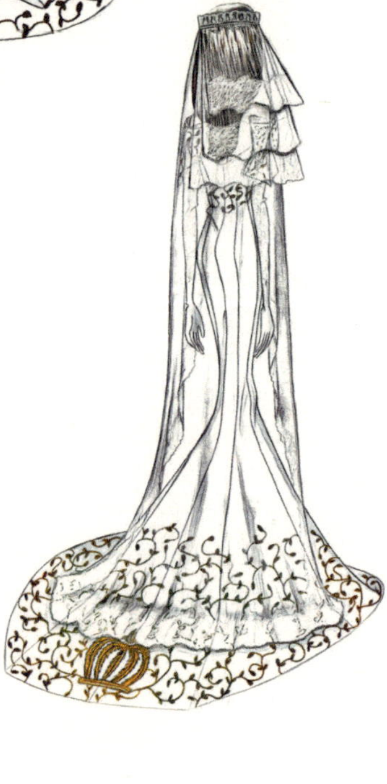

Die Zaren trugen kostbare, funkelnde, mit Diamanten besetzte Kronen und prachtvoll glitzernde Schmuckstücke. Vor allem die Zareneier, die der Goldschmied und Hoflieferant Peter Carl Fabergé für den russischen Zarenhof anfertigte, sind weltberühmt. Sie funkeln und blitzen als Statussymbol und Geschenk. Mich beeindruckte schon immer alles Strahlende und Glitzernde in Silber und Gold, so auch im Hause meiner Großmutter, denn mein Großvater war Gold- und Silberschmied. Als er starb, war ich gerade vier Jahre alt, daher habe ich nur vage Erinnerungen. Meine Großmutter aber erzählte mir viel von ihm. Es war eine Liebesheirat, weshalb die Familie meiner Großmutter sich von ihr losgesagt hatte, denn diese Verbindung entsprach nicht ihren Vorstellungen. Meine Großmutter erzählte mir, mein Opa sei ein gütiger Mann gewesen, der schöne Dinge liebte und sehr geschickt mit seinen Händen war. Er hatte vor dem Krieg als Goldschmied gearbeitet.

Fast alles in Großmutters Haus, was aus Gold und Silber war, hatte mein Großvater selbst hergestellt. Überall fand man seine Kunstwerke wie Schalen, Türbeschläge oder Schmuck. Eine Schmuckschatulle bekam meine besondere Aufmerksamkeit, doch leider ertönte immer eine Spieluhr, wenn man diese öffnete. Man hörte also sofort, wenn ich mal wieder ungefragt hineinschaute. Doch meine Großmutter schien das nicht zu stören, sie erfreute sich eher daran, dass ich solch ein Interesse an Großvaters Werk hatte. Es gab Colliers mit riesigen, polierten Halbedelsteinen, phantastische Ohrringe und herrliche Ringe. Einen mit einem besonders schönen, dunkel glänzenden Stein hatte mir Großmutter sogar eines Tages geschenkt. Meine Finger waren allerdings viel zu klein für den großen Ring.

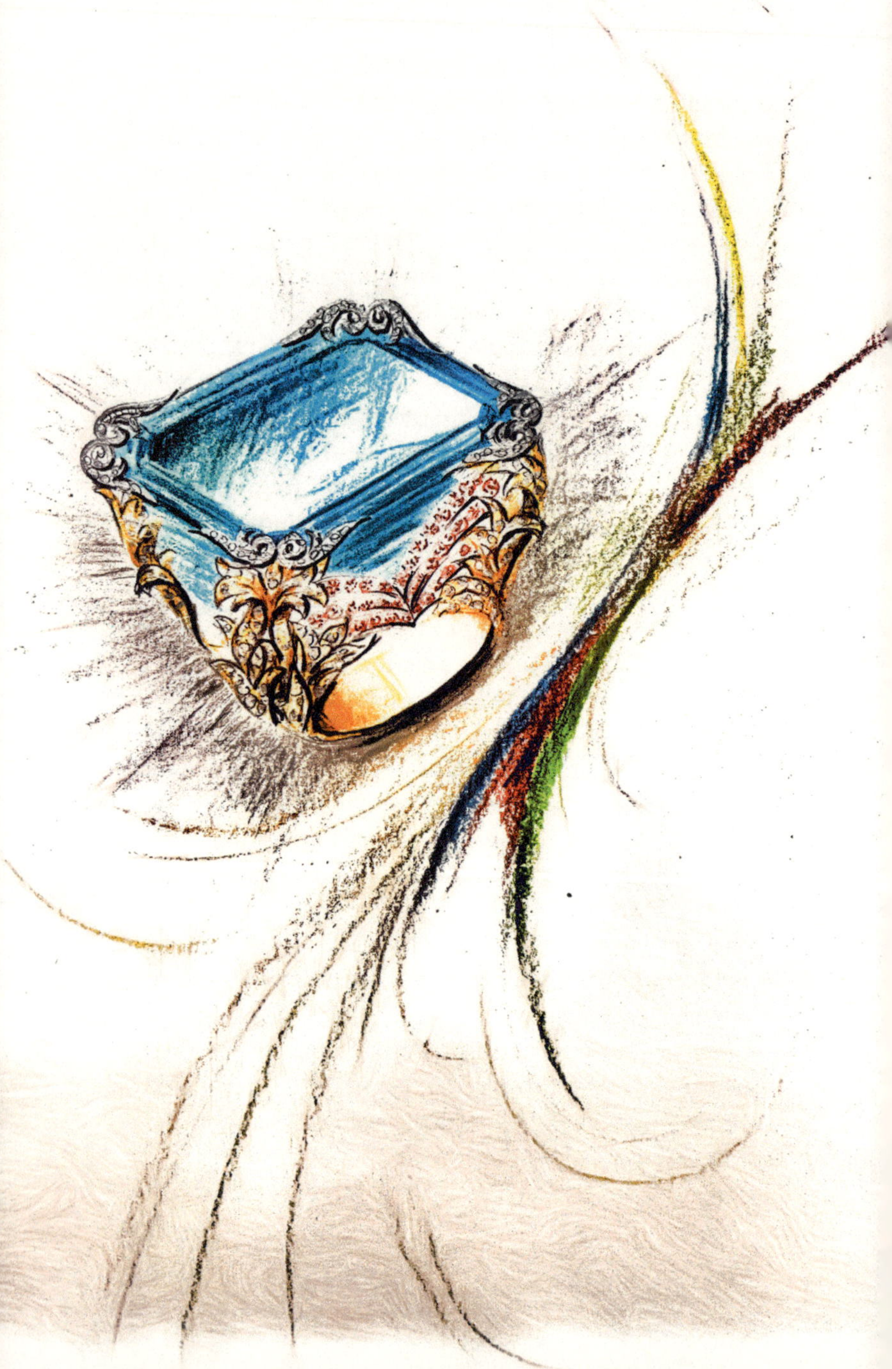

Aus Angst ihn zu verlieren, legte ich ihn auf meinen Nachttisch neben das Bett und betrachtete ihn jeden Tag. Dieser glänzende Gegenstand bedeutete mir sehr viel. Meine Kindheit war zu Teilen so erschreckend, dass ich mir wünschte, nicht in dieser Familie leben zu müssen, denn es war mitunter kaum zu ertragen. So begann ich, mir eine Geschichte zusammen zu spinnen. Wenn diese Anastasia eine verirrte Zarentochter war, konnte es da nicht auch sein, dass ich in Wirklichkeit ein Prinz war, der versehentlich in die falsche Familie vertauscht wurde? Vielleicht im Krankenhaus, so etwas kann doch durchaus passieren. Die Idee begann mir zu gefallen und ich beschloss, ein Prinz zu werden. Vielleicht ein Maharadscha oder ein Pharao. Tutanchamun hatte es mir schon im zarten Alter von sechs Jahren angetan. Ich mochte diese großen Lippen und diese wundervollen, hoch angesetzten Augenbrauen und stellte mich immer wieder vor den Spiegel, um mir vorzustellen, wie ich damit wohl aussehen würde. Eines Tages sollte ich Augenbrauen und Lippen so schön wie Tutanchamun haben...

Pharao Tutanchamun

Lange bevor man in Erwägung zog, in Deutschland eine Doku über mich zu realisieren, lief mein Leben bereits als solche in Großbritannien. Während eines Drehs zu eben dieser Dokumentation, „Harald Glööckler – Prince of Fashion" für ITV London, hatte ich einen Termin bei dem wohl berühmtesten „Medium" Großbritanniens. Dieses „Medium" war eine Dame, die mit mir eine Rückführung in mein vergangenes Leben machte. Ich saß also im abgedunkelten Raum meiner Hotelsuite. Das „Medium" sprach sanft auf mich ein, während ich langsam in Trance fiel, meinen eigenen Körper verließ und ...

Ich war ein Pharao, lag in meiner Pyramide und wurde einbalsamiert. Ich war tot.

Im alten Ägypten glaubten die Menschen an ein Leben nach dem Tod, daher war der Akt der Mumifizierung eines Pharaos sehr lang und aufwendig. Mein Leichnam wurde fünfzig Tage lang in einem Berg trockenen Natrons aufbewahrt, um dem Körper die Flüssigkeit vollends zu entziehen. Ich wurde anschließend mit langen Leinenbinden umwickelt. Mein Kopf wurde mit verdünntem Gips übergossen und die Gesichtszüge nachgeformt. Man schob prachtvolle Amulette und Schmuckstücke aus Gold und Edelsteinen zwischen die Bindenschichten, damit ich auch im Jenseits genauso prunkvoll und luxuriös leben konnte, wie ich es auf Erden genoss. Als letztes öffnete der Priester meinen Mund, damit ich auch in meinem jenseitigen Leben sprechen, trinken und essen konnte.

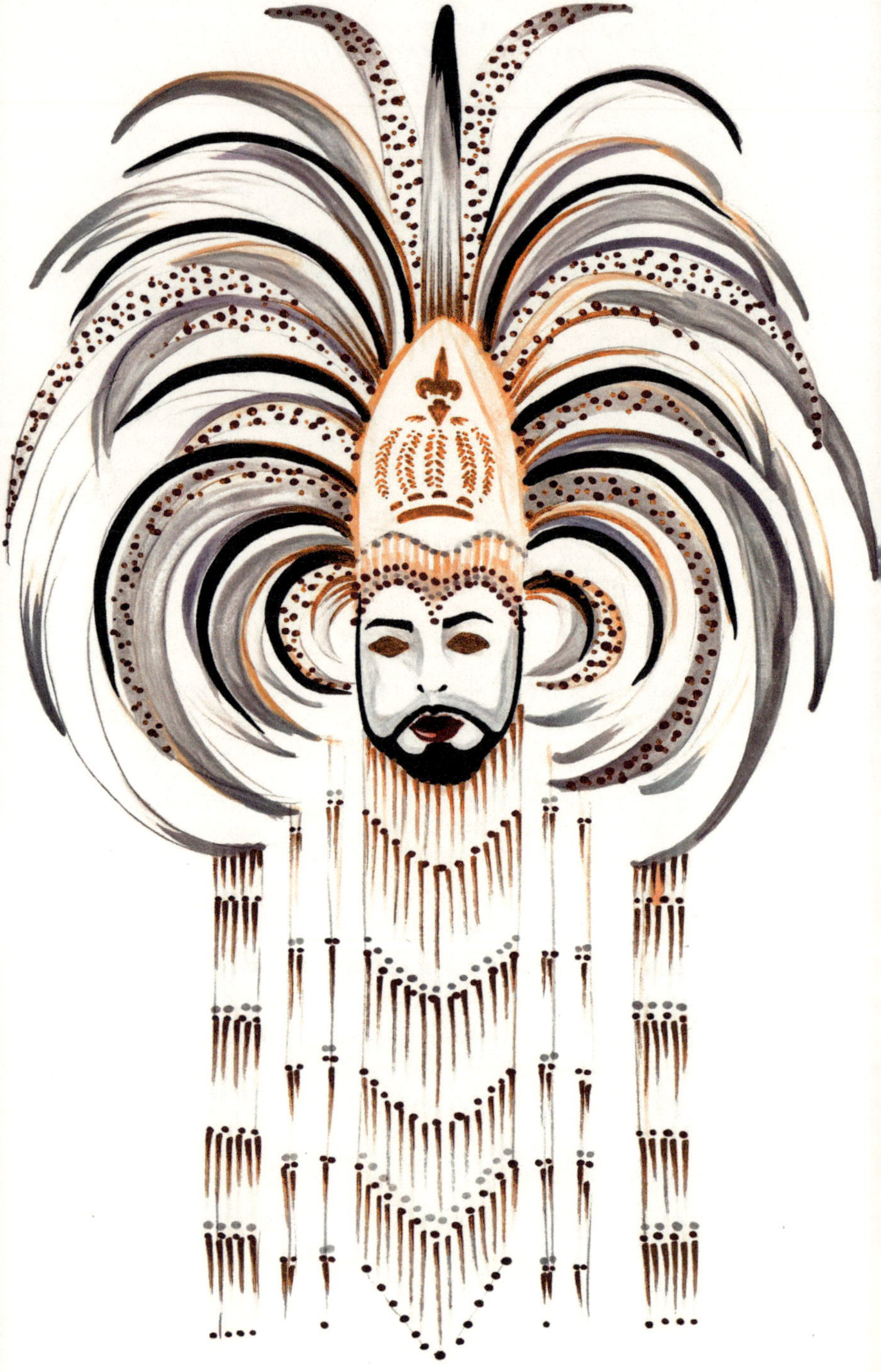

Durch diese Mundöffnung sollten aber auch die Lebensgeister wieder in mich gelangen können. So legte man mir noch Nahrungsmittel, aber auch Spiele zur Unterhaltung mit ins Grab. Doch dann, ganz plötzlich, veränderte sich die Szenerie ... Ich lief durch einen dunklen, kühlen Raum. Plötzlich sprangen die Fensterläden auf, ein glitzerndes Licht strahlte mir entgegen und erhellte den steinernen Boden. Eine erdrückende Hitze stieg auf. Ich blickte nach draußen ... ein warmer Wind wehte mir entgegen. Die Sonne ging am Horizont unter und ließ den Nil glitzern und funkeln. Ich verspürte eine unsägliche Liebe. Doch noch bevor ich mich in dieser Umgebung zurechtfinden konnte, war ich wieder zurück in der Pyramide und spürte die Einbalsamierung. Ich hatte das starke Gefühl, dass dies hier die Vergangenheit war und ich einem neuen Leben entgegenschritt. Mein früheres Ich als Pharao hatte zu jener Zeit absolute Macht über sein Volk. Man sah in ihm ein göttliches Wesen. Meine oberste Pflicht erschien mir, Gerechtigkeit unter das Volk zu bringen. Ich hatte aber auch einen engen Vertrauten, den so genannten Wesir, der mir in allen Belangen mit einer Schar an Richtern, Schreibern und Direktoren zur Seite stand. Pharaonen trugen je nach Dynastie und Herkunft unterschiedliche Kronen. Seit der 18. Dynastie trugen sie den blauen Kriegshelm mit goldenen Verzierungen. An den verschiedenen Kopfbedeckungen prangten ein Geier sowie eine Kobra, stets aufgerichtet dargestellt, um böse Mächte anzugreifen. Ein Schurz, der die Lenden bedeckte, wurde mit einem breiten Gürtel gehalten, an dessen hinterem Ende ein Tierschwanz hing. Zu den Pharaonen des alten Ägypten gehörte unter anderem Pharao Echnaton. Er beschloss den Monotheismus, den Glauben an nur einen Gott, einzuführen und brachte damit das Land am Nil in tiefe Verwirrung. Etwa um 1340 vor Christus hatte Echnaton ein Verhältnis mit einer jungen Frau, aus der ein Kind namens Tutanchamun hervorging. Bei den Gedanken an diesen Herrscher überkam mich in meiner Trance das starke Gefühl der Verbundenheit, als sei dieser verehrte Aton, die Sonnenscheibe, mein Vater. Und somit war ich Tutanchamun. Meine Mutter, die Frau des Echnaton, war allerdings gleichzeitig seine Schwester. Denn die Pharaonen dieser Zeit waren besessen von dem Glauben, dass sie ihren Nachkommen reinstes Blut schenken müssten. Für sie entstand so ein enger Kreis, aus dem ein Thronfolger hervorging und keine Neider oder gar eine Revolution entstehen konnte. Echnaton hatte viele Frauen, von denen einige den König nur aus politischen Gründen heirateten. Aus jeder dieser Verbindungen entstanden wiederum mehrere Kinder. Königin Nofretete war seine Hauptgemahlin. Ich, Tutanchamun, entstammte der 18. Dynastie, die das Neue Reich begründete und es zur kulturellen Blüte führte. Schon mit sieben Jahren wurde ich Pharao. Auch ich heiratete im Alter von acht Jahren meine Halbschwester Anchesenamun, Tochter von Nofretete. Sie war fünfzehn und bereits mit ihrem und meinem Vater Echnaton verheiratet gewesen. Mit neunzehn Jahren starb ich vermutlich an den Folgen der Inzucht oder einer Malariainfektion und mit mir die Dynastie, da es keinen weiteren männlichen Nachfolger gab. All dieses Wissen strömte während dieser Sitzung in mich ein ... Das Erlebnis verwirrte mich und ich wusste nicht, was ich davon halten sollte. Tatsache ist, dass dieser Pharao mich mein ganzes Leben immer wieder fasziniert und begleitet hat. Ob Zufall oder nicht, es kommt immer wieder vor, dass ich just zu der Zeit in einer Stadt auftauche, wenn dort gerade eine Tutanchamun Ausstellung stattfindet.

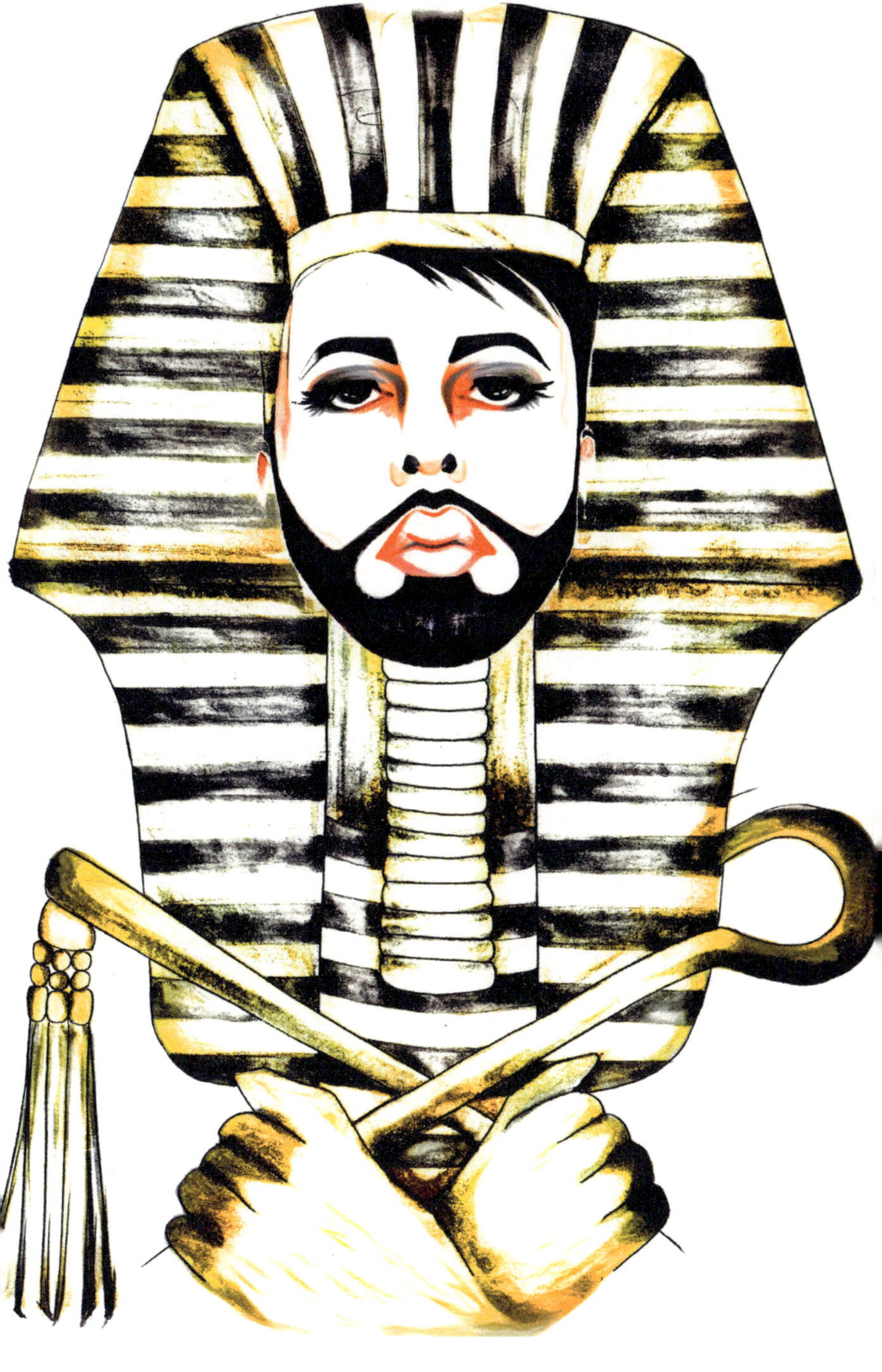

Wie auch immer, die Geschichte der Pharaonen inspiriert mich sehr. Ich werde immer wieder von Menschen gefragt, ob ich denn an ein Leben nach dem Tod glaube. Mich verwundert diese Frage ehrlich gesagt, denn ich bin der Meinung, dass wir uns besser um unser Leben vor dem Tod kümmern sollten. Über das andere kann man sich ja dann Gedanken machen, wenn es so weit ist.

Jung und Exzentrisch

Ich mochte die Schule und das Lernen fiel mir leicht. Besonders der Musikunterricht gefiel mir sehr gut. Wir hatten eine sehr ambitionierte Lehrerin, die ihren Beruf als Berufung ausübte ... So lernten wir die Lebensgeschichten von Mozart, Bach, Händel und vielen anderen Komponisten. Auch Chemie war ein sehr aufregendes Fach, welches meine Fantasie anregte. Ich kaufte mir sogar einen Chemiebaukasten, um zu Hause selbst Experimente zu starten. Deutsch und Englisch fielen mir geradewegs in den Schoß. Mein Können bestand vor allem darin, Zusammenhänge in kürzester Zeit zu begreifen und da ich hochsensitiv bin, nehme ich so manches nicht nur schneller, sondern eben auch viel intensiver wahr. Außerdem verfüge ich über ein sensationelles Gedächtnis, vergesse nahezu nichts und was ich einmal gelesen oder vernommen habe, ist in diesem eingebrannt. Das kam mir sehr entgegen, denn dadurch musste ich nicht so viel zu Hause lernen, was durch die katastrophalen Zustände auch kaum möglich war. Wie sollte man sich bei all dem Terror, der durch die Aggressivität meines Vaters herrschte, an einem Ort, der eigentlich Geborgenheit bedeuten sollte, konzentrieren können?

Auch Geschichte fiel mir besonders leicht, da ich ja bereits erzählte, wie mich das Wissen meiner Großmutter prägte. Im Fach Deutsch konnte ich mit den erlernten Heldensagen brillieren. Kurzum, Bildung machte mir Spaß und alles in allem ging mir das Lernen leicht von der Hand. Da mein Vater keinen Sinn darin sah, sollte ich jedoch nicht auf ein Gymnasium gehen und so besuchte ich die Realschule. Nach der Schule stattete ich oft meiner Tante einen Besuch ab. Mit ihr konnte ich mich gut unterhalten, sie verstand mich. Eines Tages sagte sie zu mir: „Junge, weißt du schon, was du werden möchtest, wenn du mit der Schule fertig bist?“ Ich wusste gar nicht, was sie meinte und fragte, was sie bloß von mir wolle. „Na, was du lernen möchtest, welchen Beruf ...“, erklärte sie mir.

Ich dachte: „Oh Mann, auch das noch!“ Darüber hatte ich mir null Gedanken gemacht. Ich wollte nicht wie andere Kinder Polizist oder Sänger oder Arzt werden. Ich hatte einen anderen Plan, ich wollte eine schönere, bessere Welt kreieren, aber das wagte ich nicht auszusprechen, sondern wartete auf ihre weiteren Worte. Sie schaute mich überlegend an, während sie weiter ihren Stoff zuschnitt. Meine Tante war Schneiderin und ich hatte mit sechs Jahren mein erstes Kleid für sie entworfen, welches sie daraufhin genäht hatte. Ein wunderschönes schwarzes Spitzenkleid im Empirestil mit goldfarbenem Futter versehen. Daran dachte sie wohl zurück, gerade als sie ansetzte und sagte: „Also ... ich habe da eine Idee. Da du dich so für Mode interessierst und offensichtlich auch sehr talentiert bist, solltest du etwas in diese Richtung unternehmen. Ich kenne da den Besitzer eines großen eleganten Modehauses, den werde ich bitten, dich aufzunehmen.“

Gesagt, getan, kurz darauf hatte ich gemeinsam mit meiner Tante einen Termin in dem besagten Modehaus. Ich kam in einen imposanten Raum mit einem überdimensional großen Schreibtisch, hinter welchem ein streng blickender, stattlicher Herr mit lichtem Haar saß. Als er meine Tante sah, stand er auf, lächelte und begrüßte sie freundlich.

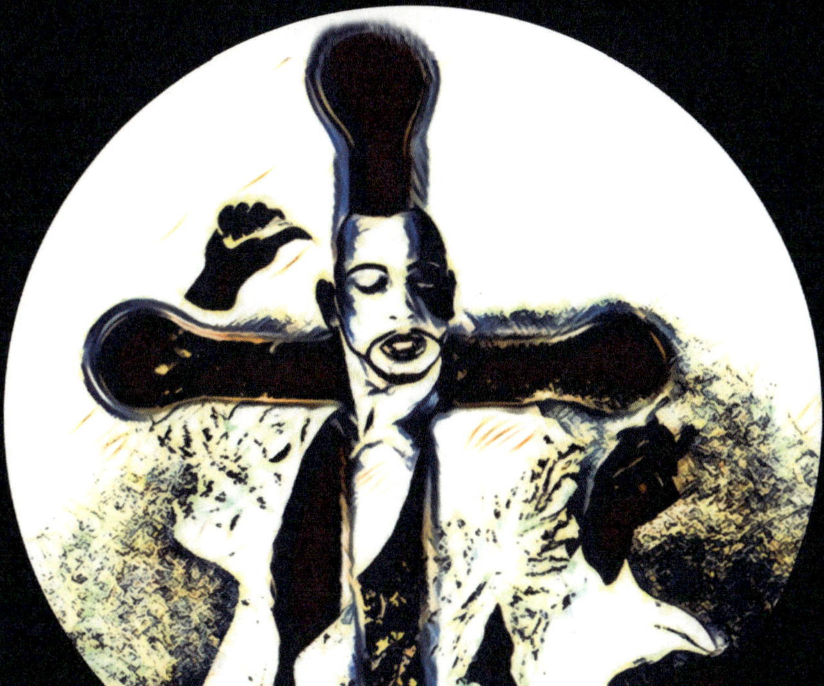

Mir gab er die Hand und sagte: „So, du willst also bei uns lernen. Dann sag mir mal, wieso ich dich einstellen sollte."

Doch bevor ich ansetzen konnte, um zu erwidern, legte meine Tante los, sang ein Loblied über mich und bevor ich mich versah, hatte ich einen Ausbildungsvertrag zum Einzelhandelskaufmann Mode unterschrieben. Meine Tante war überzeugt davon, dies sei genau das Richtige, denn erstens sei ich versorgt, habe eine Ausbildung und zudem würde ich somit den unternehmerischen Teil des Verkaufens erlernen. Alles, was ich über Stoffe, Stoffbeschaffenheit, Schnitttechnik und dergleichen wissen müsse, würde sie mir vermitteln. Und genauso geschah es und am Ende hatte ich die perfekteste Ausbildung, welche man in drei Jahren nur bekommen konnte. Ich war fit für die Selbständigkeit, fit fürs Leben. In der Zeit meiner Lehre modelte ich, auch um mein Geld aufzubessern, und lernte dabei meine Freundin Annika kennen. Annika war 1,80 Meter groß, superschlank und sah fantastisch aus.

Mit ihr zusammen machte ich das Nachtleben in der Umgegend unsicher. Es waren die 80er, die Zeit von Tina Turner, Michael Jackson, Prince, Billy Idol und dem Denver Clan. Man machte sich zum Ausgehen chic, die Diskotheken nannte man Clubs und es war alles authentisch, edel und stilecht. In Mühlacker, unweit von meinem Heimatort, gab es das Valentino, eben einer dieser Nobelclubs, in welchem wir regelmäßig verkehrten. Etwas weiter in Pforzheim war das Revolution und mitunter fuhren wir auch schon mal nach München, um im Aquarius oder P1 abzufeiern. Anstehen oder Diskussionen mit den Türstehern kannten wir nie. Wir traten derart exklusiv auf, dass wir genau das verkörperten, was die Clubs liebten.

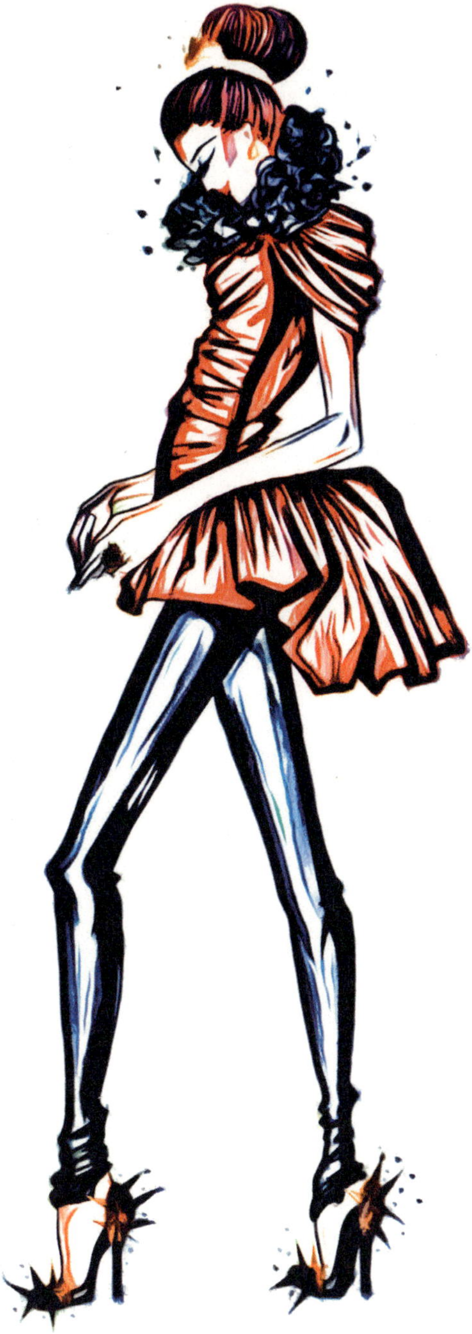

Wir sahen aus, als seien wir dem Denver Clan entsprungen. Meine Freundin bediente sich dafür schon mal an der Schmuckschatulle ihrer Mutter oder nähte kurzerhand, ohne zu fragen, eines ihrer Kostüme enger. Ab und zu nähte ich sie komplett in Stoffe ein, welche ich an ihrem Körper drapierte. Um es kurz zu machen: Wir waren selbst in München, dem damaligen Hot Spot (man kann es sich vorstellen wie in dem Film Kir Royal), eine Sensation. Auch in Ibiza schlugen wir im Sommer auf und tanzten leichtbekleidet durch die Nacht. Für mich eine wunderbare Zeit, an die ich mich gerne erinnere.

Meine Großmutter pflegte stets zu sagen: „Mach es wie die Sonnenuhr, zähl die schönen Stunden nur!" Und so halte ich es bis heute. Wenn ich nichts Gutes zu berichten habe, halte ich stets den Mund.

Licht an ... die Show beginnt!

Ab und an ging ich auch alleine aus, dann aber nach Stuttgart in den Kings Club oder in Mannheim ins Connexion, einer Diskothek mit über 2.000 Quadratmeter Fläche über mehrere Etagen. Eigentlich konnte man dort feiern, aber niemanden kennenlernen. Und doch lernte ich genau dort Dieter kennen, meinen Mann. Er lebte unweit von Mannheim, war geschieden und hatte zwei Kinder. Wir kamen uns näher und er zog zu mir nach Mühlacker und seither leben wir zusammen. Eines Tages hatten Dieter und ich die grandiose Idee, gemeinsam einen Laden zu eröffnen. Uns fehlten zwar hinten und vorne die Mittel für ein solches Vorhaben, doch wir waren kreativ. Kreativität ist das größte Gut im Leben. Man sagt auch „Not macht erfinderisch". Alles, was ich in meinem Leben erreicht habe, ist hart erkämpft und durch meinen unbeugsamen Willen und meine kreative Weitsicht entstanden. Der Begriff Kreativität leitet sich vom lateinischen Wort „creare" ab, was so viel bedeutet wie etwas Neues schöpfen, herstellen oder erfinden. Viele von Ihnen halten sich vielleicht für nicht sehr kreativ, aber glauben Sie mir, das stimmt nicht. Als Kinder waren wir alle kreativer, als wir es heute sind. Stellen Sie sich nur einmal vor, welche unglaubliche Fantasie Kinder haben, welche Spiele sie erfinden und wie sie in der Lage sind, Dinge in einem ganz anderen Licht zu sehen. Mit dem Erwachsenwerden vergessen viele diese Gabe. Ich habe sie mir erhalten, habe mir gestattet, meine kindliche Begeisterung und Fantasie zu bewahren. Sehen Sie, alles, was es in der Welt gibt, alle Gegenstände, mit denen wir leben, ob Häuser oder Autos und anderes mehr, sind ursprünglich einmal in der Fantasie eines kreativen Kopfes entstanden. Ohne Kreativität gäbe es vieles nicht, um nicht zu sagen, ohne Kreativität gäbe es eigentlich gar nichts. So war es auch mit unserem Laden. Aus Geldmangel mussten wir uns etwas einfallen lassen, doch unser Erfindergeist brachte uns voran. Im November 1987 feierten wir dann die Eröffnung. Unser Laden war sehr prunkvoll und zugleich liebevoll eingerichtet. Dies war meiner Tante zu verdanken. Das Haus, in dem sie wohnte, war sehr herrschaftlich hergerichtet. Im Erdgeschoss befanden sich Räume mit allerlei Gerätschaften, der Heizkessel, die Garage und die Waschküche. Über eine große Freitreppe konnte man in den ersten Stock in einen großen, breiten Flur gelangen, von dem aus viele Zimmer abzweigten. Es gab da auch eine unscheinbare Tür, hinter der sich eine Treppe verbarg, die zum Speicher hinaufführte. Dieser Ort war für mich absolut tabu, was ihn nur noch reizvoller machte. Bekanntlich schmecken ja gerade die verbotenen Früchte am besten. Es war für mich ein märchenhaft anmutender, geheimnisvoller Ort. Meine Tante zählte zu einer Generation, die zwei Kriege erlebt hatte und daher zu schätzen wusste, was sie besaß. Weggeworfen wurde grundsätzlich erstmal gar nichts, man könnte es ja irgendwann eventuell nochmals gebrauchen. So landete allerlei Hausrat und Krimskrams auf dem Dachboden. Der Speicher meiner Tante wurde immer leerer, denn von dort holte ich mir die einen oder anderen kostbaren Stücke, um sie in unserem Laden zu platzieren. Sie freute sich, dass sie ihre alten Schätze nun in behutsame Hände geben konnte, die dafür sorgten, dass die Kostbarkeiten wieder zur Geltung kamen.

Mitten im Laden hing einer meiner großzügigen Kronleuchter. Ein alter Tisch und ein antiker Schrank von Tante Gertrud fanden auch ihren Platz.

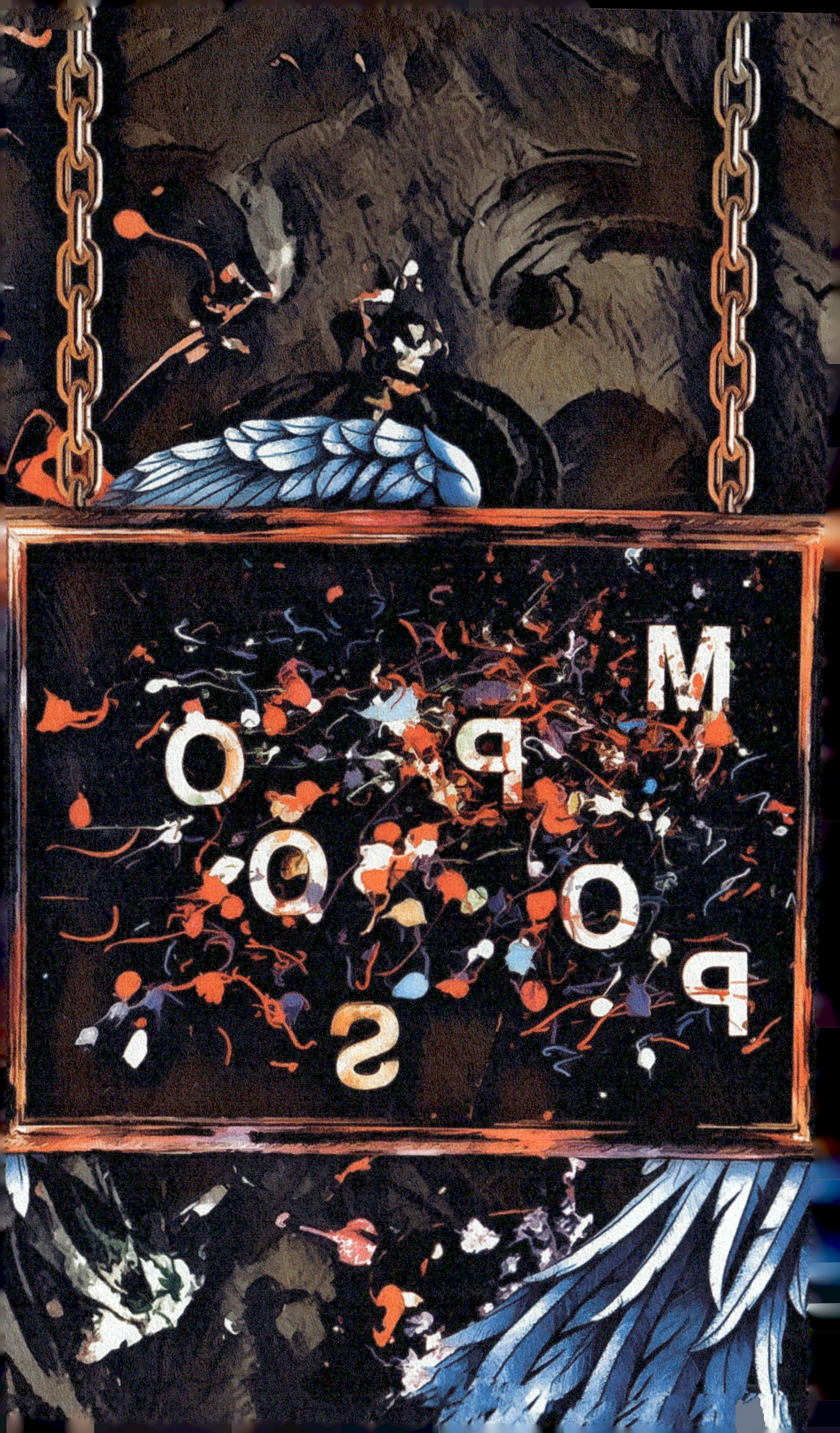
M
O P
O O
P
S

Da wir kein Geld für teure Möbel hatten, besorgten wir günstige Regale aus Naturholz, lackierten sie weiß und bestückten sie mit unserer Ware. Zu Beginn kauften wir vorwiegend zu, dabei starteten wir mit Jeans und Sportswear. Da wir nur über beschränkte Mittel verfügten, mussten wir uns mit dem Beschaffen der Ware immer nach der Decke strecken. So wie wir verkauften, also Geld reinkam, konnten wir auch gleich wieder neue Teile einkaufen. Schnell stellte sich heraus, dass insbesondere die etwas ausgefalleneren Modelle besonders schnell Anklang fanden und der Preis dabei eine nur untergeordnete Rolle spielte. Da ich stets Wert darauf legte, ein anderes Sortiment anzubieten als die Mitbewerber, kaufte ich nicht in den Häusern der Mode zu, sondern flog dafür nach Paris. Dort entdeckte ich den spanischen Designer Caballero, welcher die exzentrischste und ausgefallenste Herrenbekleidung kreierte. Er bot auch eine klassische Kollektion an, die mich allerdings nicht interessierte. Obwohl die Jacken 2.000 DM und mehr kosteten, gingen sie weg wie warme Semmeln. Auch kaufte ich außergewöhnliche Damenmode ein und so erarbeiteten wir uns von Anfang an eine Stammkundschaft, die das Außergewöhnliche suchte. Und sie fand es. Für das Schaufenster drapierte ich die ungewöhnlichsten Sachen, die wir für die kommende Herbst/Winter-Saison auf der Messe gefunden hatten. Darunter auch die berühmt-berüchtigte Rüschenbluse. Diese kam nicht nur bei den Damen außerordentlich gut an. Mehr und mehr Männer sprachen mich täglich auf die Bluse an und fragten, ob diese auch für Männer erhältlich sei. Wir verkauften Mode, die in anderen Stuttgarter Läden nicht zu finden war. Das war das Besondere und genauso wollte ich es auch. Ich rief bei einem Hersteller an und fragte, ob dieser Herrenhemden mit Rüschen produzieren könne. Doch meine Frage stieß auf verdutztes Schweigen.

Der Herr am Telefon hakte nach, ob ich wirklich Herrenhemden mit Rüschen möchte und versicherte mir zugleich, dass das kein Trend werden würde. Ich wusste aber, wie groß die Nachfrage meiner Kunden war und beharrte auf meinen Rüschen. So etwas könne er nicht übernehmen, antwortete er. Er hielt mich anscheinend für völlig bekloppt. Das war wohl das erste, aber nicht das letzte Mal, dass mir so etwas passierte. Neue Ideen werden oft als schwachsinnig abgetan und wenn es dann funktioniert, springen genau diese Personen, die einen zuvor noch belächelt haben, auf den fahrenden Zug auf, um dann abzusahnen. Sich aber einmal etwas Neues zu trauen und ein Risiko einzugehen, das wollen sie nicht. Für so etwas fehlt ihnen schlicht der Mut. Ich bin jedoch der Meinung, dass genau daran unsere Wirtschaft und Gesellschaft erkranken. Auch ein weiterer Hersteller konnte meine Anfrage nicht erfüllen. So blieb mir nichts anderes übrig, als diese selbst zu produzieren. Ich kaufte Spitze und Bordüren vom Meter, dazu mehrere Rollen dickes Nähgarn, setzte mich am nächsten Tag an das Erbstück meiner Mutter, ein Monstrum von einer Nähmaschine, und nähte drauflos. Es waren meine ersten Nähversuche, entsprechend langsam ging es voran. Meine Tante hatte mir zwar vieles über Schnitttechnik und Stoffe beigebracht, genäht hatte sie es aber dann immer selbst. Wie man eine Nähmaschine bedient, hatte mir also nie jemand beigebracht. Ich ließ mich aber nicht unterkriegen und nähte Rüschen an schlichte weiße Hemden für Damen und Herren gleichermaßen. Wie sich herausstellte, schaffte ich damit einen richtigen Trend. Wir organisierten Partys und Events, um unsere Kunden noch mehr an uns zu binden und um ihnen Gelegenheit zu bieten, die erworbenen, ausgefallenen Kleidungsstücke auch auszuführen und präsentieren zu können. Es lief alles wie am Schnürchen und wir wurden zu einer richtigen

Institution. Nun brauchten wir nur noch ein Firmenlogo, um unsere Präsenz auch richtig zur Geltung zu bringen. Als Dieter und ich eines Abends, nach Feierabend, im Laden saßen, stöberten wir in diversen Katalogen nach passenden Leuchtreklamen. Unser Augenmerk fiel auf ein Modell in knalligem Rot und Grün mit einem Schrifttyp wie der des Hollywood-Emblems in Beverly Hills. Jetzt fehlte nur noch das Logo beziehungsweise der Firmenname. Mein Kopf aber war leer, ich war überarbeitet und unendlich müde.

Pompadour ... Pompöös

Ich erinnere mich noch genau, wie ich auf den Namen POMPÖÖS kam. Es war vor vielen Jahren. Ich war etwas eingenickt und plötzlich träumte ich vom französischen Hof und von Madame Pompadour. Es war ein wundervoller Traum. Madame Pompadour war die Mätresse des französischen Königs Ludwig XV. Im Alter von neun Jahren wurde ihr dies bereits prophezeit. Mit diesem Wissen versuchte sie, die Aufmerksamkeit des Königs zu ergattern. Auf einem Maskenball gelang es ihr dann auch, den König für sich zu gewinnen. Doch das Besondere war, dass sie als erste Bürgerliche zur offiziellen Mätresse des Königs wurde, die dann der König selbst zur Marquise de Pompadour mit Landsitz und eigenem Wappen erhob. Mit prominenten Künstlern aus Paris sang sie für ihn, um sein Interesse für das Theater und die Musik zu wecken. Schließlich kam er ihrem Wunsch nach und eröffnete für sie ein kleines Theater. Madame Pompadour war eine sehr gütige und hilfsbereite Frau, die die von ihr verehrten Künstler unterstützte und förderte. Dazu verhalf ihr natürlich der Status als Mätresse des Königs. Aber auch ihre Familie ließ sie an ihrem Wohlstand teilhaben. Die Pracht der höfischen Kleidung war an ihr deutlich zu erkennen. Sie trug bodenlange, prachtvolle Rokoko-Kleider aus schillernder Seide, Damast oder edlem Brokat, besetzt mit farbenprächtigen Blüten. Die Korsagen waren verziert mit vielen Schleifen und oft fanden sich Seiden- und Wachsrosen auf ihren Stoffen. Weiße mehrschichtige Spitzenvolants besetzten meist die Ärmel ihrer Kleider und edle Perlen vollendeten ihre Pracht.

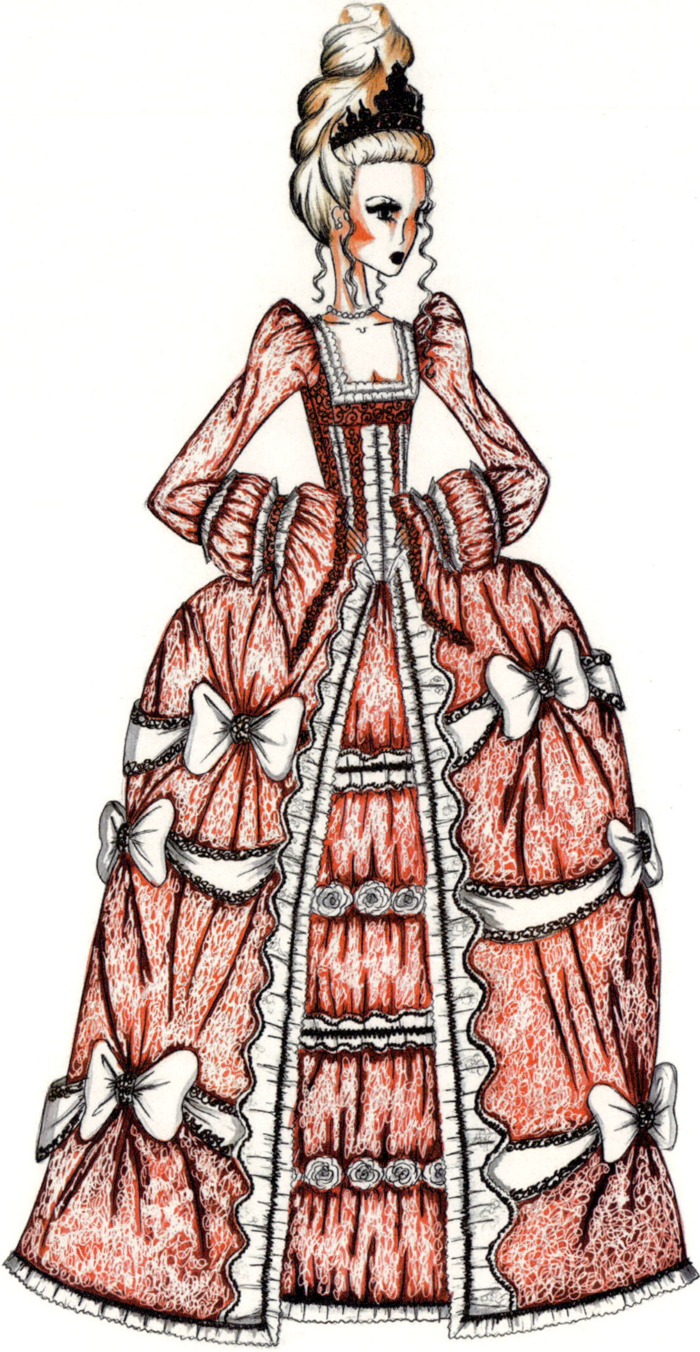

Sie aß jeden Abend sechzehngängige Menüs und sagte einst: „Champagner ist der einzige Wein, der eine Frau noch schöner macht."

„Pompadour. Pomp. Pomp. Pompös", sagte ich plötzlich laut im Schlaf.

Als ich meine Augen öffnete, hatte ich es klar und deutlich vor mir – POMPÖS. Ich schrieb es schnell auf unsere Liste. Mir gefiel der Name sehr, doch auf diese Weise geschrieben, sah er unheimlich langweilig aus. Ich setzte noch zwei Ö-Pünktchen über das erste O. Schon besser, aber immer noch nicht gut genug, dachte ich. Als ich Dieter von meiner Idee erzählte, sagte er: „Dann aber mit zwei ö. Wenn schon dekadent, dann richtig."

POMPÖÖS.

„Okay", sagte ich, „ja, das ist es und ich werde eine Modenschau zelebrieren, die die prächtige Mode von Madame Pompadour aus ihrer Zeit in unsere transportiert."

Ein wenig konnte ich es mir später vorstellen, wie es wohl bei Tisch der Madame Pompadour gewesen sein könnte. Ich komme seit dreiunddreißig Jahren nach Paris und ungefähr genau so lang residiere ich bei meinen Besuchen dann im Hotel Meurice. Das Meurice war das erste Luxushotel in Paris überhaupt. Berühmte Gäste wie Königin Victoria, König Georg VI., Königin Elisabeth II., König Alfons XIII. von Spanien, König Nikolai von Montenegro, der Herzog von Windsor und Wallis Simpson, der Schah von Persien und viele mehr wurden hier bereits beherbergt. Einer der absolut exzentrischsten Hotelgäste war wohl Salvador Dalí.

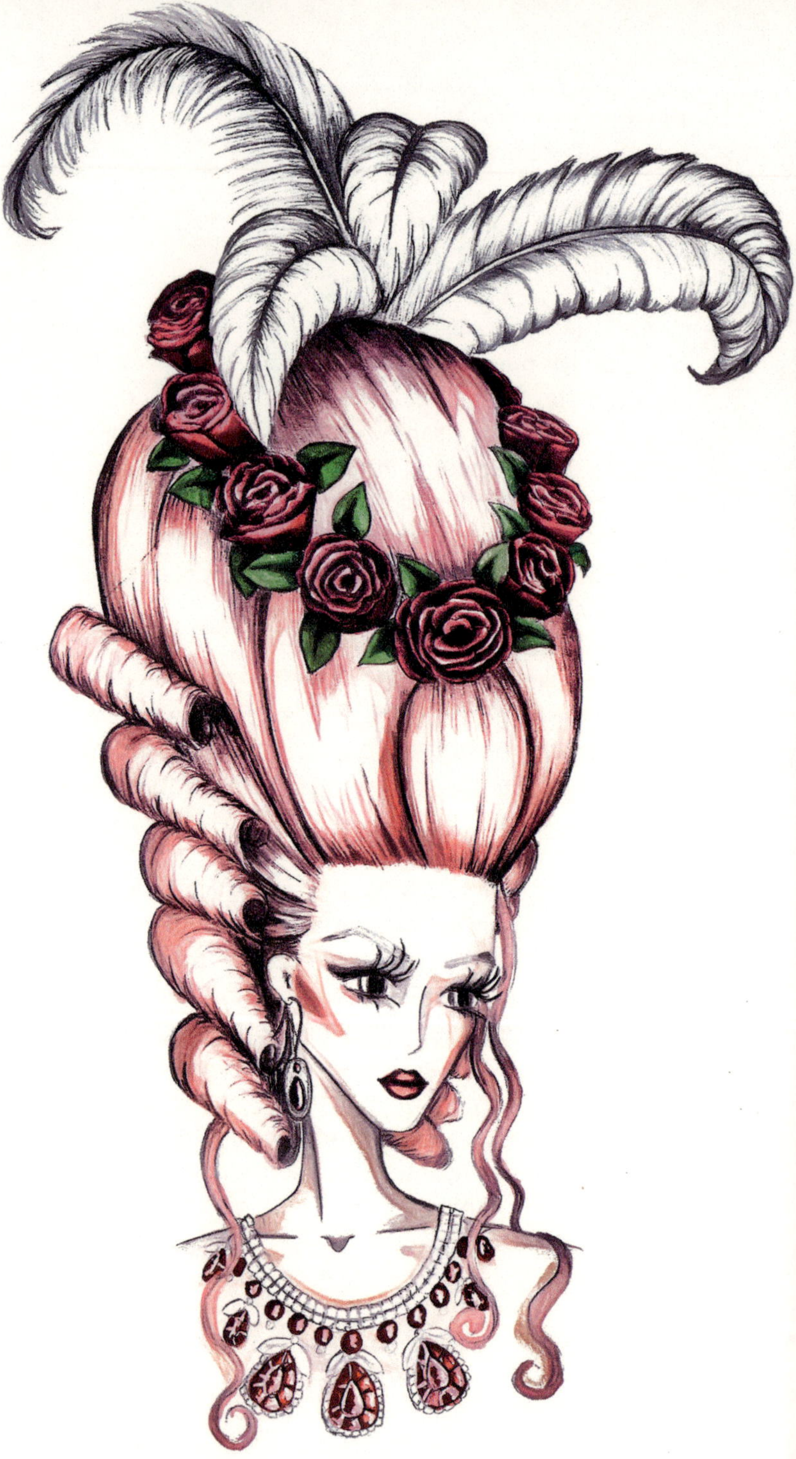

Wie man sich erzählte, wohnte er dort mit seinen zwei Ozelots und überforderte Gäste und Belegschaft mit seinen Extrawünschen, indem er zum Beispiel eine Herde Schafe in seine Suite bestellte oder sich Fliegen im Park fangen ließ. Aber das Spannendste an diesem Hotel sind für mich der Salon Pompadour, eine Galerie Pompadour sowie das Sternerestaurant von Alain Ducasse, welches vom Salon de la Paix in Versailles inspiriert ist. Also wie bei Hofe zu Zeiten der Pompadour.

Noch ganz fasziniert und inspiriert von diesem Traum vergaß ich auf der Stelle alle Müdigkeit und zeichnete die ganze Nacht durch. Ich hatte einen Plan: Ich wollte Versailles nach Stuttgart bringen.

Ich erzählte bereits von meinem großen Vorbild Ludwig XIV. Durch ihn entstand eine Blütezeit der französischen Kultur. Er war aber auch in Sachen Mode Vorbild und Vorreiter und machte die Allongeperücke weltberühmt. Marie Antoinette war ebenfalls im alten Paris eines der ersten It-Girls. Sie hatte wie wir einen Papillon. Diese wunderschönen Hunde waren schon immer die Lieblinge der Könige. Der Papillon zählt zu den zehn intelligentesten Hunderassen der Welt. Für uns ist Billy King nicht nur ein Hund, er ist unser Baby. Ein Engel auf vier Pfoten mit einem großen Herzen, der uns immer begleitet. „Papillon“ ist das französische Wort für Schmetterling.

Das sieht man nicht nur an seinen großen, abstehenden Ohren, die an Schmetterlingsflügel erinnern, sondern auch an der weißen Blesse, die das Gesicht symmetrisch in zwei Hälften teilt. Sein langes, weißes Fell mit schwarzen Flecken ist seidig und weich. Am französischen Hof waren Zwerghunde dieses Typs über mehrere Jahrhunderte besonders beliebt. Doch mit der Französischen Revolution und dem Niedergang des französischen Adels sah man auch den Zwergspaniel nicht mehr. Liebhabern der Rasse aus Belgien und Frankreich haben wir es zu verdanken, dass es diese Rasse seit Ende des 19. Jahrhundert wieder gibt. Auf zahlreichen Gemälden berühmter Meister wie Tizian, Rubens oder Vermeer van Delft war der Zwergspaniel zu sehen, vorzugsweise mit Kindern oder Adeligen.

Unser Billy braucht viel Liebe, Zuneigung und Geborgenheit, damit er die ganze Pracht seines Charmes entfalten kann. Er ist aber auch eitel und genießt es sehr, wenn er bewundert wird. Streicheln darf ihn aber nicht jeder. Wenn er mal nicht bei mir ist, habe ich das Gefühl, als fehle etwas. Wenn es ihm nicht gut geht, geht es mir auch nicht gut. Dann lasse ich alle Termine sausen, fahre mit ihm zum Tierarzt und habe immer ein Auge auf ihn. Als wir von Charlottenburg nach Berlin-Mitte umzogen, bekam auch er ein kleines Schloss. Ich ließ einen alten, prunkvollen, goldenen, barocken Kamin mit weißem, kostbarem Stoff beziehen. Kleine, sanfte, weiße Kissen mit einem goldenen Emblem zieren nun sein Gemach. Eben ganz und gar POMPÖÖS.

„Harald Glööckler ist wohl der exzentrischste schwäbische Export überhaupt.“
Stuttgarter Zeitung

„Harald Glööckler ist so etwas wie der schwäbische Ed Hardy“
(Fashion United)

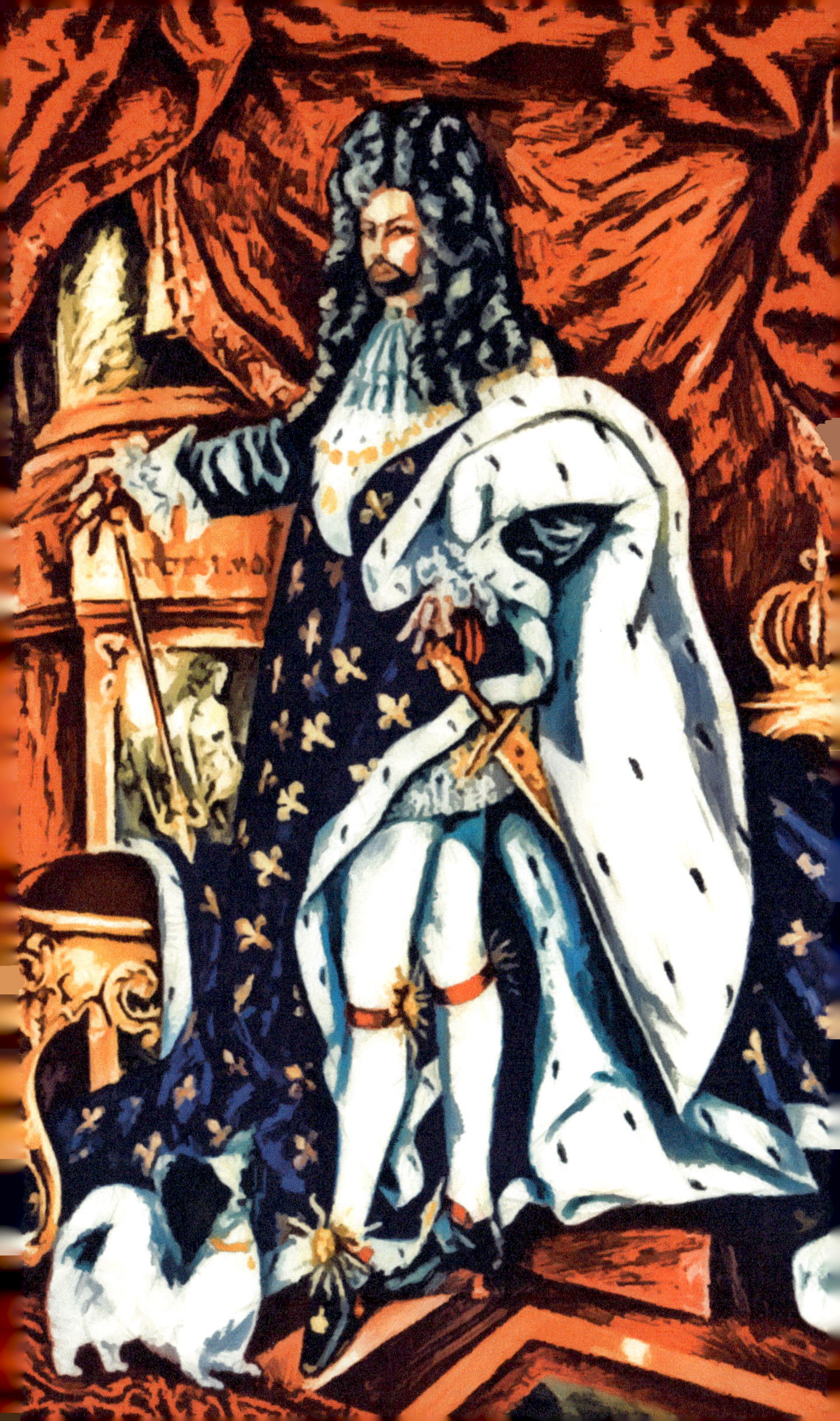

Versailles in Stuttgart

Unser Laden in Stuttgart war in unmittelbarer Nähe des Alten und Neuen Stuttgarter Schlosses. Das Neue Schloss wurde im 18. Jahrhundert im Auftrag der württembergischen Herzöge und Könige als Residenz- und Wohnschloss erbaut. Nachdem Wilhelm II. abgedankt hatte, ging das Schloss in Staatsbesitz über und wurde zu einem Museum, welches bis heute die Kostbarkeiten der fürstlichen Kunstkammer und verschiedene Wohnräume der ehemaligen württembergischen Könige zeigt. Ich stellte mir vor, wie es wohl zugegangen sein muss, als im Schloss noch das württembergische Königshaus residierte und Prinzen, Könige und Künstler aus aller Welt diesen Ort bereicherten. Die Damen trugen ausladende Röcke und Roben aus Samt und Seide mit Rüschen und Spitze, Perlen und Korsagen. Jeder Raum erstrahlte durch all die Kronleuchter, die an den Decken und an den Wänden hingen und ließen die Malereien fantastisch, fast unwirklich erscheinen. Die Räume hatten hohe, geschwungene Fenster mit barocken Balkonen, die reich verzierte, schmiedeeiserne, vergoldete, mit Kronen versehene Balustraden zierten. Die Herrschaft lebte meist im Palast, die Hauslehrer, Kindermädchen, Künstler und viele andere lebten in angrenzenden kleineren, aber nicht minder opulenten Nebengebäuden. Während sich die Mächtigen um die Geschäfte kümmerten, spielten die gut behüteten Kinder im Garten oder wurden von Hauslehrern unterrichtet. Es wurden Instrumente wie Geige und Flöte gelehrt und oft zerriss das Klimpern des Flügels die Stille. Sie luden zu offiziellen Hofbällen ein, zu denen andere adelige Fürsten kamen.

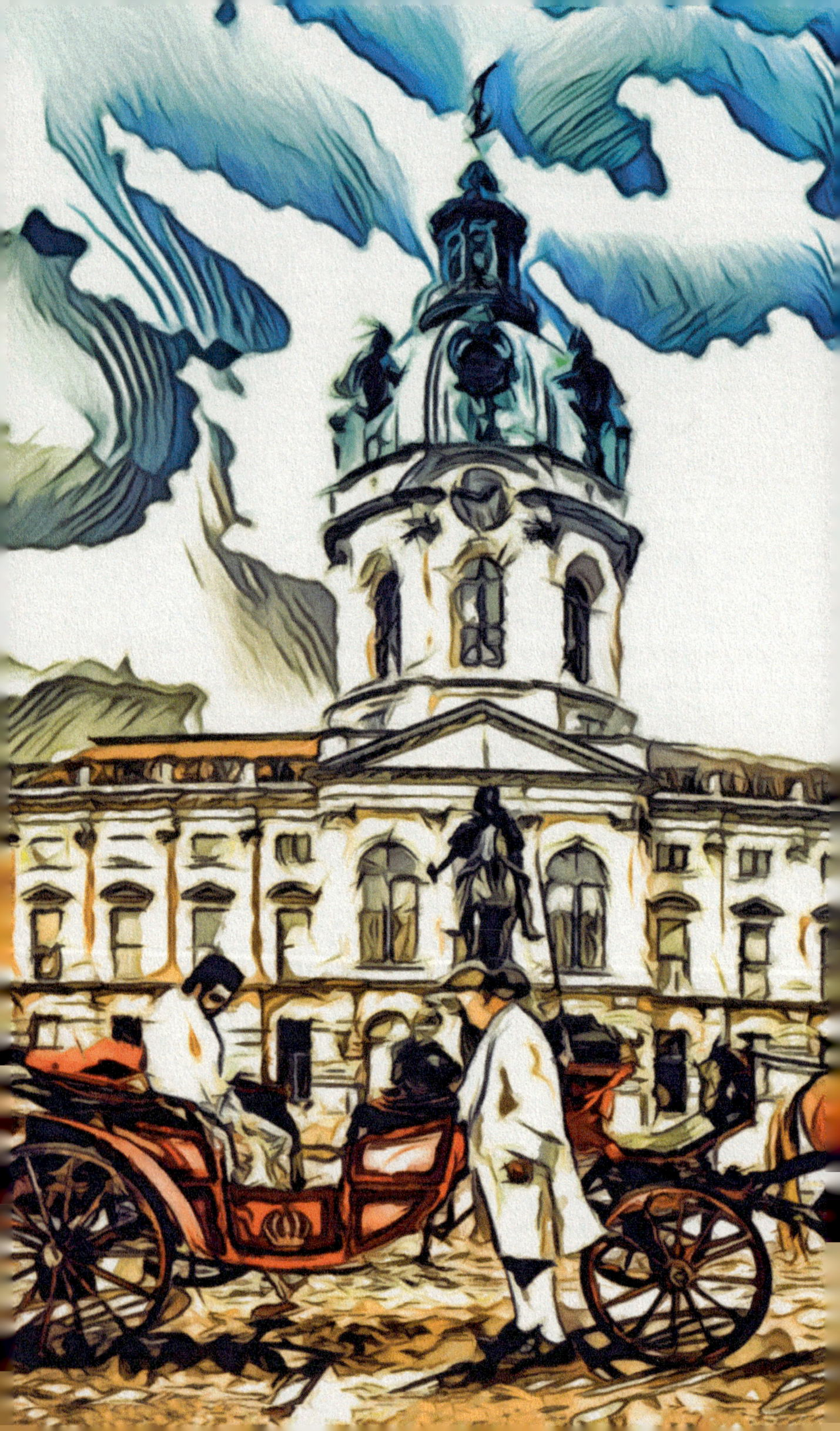

Die Gäste fuhren mit reich verzierten Pferdekutschen vor den hell erleuchteten Eingang, an dem das Personal schon bereitstand, um sie zu empfangen. Sie trugen Masken, Reifröcke und Perücken, tanzten im Takt zu klassischer Musik, die von den Hofmusikern vorgetragen wurde. Diese Epoche wollte ich wiederaufleben lassen und den Glanz vergangener Zeiten zurückholen. Seitdem ich ein kleiner Junge war, habe ich schon immer genau vor Augen, wie etwas sein wird, wenn sich eine Idee erst einmal in meinem Kopf entwickelt hat. Ich habe eine bestimmte Vorstellung, sende meine Wünsche ans Universum, arbeite hart daran und weiß, dass alles gut wird.

„Arbeite und bete, dann hilft der Herr alle Zeit", pflegte meine Großmutter immer zu sagen.

Und so war es dann auch. Wie gerne schaue ich mir Filme und Märchen aus vergangener Zeit an, allein nur wegen der prachtvollen Kleider und dem atemberaubenden Interieur der Schlösser und Paläste. Der Adel hatte auf mich schon immer eine anziehende Wirkung. An der Aufmerksamkeit für royale Märchenhochzeiten kann man aber auch immer wieder sehen, dass nicht nur ich eine Begeisterung für den Adel habe. Millionen Zuschauer sitzen stundenlang vor den Fernsehgeräten, um zu sehen, was für ein prächtiges Kleid getragen wird und wie wohl der romantische Kuss des frischen Ehepaares aussehen wird. Uns interessiert, wie Prinzessinnen und Prinzen von heute leben, denn dadurch haben wir das Gefühl, zumindest ein wenig in die Welt des Adels schnuppern zu können. Denke ich an Kutschen und weiße Pferde, opulente Kleider, weite Röcke und atemberaubend enge Taillen, Prinzessinnen und Kaiser, überkommt mich ein Gefühl von Wärme und Zugehörigkeit.

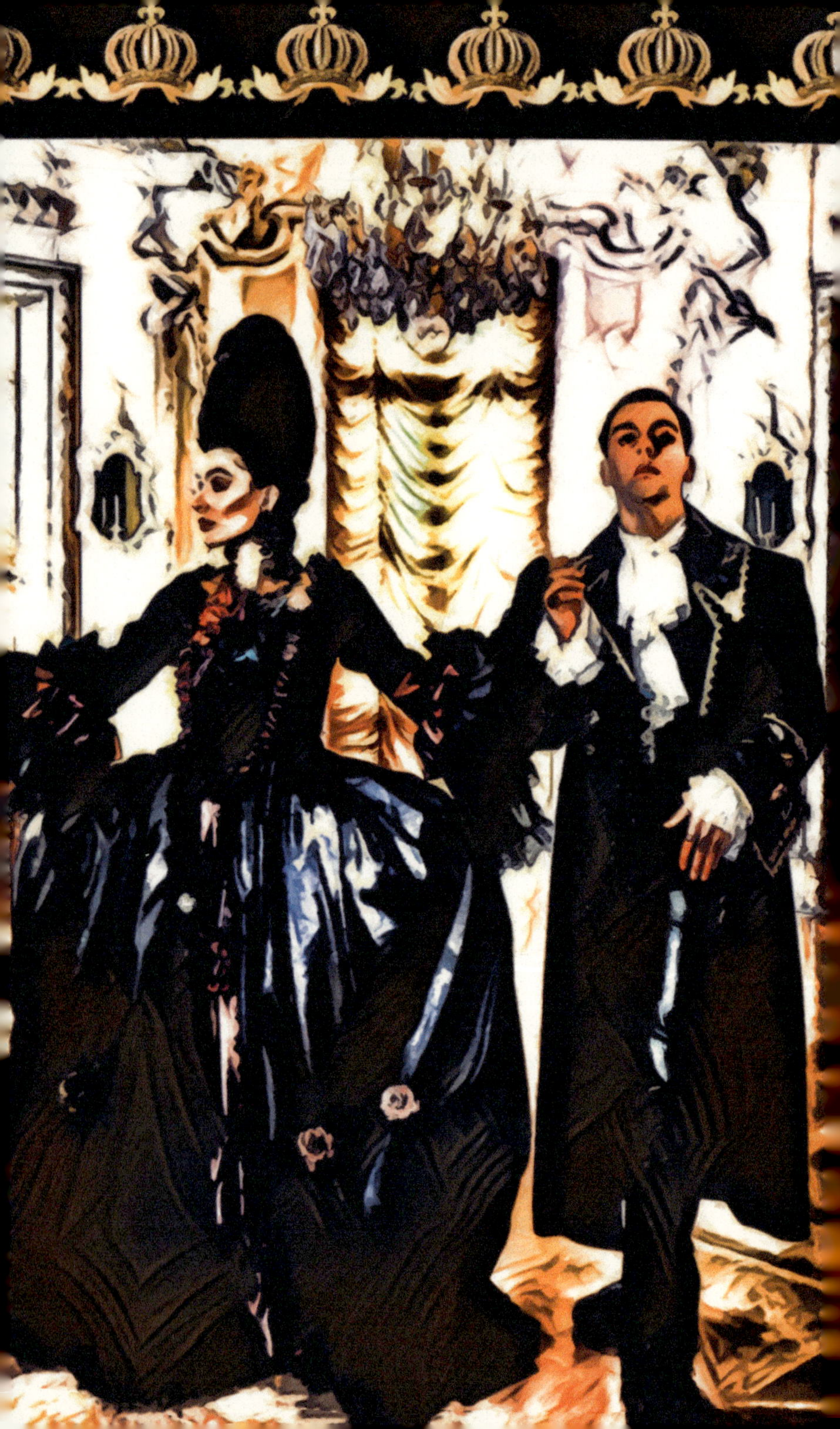

Ich bin weder adelig noch wohlhabend zur Welt gekommen, und dennoch empfinde ich eine so starke Verbindung zu dieser Zeit, dass ich nur eines machen kann: sie ausleben. Und das tat ich auch, in Form einer Haute Couture Show. Ich beschloss 1994 also, eine Show im prächtigen Marmorsaal des Neuen Schlosses in Stuttgart zu zelebrieren. Doch dazu musste ich das Schloss erst einmal bekommen und das war nicht so einfach. Wie bereits erwähnt, werden neue Ideen erst einmal argwöhnisch betrachtet und zu Beginn meist boykottiert. Wie bereits Mahatma Ghandi sagte: „Zuerst ignorieren sie dich, dann lachen sie über dich, dann bekämpfen sie dich und dann gewinnst du."

Oder wie Julius Cäsar sagte: „Veni vidi vici."

Um es kurz zu machen: Es war nicht einfach, aber ich bekam das Schloss. Nun ging es an die Arbeit. Meine Entwürfe waren derart exaltiert und aufwändig, dass sie großes Können für die Umsetzung verlangten. Es gelang mir, vier Haute Couture Schneiderinnen und drei Kostümbildnerinnen zu akquirieren. Damit war ich bestens aufgestellt. Ich suchte weltweit nach den kostbarsten Stoffen, ein Schuhmacher sorgte für die passenden Schuhe, eine Hutmacherin für die von mir designten Kopfbedeckungen und ein Juwelier für den, von mir dazu designten, Schmuck. Nun brauchte ich Models. Mir schwebten zwanzig Modelle vor, davon achtzehn dunkelhäutig, denn ich dachte mir, dies sei der perfekte Kontrast zu den barocken Roben. Ich ließ meine Modelle aus Paris, Amsterdam und London einfliegen. Dann brauchte ich Visagisten und barocke Perücken. Diese ließ ich bei einem Spezialisten für Opernausstattungen umsetzen. Dann fehlten noch Licht und Ton, außerdem engagierte ich einen Starkoch, denn nach der Show gab es für die dreihundert Gäste ein Dinner. Zwar kein sechzehngängiges Menü, aber immerhin viergängig auf edelstem Porzellan und der Champagner floss in Strömen. Die Gäste ließen sich im Vorfeld extra einkleiden und extra für diesen Abend einiges einfallen. Sie fuhren in Kutschen vor, kamen in halben Ritterrüstungen und die Zaungäste bekamen einiges geboten.

Stargäste des Abends waren unter anderem Ihre Königlichen Hoheiten Brigitta Prinzessin von Preußen und Michael Prinz von Preußen. Ihnen folgten Ihre Durchlaucht Fürstin von Urach Gräfin zu Württemberg Manuela von Cube sowie Ihre Königliche Hoheit Erina Prinzessin von Sachsen Herzogin zu Sachsen. Der Saal glänzte nicht nur durch die zahlreiche Prominenz. Unsere Models trugen tief dekolletierte Kleider mit glamourösen Korsagen und goldenen Bordüren, ausladende Reifröcke mit aufwendigen Drahtgestellen, die für das nötige Volumen sorgten. Wir hatten Kleider aus Satin und Brokat, mit Spitze und Tüll. Es war rüschenhaft, voluminös und dramatisch zugleich. Das absolute Highlight war eine moderne Version eines Rokokokleides mit Silberfolie, Schleifen und Goldglitter. Die männlichen Models trugen Anzüge im Louis--XIV.-Stil, lange Kasack-Jacken mit Pumphosen und Schnallenschuhen.

Von da an bereicherte ich Stuttgart jedes Jahr mit opulenten Haute Couture Shows und einer Prachtentfaltung, wie sie die Landeshauptstadt Stuttgart seit Königszeiten nicht mehr erlebt hatte. Prinzessinnen und Prinzen pilgerten ebenso zu meinen Shows wie Weltstars, darunter Gina Lollobrigida, Bo Derek, Chaka Khan, Amanda Lear, Grace Bumbry, Zucchero und viele mehr. Seit damals stehen mein Label POMPÖÖS und ich für Luxus und Extravaganz.

Und nicht zu vergessen, unser Logo, die Krone, als Insignie für Reichtum und Macht. Bei einer dieser Shows war auch Liz Brewer, eine britische High-Society-Lady, zu Gast. Sie war überaus angetan und revanchierte sich mit einer Einladung zu einem Charity Dinner mit Sir Elton John, Dame Shirley Bassey und Britt Ekland. Leider konnte ich der Einladung nicht Folge leisten, da ich zu diesem Zeitpunkt bereits so viele Termine koordinieren musste, dass es mir nicht mehr gelang, jedem Event beizuwohnen.

„HARALD GLÖÖCKLER
Prinz Rastlos“
(Gala)

Chaka Khan und Prince

Bei meiner ersten Haute Couture Show 1994 präsentierten wir zusätzlich ein weiteres Highlight: unsere erste CD, ein Album mit dem Titel „Pompöös Is My Life". Mode, Kunst und Musik passten in meinen Augen schon immer sehr gut zusammen und ein Leben ohne Musik konnte ich mir ohnehin nicht vorstellen. Ich hatte damals eine sehr barocke Phase und so wie ich die Mode verbarockisierte, wollte ich auch eine Art von Musik kreieren, die zwar zeitgemäß, aber gleichzeitig barockangehaucht war. Wir nannten es Baroque Trance. Es wurden zehn Songs, zu denen ich vorwiegend die Texte schrieb. Es ging um Ludwig XIV., um Madame Pompadour, um Versailles, Lieder, die Geschichten erzählen. Wir waren Executive Producer. Dieter und ich sangen jedoch auch, zudem eine zusätzliche Sängerin. Der Grundgedanke war allerdings: eine große Inszenierung von Musik und Mode. Zu der Idee kam es eines Abends, als wir in dem französischen Restaurant Brasserie Flo in Stuttgart saßen, in welchem wir sehr oft nach getaner Arbeit und Ladenschluss dinierten. Dort traten meist Live Bands auf, so auch an diesem Abend. Die Künstler verfügten zwar meist über großartige Stimmen, allerdings trugen sie oft furchtbar langweilige Outfits und boten null Performance. Inspiriert von Marlene Dietrich sagte ich: „Wir müssen so fantastische Outfits und so eine perfekte Show inszenieren, dass kein Mensch mehr auf die Stimmen achtet, sondern bereits bei unserem Erscheinen Applaus ertönt." Und so kam es auch. Wir waren über Nacht in sämtliche Late Night Shows eingeladen, unter anderem in die Harald Schmidt Show, wo ich auf die großartige Grace Jones traf. Grace Jones und ich haben uns auf Anhieb sehr, sehr gut verstanden. Sie lud mich zu Champagner und Austern in ihre Garderobe ein. Privat verhielt sie sich genauso, wie man sie aus der Öffentlichkeit kennt. Zudem wurden wir von großen Veranstaltern und großen Diskotheken gebucht. Wir reisten stets mit großer Entourage an Tänzern in barocken Outfits und unsere Sängerin trat in einem Rokokokleid mit Rokokoperücke auf. Dieter in Rokokojacke und Kniehosen und barocker Perücke und ich als Ludwig XIV. mit einem blauen Krönungsmantel mit falschem Hermelin und einer sechs Meter langen Schleppe.

Wir hatten Auftritte zusammen mit den „The Weather Girls" und mehrmals unter anderem mit der Gruppe Alphaville. Als wir das zweite Mal gemeinsam auftraten, schlugen sie belustigt vor, man könne doch beim nächsten Mal die Outfits tauschen. Ein paar Wochen nach unserer Show im Neuen Schloss bekamen wir einen Anruf von einem befreundeten Journalisten, der meinte, Chaka Khan hätte von uns gehört, sei in Deutschland und würde uns gerne kennenlernen. Wir trafen uns in der schönen Pfalz zu einem Dinner mit der Soulqueen und verstanden uns auf Anhieb prächtig. Es entstand eine über viele Jahre andauernde Freundschaft. Mal besuchte ich Chaka Khan in London und dann war sie wieder für einige Tage zu Gast in Stuttgart.

Zu dem Besuch in London gibt es eine witzige Anekdote. Chaka Khan sagte zu mir, ich müsse sie am Mittwoch in London besuchen und ich sagte: „Chaka, das kann ich nicht, ich muss Donnerstag früh in Stuttgart sein. Ich habe wichtige Termine, ich kann erst Samstag kommen."

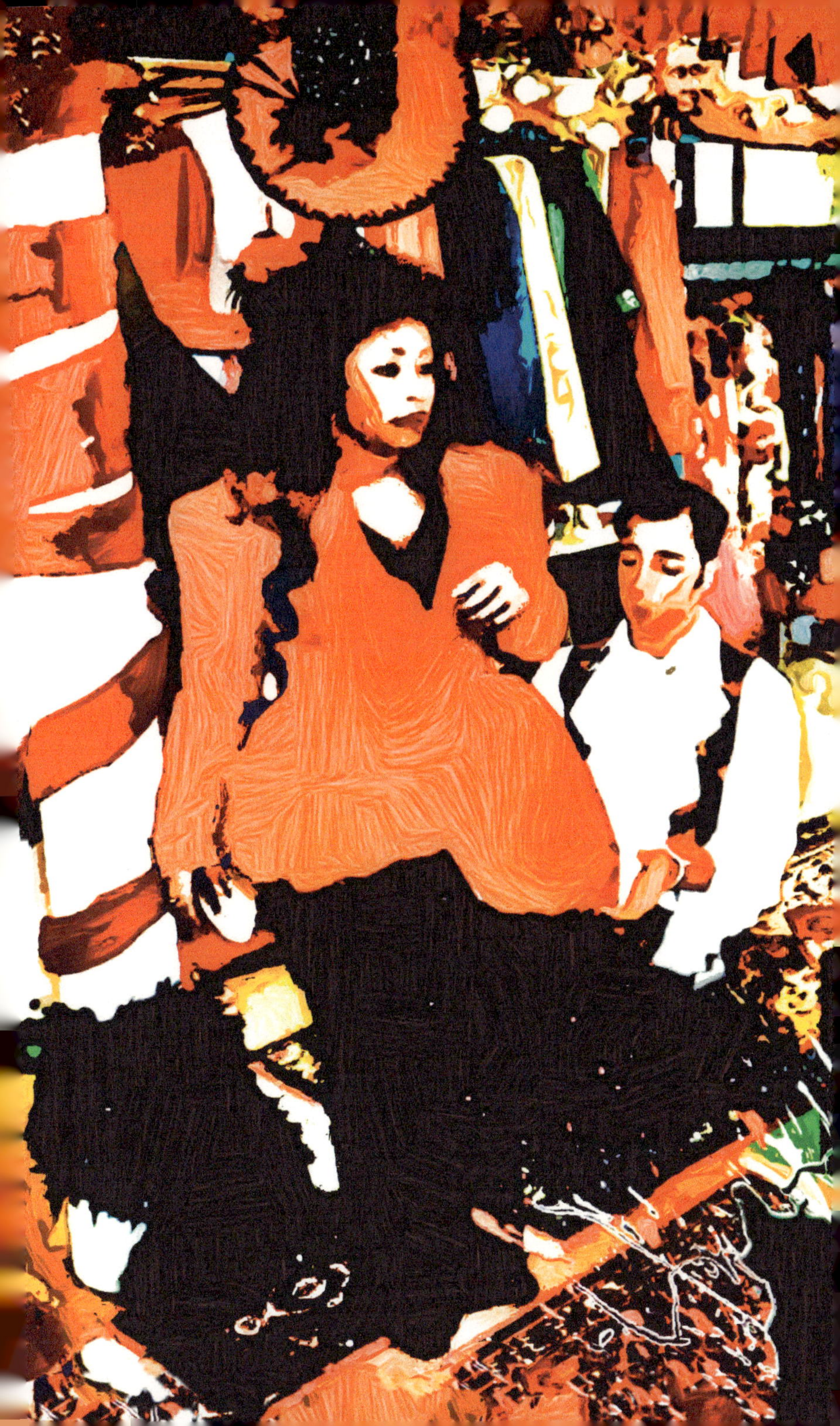

„Nein“, erwiderte sie, „du musst Mittwoch kommen.“ Ich sagte: „Sorry, ich kann es nicht“.

Und als ich sie am Samstag dann besuchte, offenbarte sie mir: „Weißt du, ich freue mich sehr. Schön, dass du da bist, aber schade, dass du Mittwoch nicht da warst, ich wollte dich dem Sänger Prince vorstellen.“

Das hat mich leider dann doch etwas deprimiert, denn den Superstar Prince hätte ich in der Tat gerne persönlich kennengelernt. Aber so ist es im Leben, man muss immer wieder Entscheidungen treffen und am Ende entscheide ich mich immer für die Pflicht, so bin ich erzogen.

Danach kamen immer wieder Anfragen, ob ich nicht bereit wäre, Musik zu machen. Aber aufgrund meiner vielseitigen Interessen an der Malerei, der Mode und vielem anderen, nahm ich Abstand. 2020 beschloss ich dann, doch wieder einen Song mit dem Titel „Wir sind VIP“ aufzunehmen. Zudem haben die „The Weather Girls“ und ich beschlossen, zusammen einige Songs zu produzieren. Ich war immer ein Mensch, der sich getraut hat, der sich keine Gedanken darüber macht, ob er etwas kann oder nicht kann. Denn das, was man wirklich von Herzen machen möchte, das kann man auch.

„Der Mann mit den keksgroßen Ringen
an den Fingern und den gemalten
Augenbrauen, der Sacha Baron Cohen zur
Filmfigur des schwulen Fashionreporters
Brüno inspiriert hat und den die Medien
„Schwäbische Antwort auf Gianni
Versace“ nennen.“
- NZZ -

Gianni Versace Berlin

Unsere Haute Couture Show im Neuen Schloss schlug große Wellen, plötzlich erreichten uns Einladungen aus der ganzen Republik. Eine ganz besondere erhielten wir im Jahr 1994. Gianni Versace zelebrierte eine Ausstellung in Berlin und sollte selbst anwesend sein. Erst vor geraumer Zeit wurde der Versace Store in Berlin eröffnet und die neue junge Hauptstadt war hungrig nach Glamour. Dieter und ich flogen nach Berlin und logierten im Hotel InterContinental Budapester Straße. Der Tag nahte und ich zog mich entsprechend pompöös an. Ich war zu dem Zeitpunkt noch in meiner barocken Phase und es passte somit perfekt zu Gianni Versaces Stilrichtung. Die Ausstellung fand in einem Museum statt, welches wohl selten einen derartigen Menschenauflauf erlebt hatte. Irgendwie war es wie in Versailles zu Zeiten Marie Antoinettes. Dann erschien Gianni Versace in Begleitung Liza Minnellis. Es war ein wundervoller Moment. Gianni Versace besaß eine großartige Aura und war ein freundlicher Mensch. Die Ausstellung war märchenhaft inszeniert. Man kam sich vor, als würde man durch ein Kristallbergwerk wandeln. Alles war dunkel und partiell erstrahlten die Kunstwerke Gianni Versaces vor glitzernden Edelsteinen. Es war derart beeindruckend, dass man Luft holen musste. Er war einfach ein Meister der Inszenierung und stellte dies ein weiteres Mal unter Beweis. 1994 bei der Filmpremiere von Vier Hochzeiten und ein Todesfall wurde von Liz Hurley das berühmte Sicherheitsnadelkleid getragen. Liz Hurley besuchte den Film zusammen mit ihrem damaligen Lebensgefährten Hugh Grant, dem Hauptdarsteller des Filmes.

Das schwarze, schmal geschnittene, lange Abendkleid mit großzügigem herzförmigem Vorderausschnitt und schmalen doppelten Trägern war von der Hüfte abwärts seitlich sowie von der Taille bis unter die Achseln geöffnet. Die seitlichen Ausschnitte wurden dabei von sieben großen, goldfarbenen Sicherheitsnadeln zusammengehalten. Es war sehr sexy, denn man hatte das Gefühl, die Nadeln könnten jeden Moment aufspringen und ihren Körper entblößen. Dieses Kleid erinnerte an die Punkmode Londons und ging in die Geschichte ein. Mir fiel dazu der Spruch Johann Wolfgang von Goethes ein:

„Es ist ein Vorrecht des Schönen, dass es nicht nützlich zu sein braucht!"

Nach der Ausstellung ging es in einen angesagten Club Berlins, wo bis in die Nacht ausgelassen gefeiert wurde. Nur drei Jahre später erreichte und schockierte uns alle der Tod Gianni Versaces. Er war ein großer Lichtbringer. An seinem Todestag hatte man das Gefühl, die Welt habe sich verdunkelt. Auch er hat wie ich die Menschen mit Luxus und Opulenz überschüttet. Auch er hat seine Visionen gelebt und sichtbar gemacht. Haben wir ihn verstanden? Nein, ich denke, es wäre überheblich, das zu behaupten. Ein Mensch wie er hat so viele wundervolle Facetten, es ist absolut unmöglich, sein Wesen auch nur im Entferntesten zu erfassen, geschweige denn zu verstehen. Dies ist auch nicht notwendig. Man muss Menschen nicht ergründen, auch nicht verstehen, man sollte sie akzeptieren, sich an ihnen erfreuen und das Besondere suchen und entdecken. Anstatt sie zu sezieren und zu kategorisieren, wie wir es so oft gerne tun. Er verwendete in seinen Entwürfen sehr gerne die Medusa, ich dagegen liebte die Engel.

Engel

Ich erinnere mich daran, dass mir meine Mutter oftmals eine Gutenachtgeschichte erzählte. Eines Tages kam sie wieder einmal auf einen Engel zu sprechen.

Ich fragte sie: „Was ist ein Engel?“

Sie sagte: „Ein Engel ist ein wenig wie deine Tante Inge im Kindergarten, die immer auf dich aufpasst. Er ist ein himmlisches Wesen aus einem weißen, leuchtenden Licht mit goldenen Flügeln. Wenn du ihn brauchst, ist dein Engel sofort für dich da, auch wenn du ihn jetzt nicht erkennst.“

Ich sagte: „Aber warum sehen wir die Engel nicht?“

Meine Mutter erwiderte: „Weil die Schutzengel so hoch fliegen, dass wir sie nicht mehr sehen können. Doch manchmal, wenn wir ganz fest an sie denken, dann können wir sie sehen. Deshalb, mein Junge, schließe nun deine Augen und versuche, die Engel zu sehen. Aber verliere nicht die Geduld. Es kann eine Weile dauern, bis du sie erkennen kannst. Dies ist zu deinem Schutz, denn sie sind schöner als alles, was du in deinem Leben bisher gesehen hast. Und deshalb müssen sie sich uns vorsichtig zeigen, denn erst, wenn sie ganz sicher sind, dass du stark genug bist, sie zu sehen, dann werden sie sich dir zeigen.“

Ich fragte Mama: „Hast du schon Engel gesehen?“

Sie sagte: „Ja, ich sehe auch deine Engel, aber ich möchte dir nicht davon erzählen, denn ich könnte ihre Schönheit niemals beschreiben. Und nun schließe die Augen und übe dich im Engel sehen.“ Seit diesem Tag faszinieren mich Engel. Ich konnte ihre Gegenwart fühlen, aber sie nicht sehen.

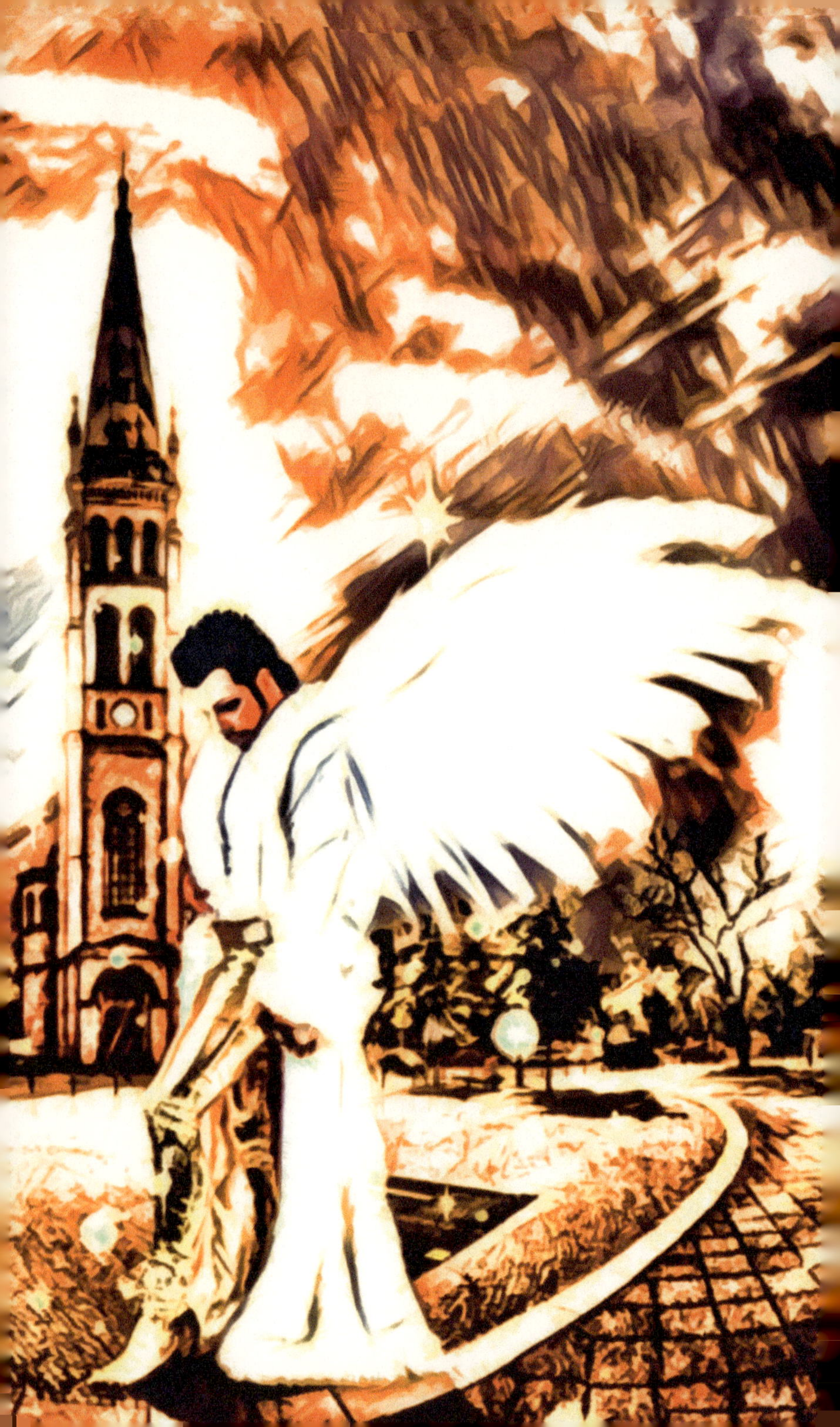

Das machte mich ganz zappelig. Aber ich wollte ein guter Junge sein und mich in Geduld üben. Erst passierte nicht viel, außer, dass ich vor Übermüdung einschlief. Am anderen Tag gab mir meine Mutter ein Buch über Engel. Ich lernte daraus, dass es eine richtige Hierarchie im Himmel gab. Jeder Engel erfüllt eine andere Aufgabe. So gibt es auch Engel, die wiederum über andere Engel wachen, uns aber dennoch durch diese erreichen.

Ganz oben sind die Erzengel, die Gott am nächsten stehen. Wie Fürsten befehlen sie große Scharen von Engeln, die ihnen bei der Erfüllung ihrer Aufgaben helfen sollen. Der oberste Engel ist Metatron. Sein Platz ist direkt am Thron Gottes. Er ist der Hüter der Wunscherfüllung. Also beschloss ich, ihn immer anzurufen, wenn ich einen Wunsch im Leben habe. Die Engel lieben es, zu helfen, aber wir müssen sie darum bitten. Sie dürfen nicht von sich aus agieren. Nur unser Schutzengel darf uns immer helfen und muss uns beistehen, auch ohne, dass wir ihn zuvor darum bitten. Wir alle haben unsere Schutzengel und die brauchen wir auch dringend. Wenn man mal darüber nachdenkt, was wir in unserem Leben schon so alles angestellt haben, wissentlich oder unwissentlich. Wer ist nicht schon gedankenverloren über die Straße gegangen und das ankommende Auto konnte gerade noch bremsen? Oder was ist mit Unachtsamkeiten, die einem im Haushalt widerfahren. „Noch einmal Glück gehabt“, pflegen wir zu sagen. Doch was ist das, was wir Glück nennen? Ich denke, es ist zum großen Teil die Umsicht einer höheren Macht. Ich bin mir sicher, nein, ich weiß, dass wir beschützt werden. Ich hatte schon oftmals einen oder besser gesagt mehrere Schutzengel, die mir zur Seite standen, denn sonst wäre es mir wohl nicht mehr möglich, dieses Buch zu schreiben. Im Grunde sind die Engel unsere Nannys und sie haben alle Hände voll zu tun. Doch vorerst war mir keiner dieser wunderbaren Engel erschienen. Ich war schon ganz unruhig.

Eines Abends dann, kurz vor dem Einschlafen, geschah das Unfassbare. Plötzlich erhellte sich der Raum mit einem hellen Licht von einer Feinheit, wie ich es noch nie zuvor gesehen hatte. Ein riesiger Engel mit bodenlangen Flügeln stand mitten in meinem Zimmer. Es war der Erzengel Gabriel. Er repräsentiert die vollkommene Klarheit, Reinheit und Lauterkeit und ermöglicht uns, klarer sehen und erkennen zu können, was in unserem Leben zu bereinigen, zu klären und zu verändern ist. Ich spürte eine große Wärme und Ruhe. Ich fühlte mich völlig geborgen. Es war ein wunderbares Gefühl, zu wissen, dass da immer jemand ist, der mir hilft. Meine Faszination für Engel kennt seit diesem Tag keine Grenzen. Seither fliegen mir die Engel regelrecht zu. Sie stehen nicht nur überall als Figuren in meinem Haus, sondern weichen auf meinem Lebensweg nicht von meiner Seite. Es sind meine Schutzengel, viele kleine und große pausbäckige, barocke Engelchen mit imposanten Flügeln, die über mich wachen. Aber auch unter meinen Schmuckstücken befinden sich diese zauberhaften Wesen. Ich erinnere mich an einen wunderschönen, antiken, bemalten und vergoldeten Engel aus Holz, den ich an einer Kette trug und der von allen immer wieder bewundert wurde.

Ich folgte der Einladung zu einer Vernissage von Fürstin Manni zu Sayn-Wittgenstein in Berlin. Bei dieser Foto-Ausstellung wurde mir eine Dame vorgestellt, die mich sehr faszinierte. Sie teilte mir mit sie sei begeistert von meinem Engel. Ich kann nicht erklären warum, aber eine innere Stimme sagte mir, ich solle ihr meinen Engel vermachen. Verstehen Sie

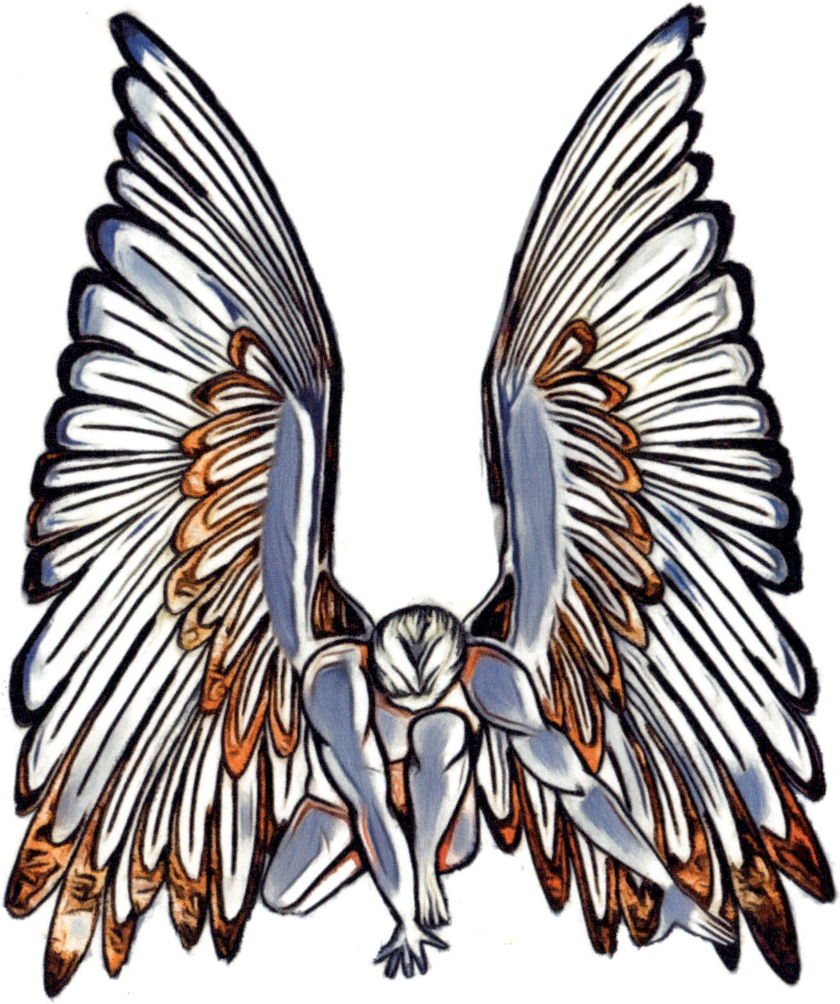

mich nicht falsch, mein Schmuckstück kostete kein Vermögen, jedoch war dieser Anhänger nicht zuletzt emotional durchaus wertvoll. Und dennoch hatte ich das Gefühl, ihn ziehen lassen zu müssen. Ich hatte das Bedürfnis, ihn der Dame schenken zu müssen. Fünfzehn Jahre später sitze ich in einem Restaurant und die selbe Dame kommt auf mich zu und sagt: „Herr Glööckler, erinnern Sie sich noch? Ich muss Ihnen eine sehr, sehr schöne Geschichte erzählen. Sie haben mir vor vielen Jahren einen Engel geschenkt, der mir über eine äußerst schwere Zeit geholfen hat. Danach habe ich ihn an eine Dame weitergegeben, die an einer schlimmen Krankheit litt. Der Anhänger hing bei ihr am Bett. Und so wurde dieser Engel immerzu weitergereicht und hat noch mehreren Damen durch schwere Zeiten geholfen."

Ich war so gerührt von dieser Geschichte und gleichzeitig war es das größte Geschenk an mich, dass ich mit diesem Engel anderen Menschen helfen konnte. Stellen Sie sich einmal vor, ich hätte ihn nicht losgelassen, sondern festgehalten, dann hätte ich mir selbst die größte Freude versagt. Oft ist der Glaube an einen Engel dann am stärksten, wenn man Hilfe benötigt. Dann beten oder sprechen die Menschen zu ihren Engeln und bitten um Hilfe. Wir aktivieren dadurch oft ungeahnte Kräfte. Durch all diesen gefühlten Rückhalt gelangen wir an unser Innerstes. Wir sehen, wer wir wirklich sind und besitzen somit die Fähigkeit, das Potential, welches in uns schlummert, zu kräftigen und anzutreiben. Verstehen Sie mich nicht falsch, die Engel verhelfen uns nur zu diesen Taten, dazu, zu der Weisheit und Erkenntnis zu gelangen. Sie nehmen uns förmlich den Schleier von den Augen, damit wir den Weg, der uns ans Ziel führt, sehen und wir all die kostbaren Chancen, die uns begegnen, wahrnehmen. Den Rest müssen wir dann aber schon selbst machen.

Vor fast jedem großen Ereignis, jeder anstehenden Hürde, spreche ich zu meinen Engeln und bitte sie, mir beizustehen.

Eines Tages bat ich meine Engel erneut um Hilfe. Die Mode, die ich mache, war nicht typisch deutsch und das wurde mir quasi zum Verhängnis. In Frankreich, dem Land der Mode, fragte man mich einst, warum der deutsche Staat mich nicht subventioniere. Das, was ich mache, sei doch Kulturgut. Dort in Frankreich ist es üblich, dass Scouts im Auftrag großer Modehäuser nach besonders kreativen Menschen suchen, um diese dann zu verpflichten und aufzubauen. Deutschland, dem Land der Autobauer, ist zu viel Kreativität in Sachen Mode eher suspekt. Man traute sich damals nichts und heute tut man dies eben noch immer nicht. Große Filialisten und Anbieter von Mode fragten mich allen Ernstes, wo ich denn mit meiner Mode vertreten sei. Ich entgegnete: „Nirgends, deshalb bin ich ja mit Ihnen im Gespräch."

Ihre Frage machte für mich einfach keinen Sinn. Das ist ja, als wenn ich zu einem neuen Friseur gehe und er fragt mich, bei welchem Friseur ich mir denn die Haare machen lasse. Da ich auf diesem Weg also keine Unterstützer fand, die mich auf den Markt bringen wollten, musste ich mir etwas einfallen lassen. Und so bat ich meine Engel um eine eigene TV-Show, denn ich wollte Öffentlichkeit und meine Kollektion in allen Läden in ganz Deutschland. Offensichtlich hatte ich mich aber nicht klar und deutlich genug ausgedrückt, denn auch Engel sind praktisch denkende Wesen. Sie öffneten mir die Pforten zum Teleshopping. So bekam ich meine TV-Show inklusive der Läden in ganz Deutschland. Ich eröffnete quasi einen Laden in jedem Haushalt. Den Engeln sei Dank.

Teleshopping

Rote Teppiche und Galaveranstaltungen sind nicht unbedingt meine bevorzugte Welt, aber ab und zu lasse ich mich dann doch mal blicken. So auch auf der IFA-Eröffnungsgala im Herbst 2003. Neben mir stand Gracia Baur mit tief dekolletiertem, pompöösem Abendkleid. Sämtliche Fernsehteams richteten ihre Kameras auf uns. Es gab ein gigantisches Blitzlichtgewitter. Wie so oft, wenn ich irgendwo auftrete, kämpften auch hier die Fotografen untereinander um das beste Foto. Bei diesem Tumult war ein Vorwärtskommen fast unmöglich. Auf dem Weg zu unserem Tisch, den wir nur sehr mühsam erreichten, wurde uns der Vorstandsvorsitzende von Home Shopping Europe, HSE24, vorgestellt. Ich hatte mich bislang nicht groß mit Teleshopping beschäftigt, aber ich erkannte meine Chance. Viele denken immer, sie müssen sich von außen inspirieren lassen. In mir aber brodelt und kocht es permanent. Und dann gibt es eine Explosion und alle Ideen sprudeln nur so aus mir heraus. So war es auch dieses Mal. Ich hatte mich schon seit langem gefragt, warum Luxus nicht für jeden zugänglich sein kann. Und nun stand dieser Mann vor mir und meine Idee wurde plötzlich zu einer konkreten Vision. Eine POMPÖÖS-Linie, exklusiv auf HSE24. Mich überkam wieder ein Gefühl von Wärme und Zuversicht. Das hier war das Werk meiner Engel. Eine eigene Fernsehshow samt aller Läden in ganz Deutschland. Jetzt waren es nicht die Shops, sondern die Wohnzimmer. Noch besser! Ich sah es als eine wunderbare Chance, alle Frauen zu erreichen, bis ins kleinste Dorf, überall dort, wo ein Fernsehgerät steht.

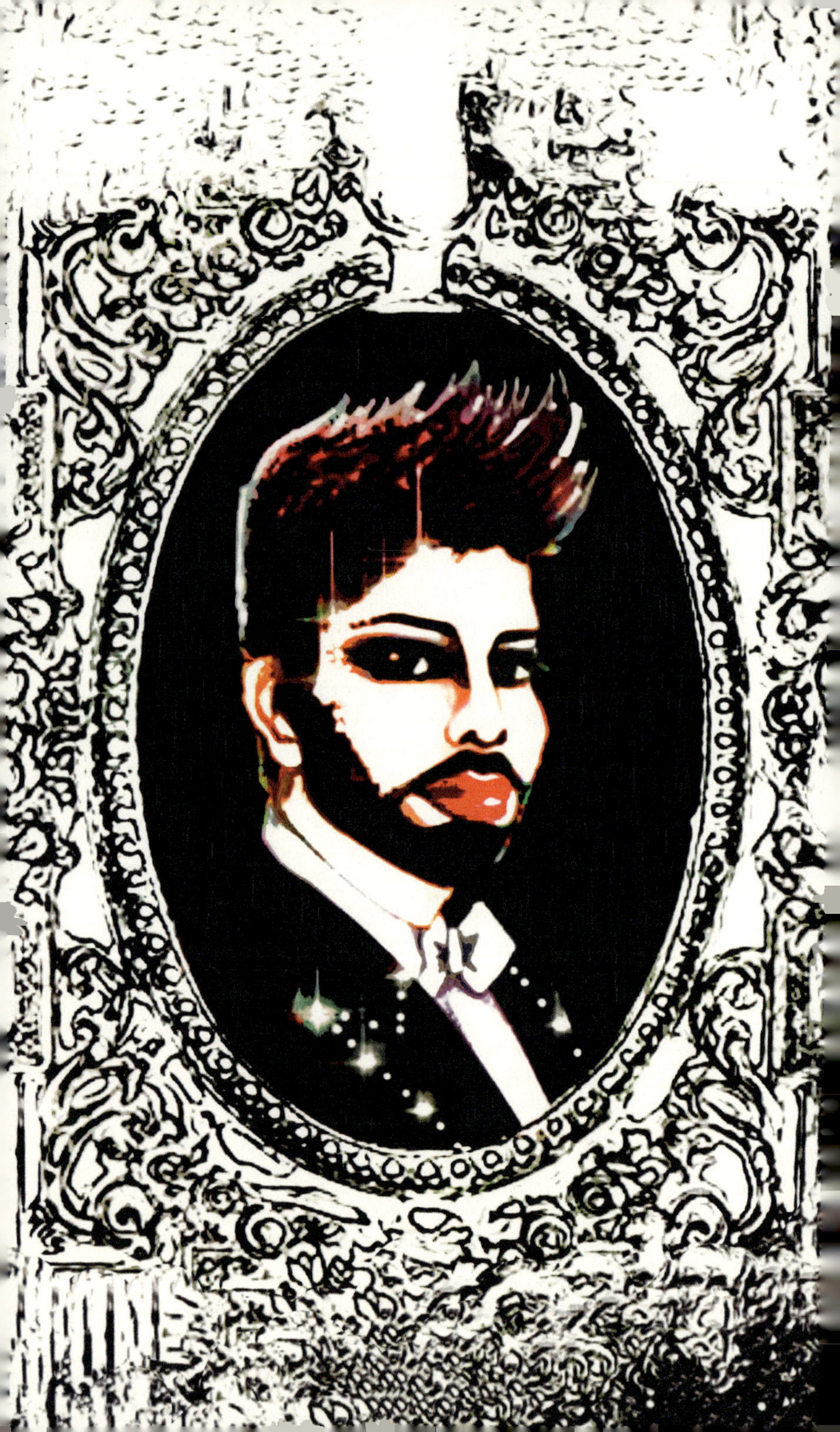

Ich erläuterte ihm meine Geschäftsidee und schlug eine Zusammenarbeit vor. Er war begeistert. Im Mai 2004 startete ich dann bei HSE24 und läutete eine neue Ära des Tele- und Internetshoppings ein. Man bedenke, zu dieser Zeit steckte das Teleshopping in Deutschland noch in den Kinderschuhen. Während im amerikanischen Fernsehen bereits Stars, Modemacher und Prominente alle ihre Produkte erfolgreich verkauften, gab es bei uns fast ausschließlich Töpfe und Pfannen. Ich kann mit Fug und Recht behaupten, dass ich das Teleshopping in Deutschland revolutioniert habe. Doch wie so oft im Leben, wurde ich dafür zuerst einmal angegriffen und geächtet. Man meinte, es sei primitiv von mir zum Teleshopping zu gehen. Im Grund genommen habe ich eine Gelegenheit beim Schopf gepackt und ein erfolgreiches Business aufgebaut und nun frage ich Sie, wie kann so etwas primitiv sein? Weder Business noch Fernsehformate oder Menschen an sich sind primitiv. Lediglich deren Handlungen, Ausdrucksweise, Bemerkungen und Urteile über andere. Die Meinung anderer hat mich jedoch noch nie interessiert. Ich lebe mein Leben und nicht das der anderen. Und mein Leben lebe ich so, wie ich es für richtig halte und wem das nicht passt, der darf und kann gerne aus meinem Leben verschwinden. Man darf sich von solchen Äußerungen im Leben nicht beeindrucken lassen. Denn so laufen sie ins Leere und belasten uns nicht. Eine so extravagante Mode und derartigen Luxus gab es bislang bei dieser Art von Shopping nicht. Ich präsentierte meine komplette Modewelt. Es störte mich auch nicht, dass ich als einzige Luxusmarke zwischen Kochtöpfen und Staubsaugerverkäufern platziert war. Für mich war es wichtig, die Frauen zu erreichen. Nach dem Motto: „Halte keine Vorträge, sondern mach eine Show daraus", schuf ich eine völlig neue Art der Unterhaltung. Da es ein Konzept wie meines noch nie zuvor gegeben hatte, wurden extra Schneiderinnen in ganz Europa gesucht, um all die Modelle von Größe 34 bis 52 herzustellen. Denn für mich kam es nicht in Frage, bei 42 oder 44 aufzuhören. Jede Frau sollte ein Modell von HARALD GLÖÖCKLER tragen können, keine sollte zu dünn oder zu dick sein. Das war und ist mein Anspruch. In der ersten Sendung, oder anders gesagt im Teleshopping-Jargon: in der ersten „Stunde", stellte ich schlichte schwarze und türkisfarbene Kostüme vor. Aber auch Leoparden-Look war angesagt. Ich hatte verschiedene Hosen, Jacken und Blusen dabei und natürlich unsere Glamour-Shirts mit der glitzernden Krone. Meine Modelle gingen rasend schnell weg. In den ersten dreißig Minuten hatten wir bereits den gängigen Umsatz weit überschritten. Noch vor Sendeschluss waren wir komplett ausverkauft. Bei den darauffolgenden Sendungen war es ebenso. Von diesem Moment an war ich der Verkaufsschlager bei HSE24. Ich hatte damit nicht nur die Probezeit überstanden, sondern auch in den Telefonleitungen Warteschlangen erzeugt. „Luxus zum kleinen Preis!" war mein Motto. Seit diesem Tag werde ich überhäuft mit liebevollen Dankesbriefen und E-Mails meiner Zuschauerinnen, die ich alle lese und auch beantworte.

„Danke für die tolle Kollektion und die tolle Passform."

„Sie bringen Glanz in jede Hütte."

„Sie sind ein tolles Beispiel für Disziplin, Durchhaltevermögen und den unerschütterlichen Glauben an sich selbst."

„Ihre persönliche kleine Karte hat mir ein Lächeln auf mein Gesicht gezaubert."

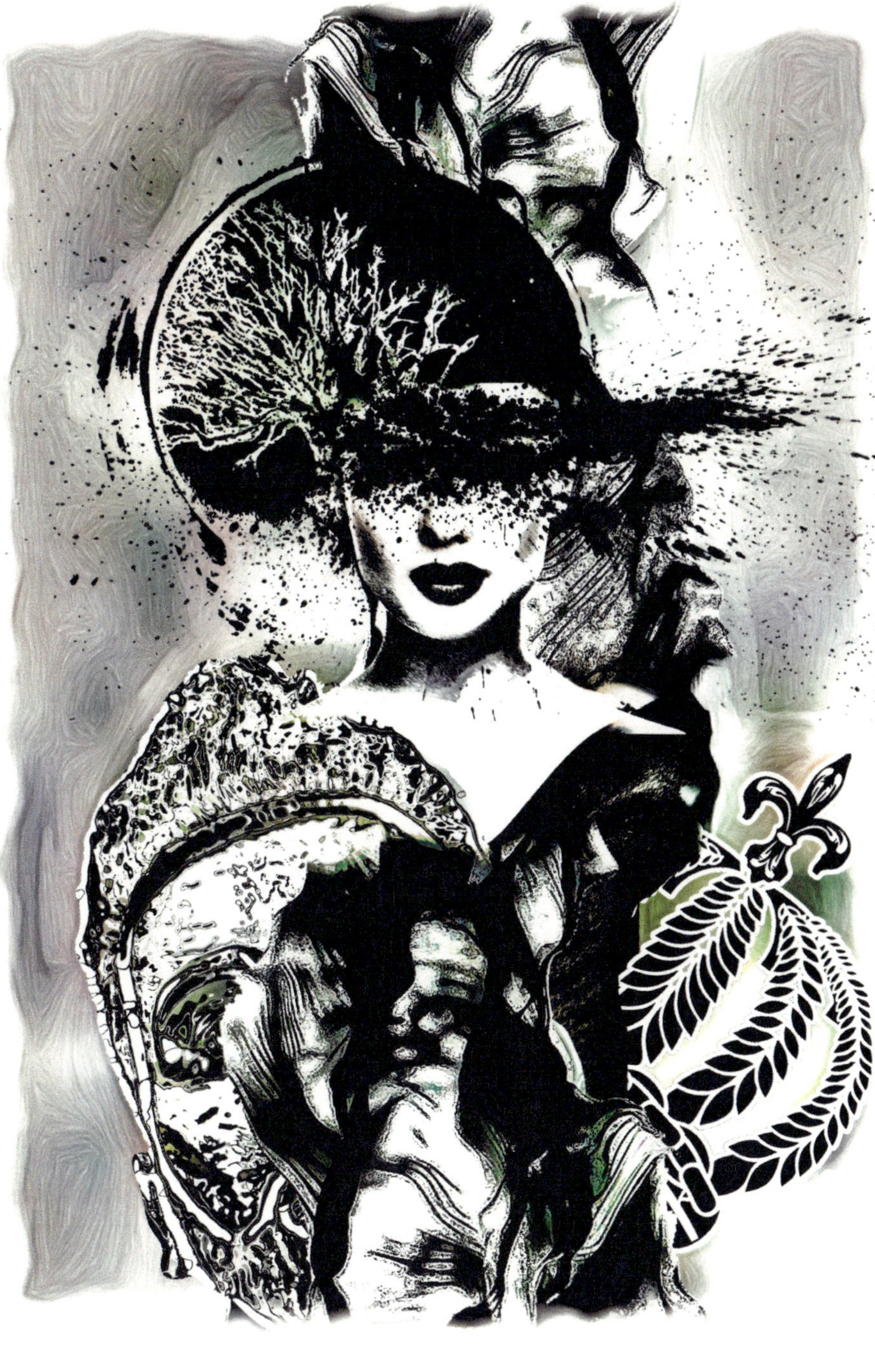

„Sie bereiten mir immer sehr viel Freude, wenn ich Sie im Fernsehen sehe."

„Ich finde Sie einzigartig, faszinierend, authentisch, einfach wundervoll und ich zolle Ihnen großen Respekt für Ihre berufliche Leistung und den Erfolg mit Ihrem Unternehmen, für mich sind Sie eine Ikone."

„Ich sehe Sie sehr gerne und bewundere Sie, weil Sie aus einfachen Verhältnissen kommen und sich so hochgearbeitet haben."

„Sie haben mir sehr viel Mut gegeben."

„Sie sind ein leuchtendes Beispiel für andere."

„Danke, dass ich auch in Größe 46 eine Prinzessin sein darf."

All diese Zusendungen freuen mich, denn sie sind für mich nicht einfach nur Lob meiner Arbeit, sondern sie zeugen davon, dass meine Vision Wirklichkeit geworden ist. Oft ist Mode größerer Konfektionsgrößen anspruchslos und lieblos gestaltet. Die fülligeren Frauen fühlen sich vernachlässigt und ausgegrenzt von der glamourösen und trendbewussten Modewelt. Das ist nicht meine Vorstellung. Prinzessinnen sollten sich nicht von Konfektionsgrößen begrenzen lassen. Wenn Schnitt und Qualität stimmen, sieht körperbetonte Mode in allen Größen gut aus. Ich gebe den Frauen mit meiner Mode ein neues Lebensgefühl. Die Seele heilt man nicht nur von innen, sondern auch von außen. Kleidung und schöne Dinge haben eine ungeheure Macht. Das erkannte ich schon, als ich noch ein kleiner Junge war. Ich glaube, es war der fünfzigste Geburtstag von Tante Katharina, bei dem auch Musiker auftraten. Einer spielte Cello, zwei andere Violine und eine Frau, die einzige unter ihnen, spielte Bratsche. Sie trug ein bodenlanges, schulterfreies Kleid aus schwarz glänzender, fließender Seide mit Stickerei aus dunkel glitzernden Pailletten. Sie sah so traumhaft schön aus wie eine Göttin. Ihre Ausstrahlung war unübertrefflich in dieser Robe. Man konnte nicht anders als sie ständig anzuschauen. Aber auch, wenn ich meine Mama bei ihrer besten Freundin Anita sah, wie glücklich sie war, als sie die maßgefertigten Kleider von ihr anzog und zur Musik, die im Zimmer ertönte, lachte und tanzte, dann fühlte sie sich immer wie eine Prinzessin und vergaß all ihren Kummer. Denken wir doch nur einmal an Aschenbrödel, die den ganzen Tag die Asche wegfegen und den Mais von den Linsen trennen musste, so wie die Stiefmutter es ihr befohlen hatte. Als sie dann die drei Haselnüsse geschenkt bekam und damit drei Wünsche frei hatte, entfaltete sie sich plötzlich zu einer wunderschönen Prinzessin. Und so ergeht es wohl auch meinen Kundinnen. Mit meiner Mode kommt auch die Prinzessin zum Vorschein, die schon lange in ihnen schlummerte. Wir sind alle einmalig. Jeder hat etwas ganz Besonderes, das er in sich trägt. Ich verhelfe ihnen lediglich dazu, dies auch zu entdecken und nach außen zu tragen. Mit diesem Sinnbild wurden meine Sendungen für die Frauen zu einem festen Termin im Kalender. Sie saßen ungeduldig zu Hause auf dem Sofa oder machten eine Party daraus, tranken mit Freundinnen Champagner und berieten sich gegenseitig während meiner Sendung. Wie alles Erfolgreiche ernteten auch meine Auftritte zu Beginn Hohn und Spott, vor allem aus der Modebranche. Teleshopping sei primitiv und ich mache doch Couture. Das machte ich auch weiterhin. Für mich ist es kein Widerspruch, exklusive Couture über das Fernsehen zu einem erschwinglichen Preis zu verkaufen, denn jede Frau hat das gute Recht, schöne Mode zu tragen. Leider hat aber nicht jede Frau die

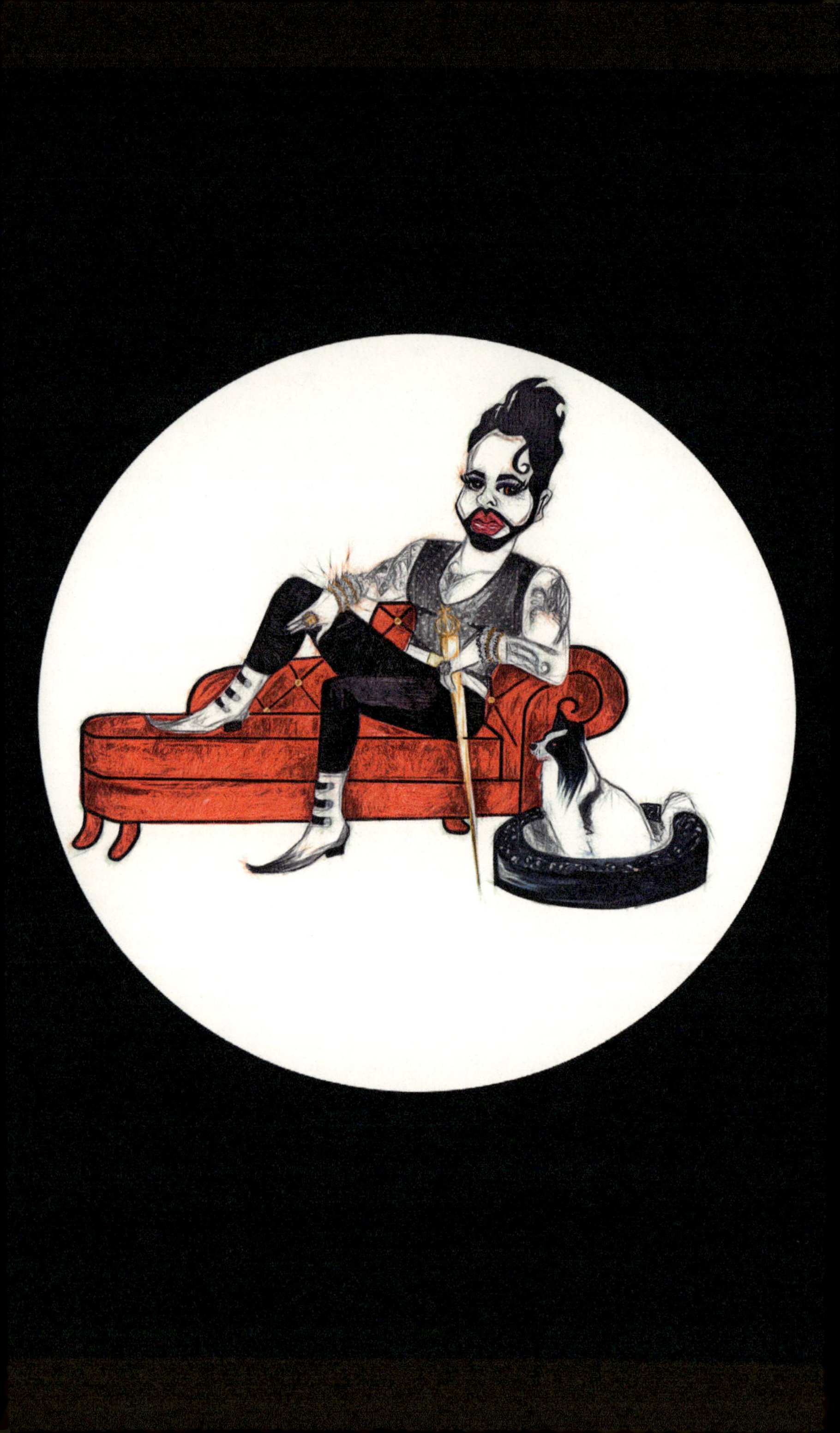

finanziellen Mittel dazu. Da gibt es die alleinerziehenden Mütter oder für geringen Lohn schwer arbeitende Frauen, welche monatelang darauf sparen, sich etwas von POMPÖÖS leisten zu können, um es dann voller Freude und Stolz zu tragen. Es macht mich sehr glücklich, wenn ich sehe, wie viel ihnen meine Mode bedeutet. Es gibt aber auch die wohlhabenden Frauen, die zu ihrer 5.000 Euro teuren Tasche ein HARALD GLÖÖCKLER-Kleid für neunundachtzig Euro tragen. Auch sie lieben es pompöös und freuen sich, wenn sie mal ein „Schnäppchen“ gemacht haben.

Auch andere Designer arbeiten mittlerweile mit preiswerten Modeketten zusammen und machen exklusive Linien, die weit unter ihrem eigentlichen Preissegment liegen. Ich war allerdings der erste, der zu Teleshopping stand, und war mir auch durchaus bewusst, was ich damit schaffte und wie glücklich es mich selbst machte, meinen Traum damit zu verwirklichen. Für die einen mochte es das Ende sein, für mich aber bedeutete dies der Anfang von etwas noch Größerem. Ich stehe hinter allen meinen Produkten und würde niemals etwas verkaufen, was nur halbherzig entwickelt wurde. Ich habe ein Gewissen. Wenn ich sage, es ist toll, dann muss es auch wirklich toll sein. Die Menschen spüren das – auch über den Bildschirm hinaus. Ich bin der festen Überzeugung, dass jeder Mensch schön ist und jeder sollte die Möglichkeit haben, sich auch so zu kleiden. Ich will eine Mode machen, die den Menschen guttut. Für viele ist Arbeit immer etwas Schlimmes: „Oje, jetzt muss ich wieder früh raus und arbeiten.“ Ich arbeite gerne. Für mich ist es keine Strafe. Selbst meine Großmutter hat noch bis ins hohe Alter gearbeitet, hatte immer etwas zu tun. Ich kenne das Wort Rente nicht. Es wäre für mich eine Strafe, wenn ich nicht mehr schaffen könnte. Mein Kopf arbeitet immer, meine Gedanken sind beständig am kreisen und meine Ideen sind unendlich. Also kam ich auf den absolut richtigen Gedanken: Wer schon pompöös aussieht, der soll auch pompöös leben. Mit Home Couture leben und schlafen wie eine Prinzessin. Kurze Zeit später entwarf ich Decken, Handtücher und Bettwäsche, immer verziert mit der goldenen Krone. Nach einer mehrstündigen Teleshopping-Sendung fragte man mich bei HSE24: „Was halten Sie davon, ein POMPÖÖS-Parfum zu kreieren?“ Zunächst war ich skeptisch, denn für mich bedeutete Parfum „riechen und duften“. Wie konnte man dies über einen Bildschirm transportieren? Das Team überzeugte mich jedoch, man könne den Charakter eines Parfums ausgesprochen gut in Worte fassen. Und eigentlich war ich von der Idee sehr angetan, saß ich doch erst einige Monate zuvor mit professionellen Parfumeuren in Dubai zusammen und entwickelte dort ein wahrhaft wunderbar duftendes Parfum namens „With Love“. Denn ich sage immer, wenn man etwas mit Liebe macht, dann wird alles gut. Zusätzlich gab es noch ein kleines Säckchen mit einem Miniflakon in Herzform mit 7,5 Millilitern reinem Parfumöl, vermischt mit echtem Blattgold. Wenn sich alle Frauen damit parfümieren, dachte ich, dann wird es nur noch Liebe und Harmonie auf den Straßen geben. Wie auch meine Mode brach der Verkauf des Parfums With Love alle Rekorde. Viele Tausende Fläschchen wurden in nur drei Monaten verkauft. Und auch hier zeigte sich, dass ich auf dem richtigen Weg war. Wenn ich bei HSE24 in München war, wohnte ich meist im Arabella Sheraton Grand Hotel. Eines Nachts, ich kam gerade von meinen Sendungen zurück ins Hotel – es war 23:00 Uhr –, sah ich eine hinreißend schöne Frau völlig allein in der Hotellobby sitzen. Mein Weg führte an ihr vorbei, wir hatten Blickkontakt und ich konnte nicht anders, als ihr zu sagen: „Ich habe niemals eine so hinreißend schöne Frau gesehen wie Sie“.

Sie erwiderte überrascht: „Oh my god, you made my day and you made my year."

Die Dame war eine italienische Prinzessin. Der Grund für ihren Aufenthalt war ihr Mann, welcher sich nebenan in einer Klinik operieren ließ. Sie fragte, ob sie mir etwas zu essen bestellen dürfe. Wir unterhielten uns noch lange und intensiv. Für mich war es ein unvergesslicher Abend.

Als ich dann 2011 zu QVC Deutschland, einem der führenden Teleshopping-Anbieter auf dem deutschen Markt, wechselte, vergrößerte sich auch unser Sortiment. Unsere Kollektionen unter dem Label POMPÖÖS by HARALD GLÖÖCKLER beinhalteten nicht nur elegante, ausgefallene Mode, sondern auch kostbare Home Couture, glamourösen Schmuck und hochwertige Beauty-Produkte. Unser Angebot reichte von raffinierten T-Shirts mit Puffärmeln, Satinschleifen und Strasssteinen, klassischen Hosen und romantischen Röcken mit Rüschen-Volants, Couture-Jacken in weichem Nicky mit glitzernden Pailletten-Ärmeln, intensiver Feuchtigkeitspflege mit weißem Trüffelextrakt, Kaviar, Seidenprotein, Mandelöl und Kakaobutter, vergoldeten Lippenstiften, schimmerndem Nagellack bis hin zu prächtigem Schmuck und kuscheliger, königlicher Bettwäsche und Tagesdecken. Ich erinnere mich an eine meiner Shows im Februar 2012, die nicht nur sehr amüsant war, sondern in dieser Nacht wurden uns außerdem meine vorgestellten Modelle förmlich aus den Händen gerissen. Dieter und ich flogen wie jeden Monat mehrmals nach Düsseldorf zu QVC. Wie vor jeder Sendung schaute ich mir meine Models an und prüfte das Make-up und das Hairstyling. Wenn es sein muss, lasse ich stets nachschminken oder nachtoupieren. Der Look muss dramatisch sein. Ich kenne alle meine Models persönlich, ihre Namen und ihre

Konfektionsgrößen. Alle sind sie unterschiedlich in Alter, Größe, Figur und Haarfarbe. Das ist sehr wichtig. Die Zuschauerinnen sollten die Vielfalt meiner Kollektionen erkennen und sich selbst in den Models wiederfinden. Das große Studio war wie immer passend zu meiner Mode pompöös gestaltet: ein weißer, glänzender Laufsteg. Das POMPÖÖS-Logo und mein Portrait befanden sich dekorativ an der champagnerfarbenen Studiowand. Ein prächtiger Kronleuchter hing mitten im Raum. Viele Kronen zierten die Trennwände und auf einem Bett in unmittelbarer Nähe des Laufsteges wurde meine Home Couture Bettwäsche mit den königlichen Kissen gezeigt. In dieser Nacht war das Angebot der „Night & Day"-Anzug, ein legerer Hausanzug in Rot, Schwarz, Champagner und Weiß. Die Show konnte beginnen. Meine zauberhafte Kollegin begrüßte das Publikum an den Bildschirmen, meine Models zeigten die Kollektion das erste Mal mit einem Gang über den Laufsteg, dann kam ich.

„Der tolle Hausanzug von HARALD GLÖÖCKLER, unser Tagesangebot heute für 39,67 Euro."

„Ja, so ist es", sagte ich.

Als ich gerade dazu ansetzte, diese Hausanzüge ausführlich zu beschreiben, unterbrach mich meine Kollegin: „Harald, ganz kurz, schwarz ist schon limitiert."

Die Sendung lief erst eine Minute.
Ich führte meinen Satz fort. „Der Anzug hat nicht nur eine exzellente Qualität, sondern sieht zudem auch ..."

„Harald, ganz kurz, rot ist auch limitiert."

Bereits nach fünf Minuten waren 1.300 Bestellungen eingegangen. Weitere zehn Minuten später war schwarz komplett ausverkauft. Man beachte, die Sendung lief nicht um 13 Uhr mittags oder 19 Uhr abends, sondern um Mitternacht. Meine lieben Damen an den Fernsehgräten waren auch um diese Uhrzeit fleißig und räumten uns den Laden leer. Die Models gingen abwechselnd zum Ende des Laufstegs, wo die Modelle von meiner Kollegin und mir einzeln beschrieben wurden.

„Das sitzt perfekt, ist pflegeleicht. Ein richtiger Prinzessinnenanzug, den werden sie nicht mehr ausziehen wollen, so bequem ist er." Wie bei fast jeder Sendung waren nach kürzester Zeit die Leitungen belegt.

„Harald, champagner ist jetzt ausverkauft und rot begrenzt."

Dann zogen sich die Models rasch um und führten als nächstes verschiedenfarbige, enganliegende Tops vor, mit glitzernden Engelsflügeln oder dem POMPÖÖS-Logo in einem wunderschönen Gold.

Zum Hausanzug gab es bei dieser Sendung den passenden Morgenmantel und chice, weiche Schläppchen in Champagner und Schwarz mit einer Schleife und der gestickten Krone.

„Den Morgenmantel muss man haben. Das ist ein Diven-Look. Davon träumen doch Frauen, so leicht, so schmeichelnd, den können sie abends auch über einem Kleid tragen."

„Harald, auch der Morgenmantel fliegt uns aus dem Haus."

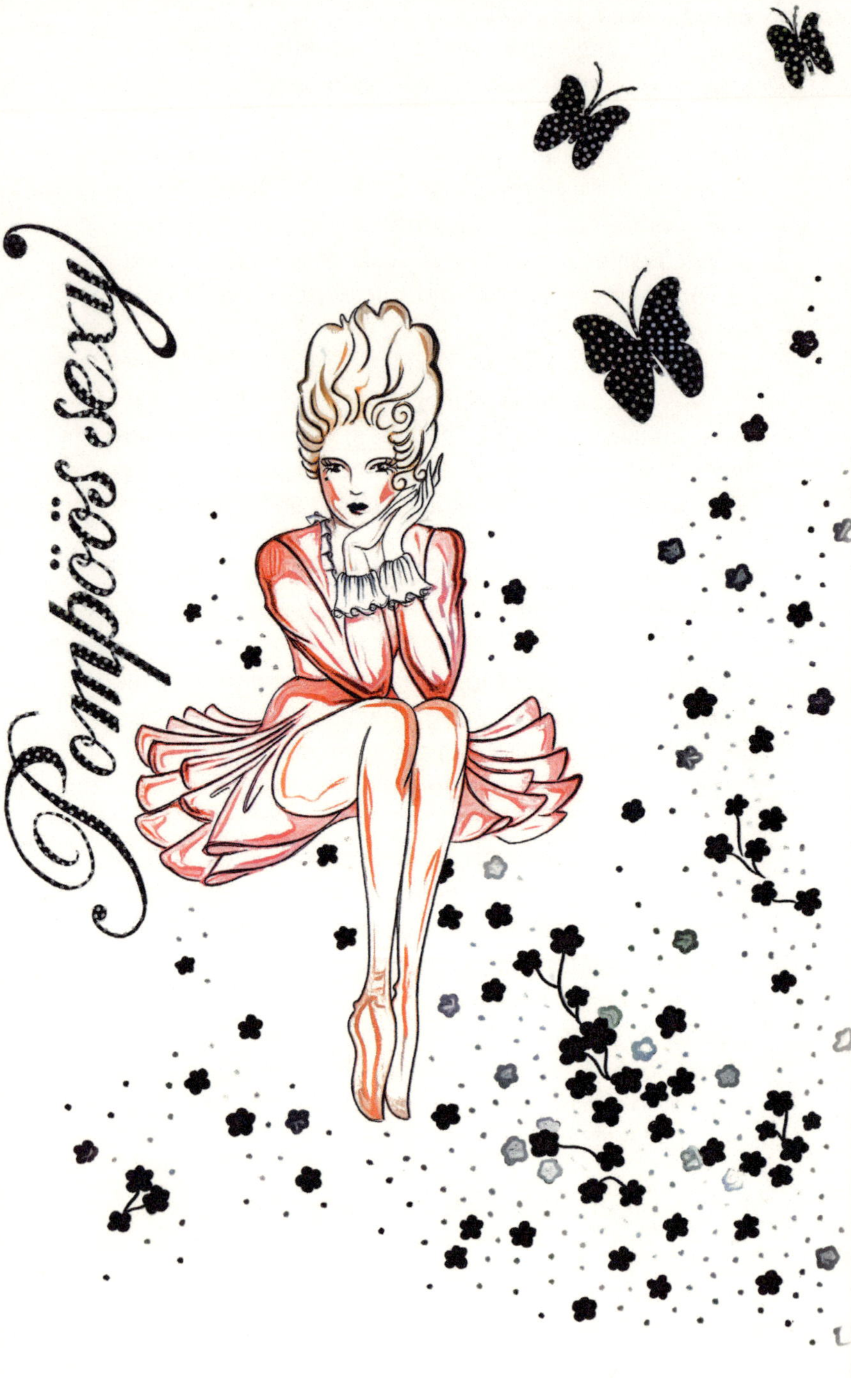
Pompöös sexy

Eine Farbe und eine Größe nach der anderen wurde verkauft, alles war nach weniger als einer Stunde ausverkauft. Als Nächstes präsentierten wir meine Home Couture. Das aufgestellte Bett war über und über bedeckt mit meiner königlichen Bettwäsche und samtigen Kissen.

„Wie oft ist man im Urlaub und sieht all die prachtvollen Kissen im Hotel, die man am liebsten einstecken und mitnehmen möchte, geht aber nicht." Also dachte ich mir, gestalte ich welche, damit jedes Zuhause so fürstlich eingerichtet werden kann, wie man es sich erträumt. Die Stimmung war in jeder Sendung prächtig, fast wie ein Mädelsabend im Kreise von guten Freundinnen.

Mit persönlichen Anekdoten und viel Witz und Charme beschrieb ich meine Kollektionen. Das liebten die Frauen. Sie schauten mir gerne zu, weil ich ihre Sprache spreche, sie verstehe, schätze und sie schön machen möchte. Ich bin neugierig und frage die Damen, was sie brauchen, worauf sie Wert legen und setze das in meinen Kollektionen um. Nicht nur in der Mode, auch bei meinem Schmuck und den Beauty-Produkten. Ich sage nicht, was die Frauen hören wollen, sondern sage das, was ich denke und ernsthaft meine. Am Schluss dieser Verkaufssendung ertönte Musik und wir tanzten gemeinsam mit den Models auf dem Laufsteg. Eines Tages, als ich wieder ein Angebot des Tages hatte und meine Moderatorin eines meiner wunderschönen schwarz-weißen Kostüme trug, welche ich in dieser Sendung meinen Kunden offerierte, bekam ich Komplimente von einer Hollywood Diva – dem Denver-Star Joan Collins. Ich begegnete ihr auf dem Flur und war überwältigt von ihrer fantastischen Ausstrahlung. Sie verkaufte ihre Kosmetiklinie und machte meiner Moderatorin ein großartiges Kompliment. Sie sagte, sie trage ein wundervolles Kostüm, das ihr unglaublich gut gefalle. Die Moderatorin erklärte, dass es von mir sei und es heute hier verkauft würde. Wieder einmal bekam ich die Bestätigung, dass ich in der richtigen Mission unterwegs war und ich viele, viele Frauen mit meinen Entwürfen glücklicher machen konnte.

„Er ist der König des Teleshoppings."
Die Welt

„Die Krisengesellschaft aber braucht keine
neuen Versaces, sondern einen
Harald Glööckler."
NZZ

Hongkong

Hongkong ist eine atemberaubende Stadt voller Gegensätze und Leben. Unübersehbare, grelle Leuchtreklamen, auf denen chinesische Schriftzüge für alles Mögliche Werbung machen, durchziehen die Straßen Hongkongs. Fremde, eigenwillige Gerüche liegen in der Luft. Eine Mischung aus asiatischen, duftenden Gewürzen und ein undefinierbarer Gestank, den man nicht erklären möchte. Der Unterschied zwischen Arm und Reich ist überall erkennbar: Käfigmenschen, die in entsetzlichen Behausungen untergebracht sind und andererseits Superreiche, die in gigantischen Villen am Victoria Peak leben, dem bekanntesten Berg Hongkongs. Im 19. Jahrhundert wurde er zum beliebtesten Wohngebiet der Kolonialherren. Heute sind die Grundstückspreise am Peak astronomisch. Je weiter man nach oben gelangt, umso teurer sind die Preise und dementsprechend wohlhabender die Bewohner. Der Verkehr auf den Straßen ist eine einzige Katastrophe. Wer hier mit dem Auto von A nach B kommen will, muss viel Geduld aufbringen. Wenn ich in Hongkong bin, dann gehe ich auch gerne mal über die Märkte. Ich kann nicht nachvollziehen, warum die Chinesen ihr Essen zumeist erst lebend sehen wollen, bevor sie es kaufen – und was dort alles gegessen wird! Man findet allerlei Krabbeltiere und Insekten, die wir Europäer eher verschmähen.

Aber auch die chinesische Seide sowie das reichhaltige Angebot an Kunst und Antiquitäten sind auf den Märkten kaum zu übertreffen. Am meisten faszinieren mich die buddhistischen Tempel.

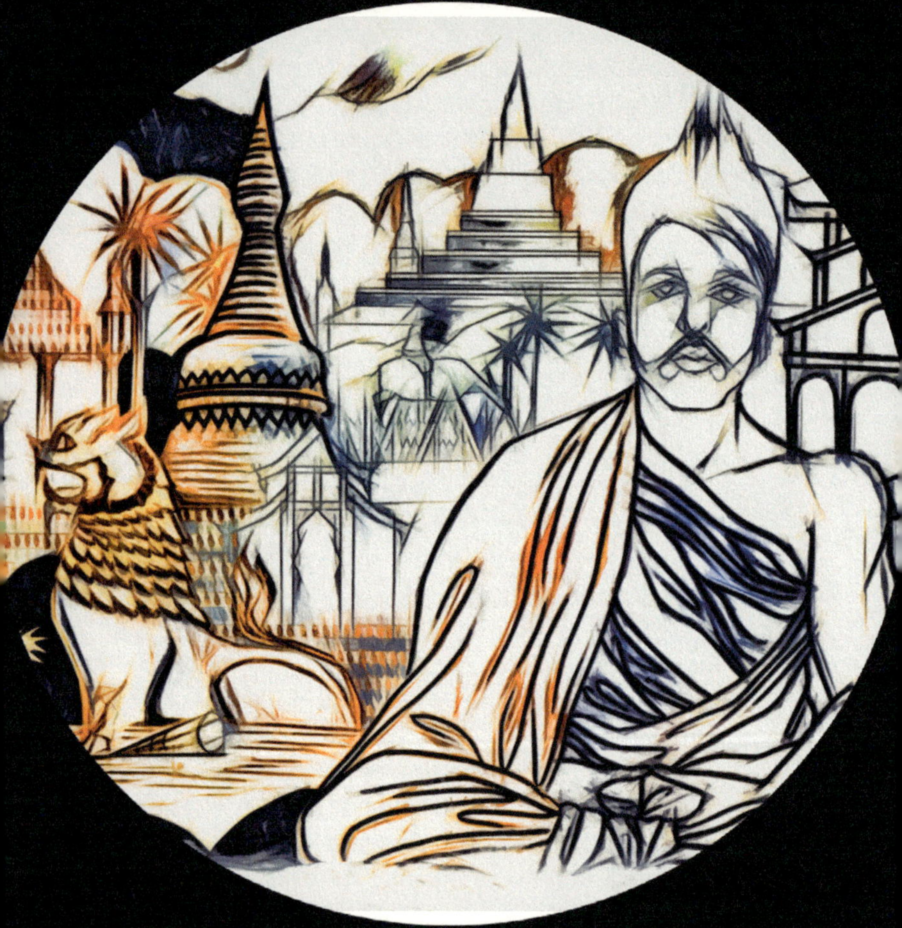

Diese sind ein Ort der Besinnung und Ruhe in dieser hektischen Metropole. Viel zu oft vergessen wir die Ruhe. Dabei brauchen wir sie, um weiterzumachen und Kraft zu schöpfen.

Gestatten Sie mir, Ihnen an dieser Stelle eine Geschichte zu erzählen: In unserer heutigen, hektischen und betriebsamen Zeit haben wir irgendwann einfach etwas sehr Wertvolles verloren. Das war ursprünglich ganz anders. Die Menschen hatten einmal ein wundervolles kostbares Gut – die Ruhe. Sie war immer da und die Menschen betrachteten sie als etwas ganz Selbstverständliches. Dann, eines Tages, begann man sich zu langweilen. Man verwünschte die Ruhe und begann einen Wettstreit. Gesucht wurde der Künstler, der es am besten schaffte, die Ruhe zu vertreiben. Und plötzlich konnte es den Menschen nicht eilig genug gehen. Sie erfanden Wagen mit Rädern, mit denen sie in Windeseile von einem Ort zum anderen hetzen konnten. Um schnellstmöglich und komfortabel reisen zu können, wurden riesige Autobahnen gebaut, die wie übergroße Schlangen alles zerstörten und auffraßen, was ihnen in den Weg kam. Die Natur wurde nicht gefragt. Ohne Rücksicht auf Bäume und Tiere baute man Betonstraßen in die natürliche Vegetation. Alte Bäume fielen ächzend zu Boden, Tiere flohen entsetzt und verstört davon und wurden ihrer natürlichen Umgebung beraubt. Einige Arten starben infolgedessen komplett aus. Es war ein regelrechter Krieg. Dann gelang den Menschen eine neue Errungenschaft. Übergroße Luftschiffe, die aussahen wie Vögel, flogen durch die Lüfte. Man freute sich und hatte die Ruhe schon fast vergessen. Und wenn es einmal nicht rasant genug ging, wurden sie regelrecht böse. Der menschliche Organismus hingegen war auf eine derartige Hektik nicht eingestellt und der Körper schlug zurück. Die Menschen wurden krank.

Man baute Kliniken und Sanatorien, in denen sie behandelt wurden und die Ruhe fanden, die sie brauchten. Andere wiederum mussten mit Medikamenten sogar künstlich ruhiggestellt werden. Nun begannen die Menschen, sich wieder nach Ruhe zu sehnen. Die Ruhe zu finden, gestaltete sich allerdings nicht leicht, denn man konnte trotz langem Suchen nur schwerlich einen besonnenen Platz in der Natur finden, denn alles hatte der Hektik wegen weichen müssen. So begann man mühsam, Ruhepole und Parks zu errichten, in denen sich die Tiere und die Menschen ausruhen und wohlfühlen konnten. Sie nahmen sich jeden Tag etwas Zeit, sich auf die Natur einzustimmen und wieder das Wasser, die Blumen und die Bäume zu genießen. Es war wunderbar, endlich hatten sie wieder die lang ersehnte Ruhe. Doch es gab auch Menschen, die sich die Ruhe von Anfang an bewahrt hatten, die sich nicht von dieser schrecklichen Hektik anstecken ließen. Seit Jahrtausenden lebten sie ihr Leben nach den alten Regeln und Traditionen: Die buddhistischen Mönche.

Genießen auch Sie die Ruhe. Nehmen Sie sich jeden Tag eine bestimmte Zeit vor, in der Sie nur der Ruhe lauschen. Kreieren Sie sich einen Ort zu Hause, Ihren privaten Ort der Natur und Ruhe. Einen Ort nur für Sie allein. Achten Sie darauf, dass Sie an diesem völlig ungestört sind und kein Schrillen des Telefons, das förmlich die Luft zerreißt, keine Türglocke, die fordernd läutet, Sie ablenken könnte. An diesen Ort packen Sie Dinge, die Ihnen helfen, Ruhe zu finden. Ein bequemes Möbelstück, das Sie besonders lieben, Pflanzen, Blumen, was auch immer. Vielleicht brennen Sie auch Räucherstäbchen ab, um die Energie zu reinigen. Setzen Sie sich hin und atmen Sie ein und aus. Hören Sie in sich hinein, schweigen Sie. Reden Sie nicht. Lassen Sie alle Gedanken zu, halten Sie aber an keinem fest. Seien Sie ein Unbeteiligter Ihrer Gedanken. Bedanken Sie sich bei Ihren angekommenen Gedanken und lassen Sie diese wieder gehen. Anfangs wird es Ihnen sehr schwerfallen, weil sich Ihr Geist gegen die Ruhe wehren wird und Sie werden von all den Gedanken geradezu überrannt. Lassen Sie diese einfach zu und bewerten Sie sie nicht in Gut und Böse. Lassen Sie Ihre Gedanken fließen und spüren Sie, wie langsam, aber sicher, Ruhe in Ihren Körper einkehrt, Sie wohlige Wärme verspüren, während um Sie herum das Leben tobt wie in meinem Fall der tosende Lärm Hongkongs. Ich weiß noch, als wir das erste Mal nach Asien flogen und den Flughafen von Hongkong ansteuerten, blickte ich erstaunt aus dem Fenster. Ich war überwältigt von der Landschaft, den Farben und den Wolkenkratzern. Wir checkten im Hotel Grand Hyatt ein, wo auch unsere erste glamouröse Show im wundervollen Ballsaal zwischen marmorierten Säulen stattfinden sollte. Alles in dieser Stadt war bombastisch und sprengte sämtliche, mir bislang bekannten Dimensionen. So sollte es auch mit meiner Show sein. Wir folgten einer Einladung der Interstoff Asia anlässlich deren zehnjährigen Jubiläums und dem Handover Hongkongs 1997 nach China. Es sollten eine Gala-Show und sechs Trendshows in drei Tagen im neu eröffneten Convention Exhibition Center präsentiert werden. Mit einem Stab von vierundzwanzig Personen und einer kompletten Kollektion flogen wir von Frankfurt nach Hongkong. HARALD GLÖÖCKLER hatte es geschafft. Der kleine Junge vom Dorf durfte nun in die große Welt und vor chinesischen Ministern und der High Society Hongkongs seine Kunst präsentieren. „Europe meets Asia" war mein Motto.

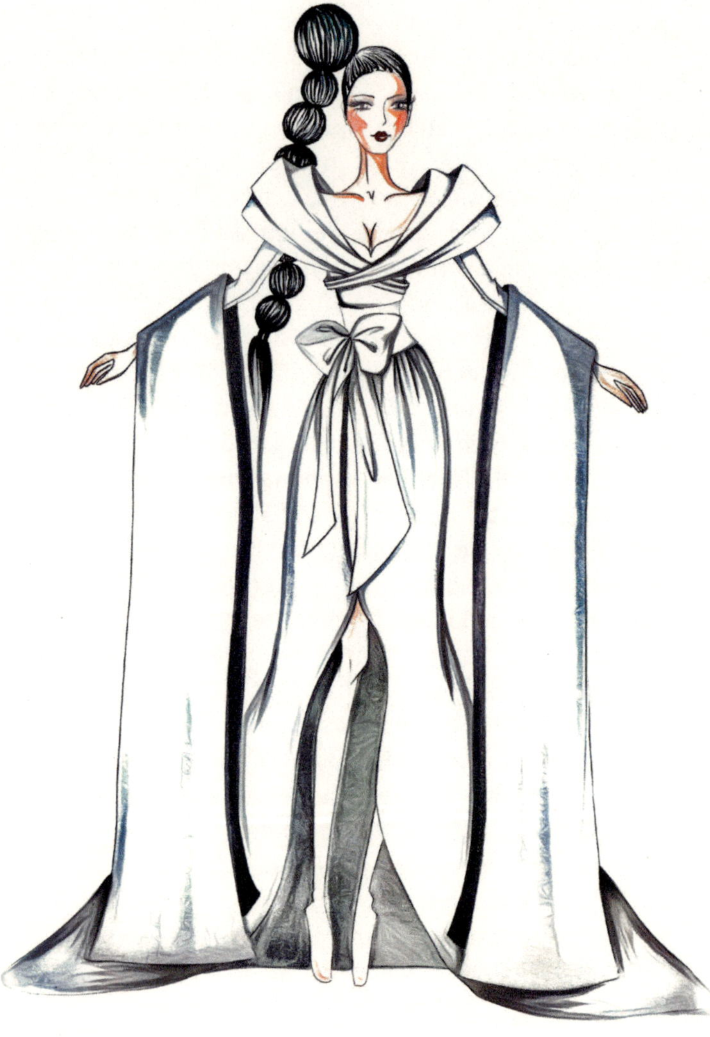

Als ich damals durch die riesigen Hallen lief, um passende Stoffe auszusuchen, sog ich alles auf, was ich sah. Es war ein Feuerwerk an Farben. Rot war in fast jedem Muster zu finden, weil es einfach für Glück und Gutes in diesem Land steht. Glatte und schimmernd glänzende Seide, transparente Gaze, Damast- und Brokatstoffe, aufwendig verarbeitete Seidenstickereien und Malereien waren immer wieder zu entdecken. Traditionelle Muster und Drachen-Applikationen schmückten festere Stoffe, goldene Fäden durchzogen das Gewebe, sodass man die filigrane Arbeit der Näherinnen sah. Der ganze Raum glänzte in einer bunten Farbenpracht. Ich liebte Seide schon immer. Sie ist unbeschreiblich kostbar. Bereits zu Beginn der Han-Dynastie, der Blütezeit der Kaiserperiode Chinas, waren Seide und Seidengewebe wichtige und wertvolle Exportartikel Chinas. Die berühmteste Ware, die damals auf der Handelsroute nach Europa kam, war chinesische Seide, deshalb heißen diese Handelsstraßen seitdem Seidenstraßen. Wann genau die Seidenproduktion allerdings erfunden wurde, bleibt ein Geheimnis.

Es gibt aber allerhand Mythen. So sagt eine Legende, dass es eine Kaiserin gewesen sei, die Seidenkokons in ihrem Garten entdeckt habe. Sie soll auch herausgefunden haben, wie man Raupen züchtet und aus den Kokons Fäden spinnt. So war und ist chinesische Seide nicht nur für die Wirtschaft von besonderer Bedeutung, sondern auch für mich und meine Kollektionen. Inspiriert von den chinesischen Kaisern und den Dogen von Venedig, kreierte ich eine exzentrische Kollektion und eine nicht weniger exzentrische Show. Rokokokleider mit ausladenden Reifröcken aus chinesischer Seide wetteiferten quasi mit den großen Frachtschiffen nebenan im Hafen Hongkongs.

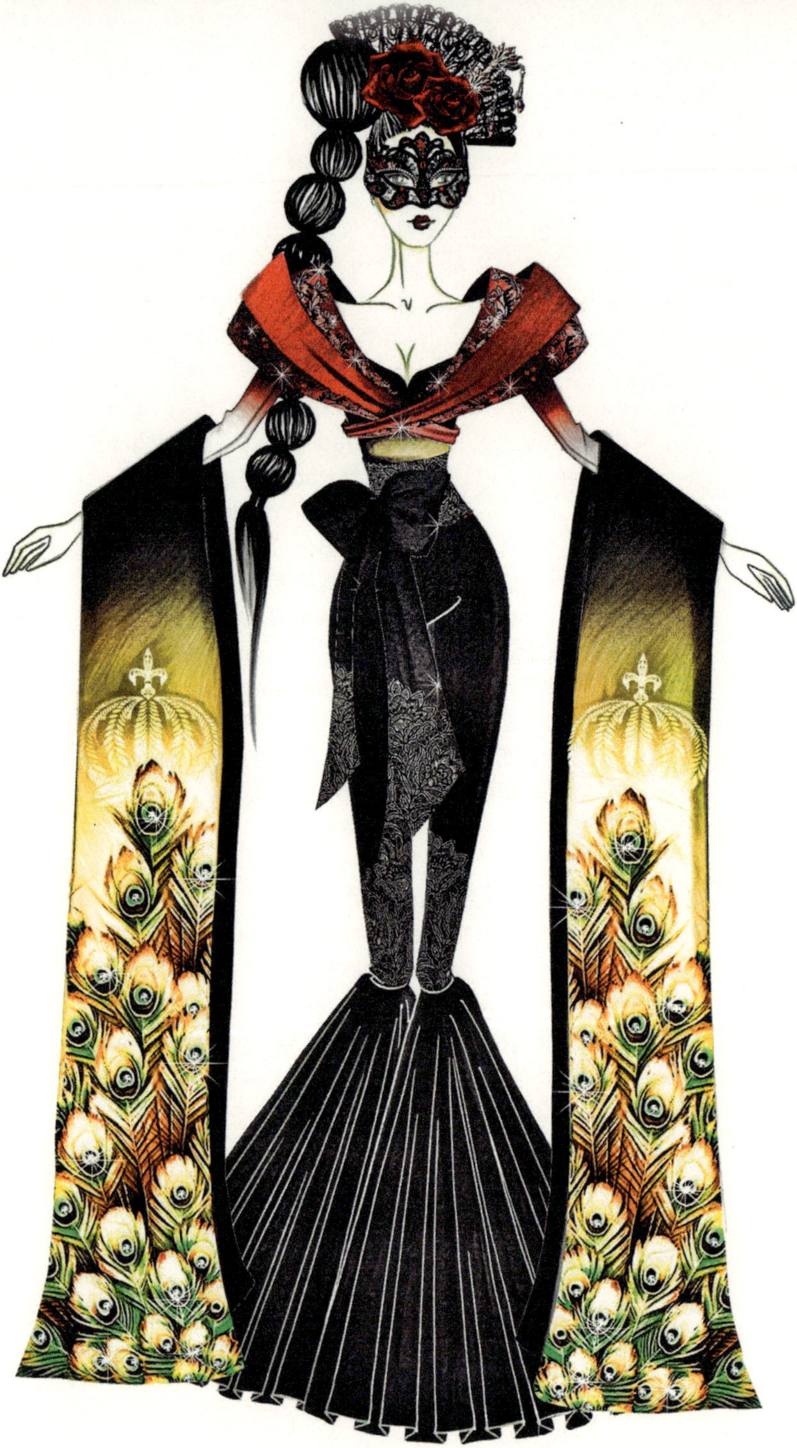

Die männlichen Models trugen indisch inspirierte Anzüge mit Mitren und Tiaren. Einige sahen aus wie direkt vom Hofe des Dogen. Die verwöhnten Gäste waren hellauf begeistert. Fernsehteams und Journalisten angesagter Zeitungen stürmten die Shows und berichteten auf Titelseiten über uns.

Meine Show schlug eine Brücke zwischen der Moderne Hongkongs und der prachtvollen Vergangenheit Venedigs. Irgendwie erinnerte mich alles, was ich in Hongkong sah, an Venedig. Das Wasser, die prunkvollen Gewänder, die Dschunken. Ich liebe Venedig. Diese Stadt hat so etwas Vergängliches, Morbides. „Venedig sehen und sterben", sagte einmal Thomas Mann. Sie ist eine wahrhaft wundervolle, verträumte Stadt. Wenn ich in Venedig bin und nicht gerade im Dogenpalast umherwandle und meinen Fantasien freien Lauf lasse, sitze ich vorzugsweise am Markusplatz in einem Café und betrachte das geschäftige Treiben und die Touristen. In den kleinen Gassen findet man Souvenirläden, in denen sich die Touristen allerhand Krimskrams kaufen, aber auch die legendären Masken, die eine sehr wichtige Rolle in Venedig spielen. Das alljährliche Highlight ist der Karneval, an dem sich die Venezianer historisch kostümieren und ihr Gesicht mit einer Maske verdecken. Zu Lebzeiten Casanovas erreichte der Karneval seine größte Pracht.

Wenn wir heute von einem Casanova sprechen, dann meinen wir einen mehr oder weniger „schlimmen Finger", wenn es um Frauen geht. Giacomo Casanova – ihm haben es Männer zu verdanken, als Casanova betitelt zu werden, wenn ihre Liebschaften nicht mehr zu zählen sind und sie die Kinder, die aus diesen Verbindungen hervorgehen, zumeist nicht kennen. Eigentlich war Casanova wohlerzogen, auf dem Weg, ein guter Priester zu werden.

Doch aufgrund einer Liebesaffäre wurde er aus Rom verbannt. Ein Spiegelbild der Gesellschaft. Mit meinem Erfolg auf diesem Kontinent kam auch der erste Lizenznehmer. Seidentücher und Seidentaschen sollten unter dem Label POMPÖÖS in dreißig großen Kaufhäusern der Welt vertrieben werden – New York, London, Melbourne. Das wollten wir und machten wir dann auch.

Wien

1998 waren Dieter und ich zusammen mit Gina Lollobrigida als VIP-Gäste des Frankfurter Opernballs eingeladen. Mir war der Opernball nicht unbekannt, das erste Mal war ich bereits 1995 als VIP Gast eingeladen. Wir folgten einer Gegeneinladung des Veranstalters, welcher bei meiner Show 1997 in Stuttgart zu Gast war. Seit Jahren zelebrierte ich großartige Haute Couture Shows mit Weltstars wie Chaka Khan, Bo Derek, Grace Bumbry, Helmut Berger, Gina Lollobrigida, Amanda Lear und Zucchero. Bei einem nachfolgenden Dinner wurden wir also zu diesem Opernball eingeladen. Wir kamen im Sheraton Grand Hotel unter und am Abend zuvor gab es ein Dinner für die anwesenden Gäste. Zu der beeindruckenden Gästeliste gehörten außer Gina, Dieter und mir unter anderem Bud Spencer, Dame Shirley Bassey, Engelbert Humperdinck, Catherine Deneuve, Gérard Depardieu und Helmut Berger. Unser Auftritt war ein absoluter Hingucker. Gina und ich erschienen in indischer Garderobe und wirkten wie aus Tausendundeiner Nacht. Wir waren die Lieblinge der Fotografen und tags darauf in allen Publikationen abgedruckt. Nun aber wollte ich das Original kennenlernen: den Wiener Opernball. Der Wiener Opernball ist der gesellschaftliche Höhepunkt der Faschingssaison in Wien. Mit seinen bis zu 12.000 Besuchern ist er der größte Treffpunkt für Kulturschaffende, Unternehmer und Politiker. 1862 erhielt das Theater Wien die Erlaubnis, Ballfeste veranstalten zu dürfen. Zu dieser Zeit nahm man sich die spektakulären Veranstaltungen der Pariser Opernbälle zum Vorbild. Als das Personal des k.u.k. im Jahre 1869 endlich ins prachtvolle Neue Haus am Ring einziehen konnte, verweigerte jedoch Kaiser Franz Joseph I. die Erlaubnis, in seinem Theater Tanzfeste zu veranstalten. Demnach fand der erste Ball mit der Bezeichnung Ball in der Hofoper nicht im Haus am Ring, sondern im ebenfalls neuen und prachtvollen Gebäude der Gesellschaft der Musikfreunde statt. 1877 gab der Kaiser schließlich seine Zustimmung zu einer Soirée in seinem Opernhaus.

Nach dem Untergang des Kaiserreiches 1918 erinnerte sich die junge Republik an die imperialen Feste im Opernhaus. Bereits 1921 konnte die erste Opernredoute der Republik Österreich abgehalten werden, 1935 folgte schließlich der, nun auch so benannte, Wiener Opernball. Wir buchten also eine der begehrten Logen und bezogen Quartier im Hotel Imperial. Das Hotel Imperial begann seine Geschichte als Palais. Bauherr war Herzog Philipp von Württemberg, Sohn von Alexander Friedrich Wilhelm von Württemberg und Prinzessin von Orléans, die allerdings kurz nach seiner Geburt verstarb. Als der Budapester Hotelier Johann Frohner Pächter wurde, wandelte er das prunkvolle Palais in ein Hotel um. Es wurde luxuriös umgebaut und gestaltet. Der mit Glas überdachte Innenhof wurde zum Speisesaal mit Wintergartenflair.

Hier wurde sogar die Zeitung gebügelt, damit die Gäste keine Druckerschwärze auf den Fingern hatten. 1873, passend zur Eröffnung der Weltausstellung in Wien, wurde das Hotel Imperial in Anwesenheit des Kaisers Franz Joseph und der Kaiserin Elisabeth feierlich eröffnet. Weil man Kaiser Franz Joseph an diesem Tag eine Torte reichte, an der er Geschmack fand, erfreut sich diese Torte, genannt Imperial-Torte, bis heute weltweiter Beliebtheit. Das mehrstöckige Hotel ist solch ein imposantes Gebäude, wie ich es in meinem Leben noch nie zuvor gesehen hatte.

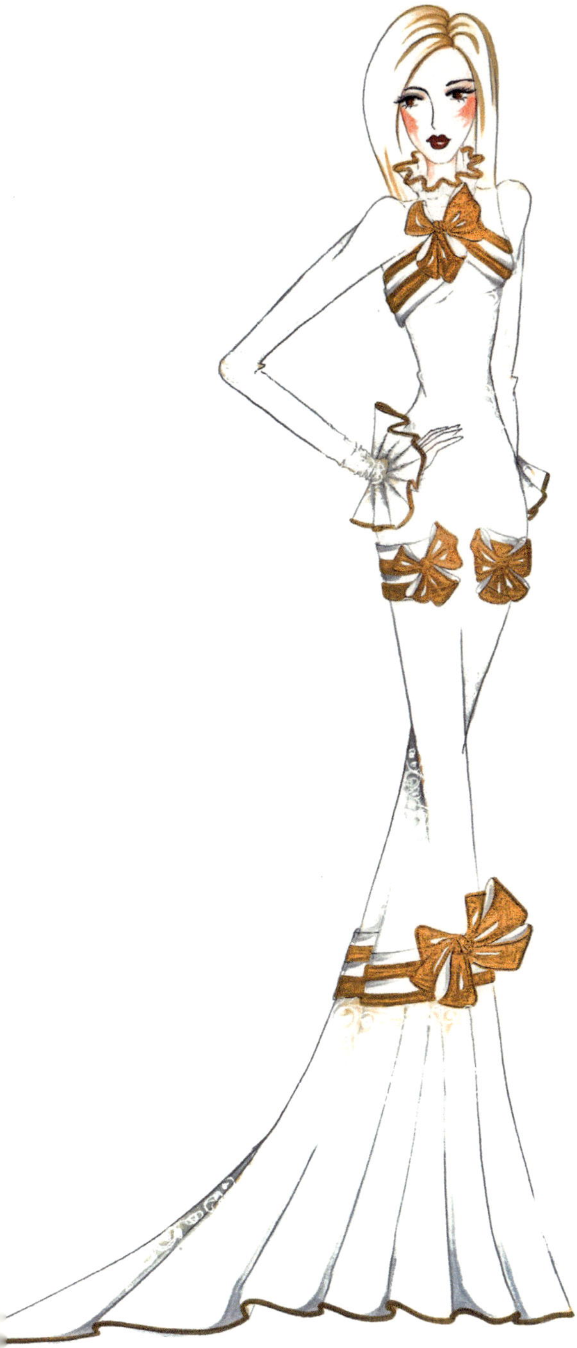

Vor allem bei Dämmerung, wenn die Lichtstrahler das Hotel erhellen, ist es ein absoluter Traum. In jedem Stein, in jedem Winkel, ob innen oder außen, ist förmlich die Geschichte des Hauses zuerkennen.

Außen am Gebäude befinden sich vier Statuen. Sie stellen die Allegorien der Herrschertugenden Weisheit, Ehre, Gerechtigkeit und Stärke dar und stammen von Franz Melnitzky. Auch im Dreiecksgiebel des Daches ist ein Wahrzeichen des Hauses Württemberg mit den Wappentieren des Hauses, dem Hirsch und dem Löwen, zu sehen. Am Hoteleingang fällt sofort die eindrucksvolle Drehtüre auf.

Der Haupteingang war früher eine Einfahrt für Pferdekutschen. Die Gespanne fuhren durch, machten an der Prunkstiege halt, sodass die Gäste direkt aus der Kutsche auf die breite Treppe steigen und in den ersten Stock gelangen konnten. Die große Halle im Erdgeschoss diente dann zum Wenden der Fuhrwerke, ehe sie durch das Tor auf den Ring zurückkehrten. Der nette Concierge nahm unser Gepäck entgegen und wir betraten die Lobby. Über einen glänzenden Marmorboden flanierten wir bis zur Rezeption, welche aus einem ebenfalls glänzenden braunen Holz bestand und wie handgeschnitzt aussah. Weiße Blumen und goldene Tischlampen schmückten den Empfang. Über der Rezeption waren prachtvolle, überdimensionale Malereien aus vergangener Zeit angebracht.

Ein opulenter Kristallkronleuchter schmückte die Lobby und feudale beigefarbene Säulen mit Holzvertäfelung trugen einen Balkon mit Balustraden, der sich im ersten Stock befand und wie eine Galerie offen war. Goldfarbene Stühle mit verschnörkelten Beinen und Armlehnen, überzogen mit roter Seide und goldfarbenen Ornamenten, zierten ebenfalls die Lobby und schmückten gemeinsam mit einem Marmortischchen, auf dem weiße Callas standen, die Eingangshalle. Es fühlte sich wie eine Zeitreise an. Direkt an der Lobby gelegen befand sich die charmante Bar Maria Theresia. Zwischen dem Café Imperial und der Lobby verläuft dann ein schmaler Gang, an dessen Wänden die Geschichte des Hauses in Bild und Text erzählt wird. Über den Torbögen zur Belle Etage befindet sich das Wappen von Württemberg, das heutige Logo des Hotel Imperial. Wie an der Außenfassade zeigt es den Löwen und den Hirsch. Der Löwe versinnbildlicht die Macht des Reiches und der Hirsch die rasche Ausbreitung desselben. Die Fürstensuite, in welcher wir logierten, imponierte mir mit seinen sieben Meter hohen Stuckdecken sowie den kostbaren kristallenen Luster, die scheinbar schwerelos durch den Raum funkelten und ein aristokratisches Flair in den ehemaligen Privatgemächern des Prinzen von Württemberg versprühten. Während ich aus dem Fenster sah und das Treiben auf den Straßen beobachtete, dachte ich an all die Stars, die hier schon residiert hatten. Es hieß, dass sogar Charly Chaplin im Hotel Imperial untergebracht worden war, die Fans ihn aber so belagert hatten, dass er schnell wieder aus Wien geflüchtet ist.

Rita und Thomas zwei sehr liebe Freunde mit welchen uns eine langjährige Freundschaft verbindet, erwarteten uns freudig im Frühstücksraum. Sie waren bereits einen Tag früher angereist und voller Vorfreude auf den großen Abend, denn es sollte ihr erster Opernball in Wien werden. Wir frühstückten ausgiebig und köstlich, stärkten uns für den Tag und dann, ja dann, ging es mal wieder los. Der Hairstylist, die Visagisten für Make-up, vier Bodyguards und meine Gäste trafen ein.

Neben Dieter, meinen lieben Freunden Rita und Thomas, waren auch Ihre königliche Hoheit Xenia Prinzessin von Sachsen Herzogin zu Sachsen, Seine königliche Hoheit Michael Prinz von Preußen, Ihre königliche Hoheit Brigitta Prinzessin von Preußen sowie Ihre Hoheit die Fürstin von Urach Gräfin von Württemberg anwesend. Nachdem ich meine Gäste begrüßt hatte und diese sicher in ihren Gemächern untergebracht waren, begannen die Vorbereitungen. Während Xenia Prinzessin von Sachsen in stundenlanger Arbeit die aufwändige Zopffrisur à la Kaiserin Sissi verpasst bekam, wurde mein Gesicht über und über mit schwarzen und weißen Swarovski-Kristallen versehen. Ich sah ein bisschen aus wie aus „Phantom der Oper". Nach stundenlanger Arbeit waren wir perfekt gestylt und Xenia Prinzessin von Sachsen wirkte in ihrer barocken Robe und ihrer Zopffrisur so täuschend echt als Kaiserin, dass – als wir die Suite verließen – eine Dame im Flur vor Schreck aufschrie und fassungslos stammelte: „Ja mei, die Siiiissssiiii."Wir machten uns auf den Weg zum Hotel Sacher, wo meine Gäste und ich vor der Oper dinierten. Das Wiener Hotel Sacher, das seit 1876 besteht, gehört unweigerlich zur Oper. Es ist wohl Tradition in Wien, dass die elegantesten Essen vor dem Opernball im Sacher eingenommen werden. Dort speist man mit Freunden oder Geschäftspartnern, bevor man dann die gegenüberliegende Oper besucht. Wiens berühmtestes Traditionshotel ist mit Seidentapeten, Biedermeiermöbeln und wertvollen Bildern ausgestattet. Erbaut wurde es unter Anleitung von Eduard Sacher. Berühmter als er wurde jedoch seine Zigarren rauchende Witwe, die ihren Sprösslingen bis zum Erbantritt unbegrenzte Kredite gab und kleine diskrete Séparées einrichtete, die heute kleine Speisesäle sind.

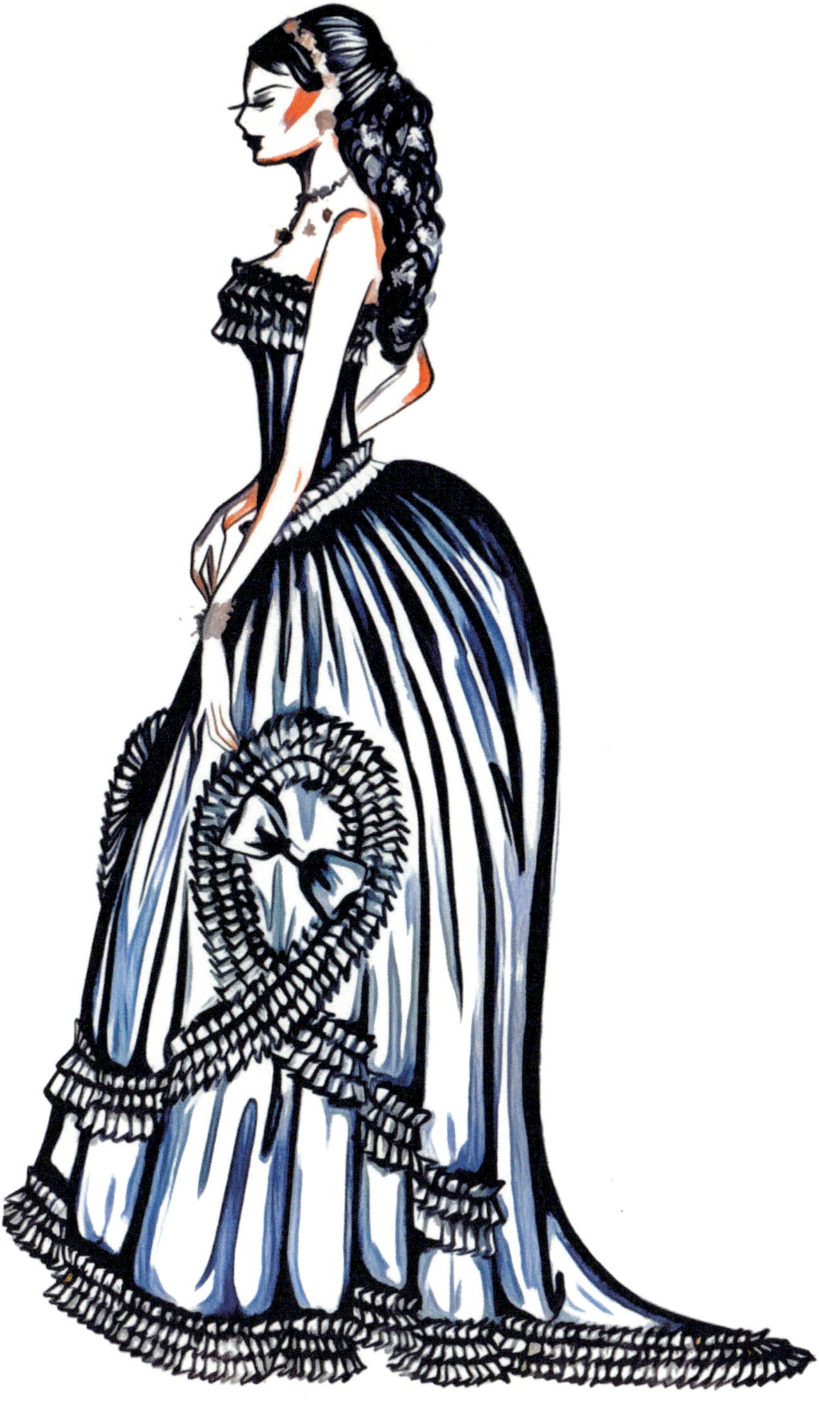

Wir sorgten an diesem Abend für den wohl spektakulärsten Auftritt, den es in all den Jahren gegeben hatte. In einer imperialen Inszenierung kam ich zum Opernball und stahl allen die Show. Mit einer von sechs weißen Pferden gezogenen Kutsche fuhren Xenia Prinzessin von Sachsen als Kaiserin Sissi und ich samt Bodyguards und persönlichen „Lakaien" vor die Staatsoper. Dies bedurfte einiger Vorbereitung, denn der Polizeipräsident musste hierfür erst einmal eine Sondergenehmigung erteilen und die Straße sperren lassen. Wir starteten am Hotel Sacher, die Bodyguards rannten neben der Kutsche her und von den sechs „Lakaien" in Maria-Theresia-Uniform saßen zwei auf Pferden und vier befanden sich auf der Kutsche. Ich hatte, glaube ich, in meinem ganzen Leben noch nie solch einen Presseauflauf gesehen. Wo man auch hinsah, standen Zaungäste mit Handys, welche „Harald, Harald" skandierten und Fotografen, die nach mir riefen und mich ablichteten. Es war ein Blitzgewitter der Extraklasse. Ohne Sicherheitsbeamte und Polizei hätten wir kaum den Weg in die Oper gefunden. Xenia fühlte sich sichtlich wohl in ihrer Rolle der Kaiserin Sissi. Sie waren beide im selben Maße traditionell und konservativ, wie auch Rebellinnen mit dem Drang, aus Normen ausbrechen zu wollen und Grenzen zu überschreiten. An der Oper angekommen schafften wir es kaum einen Fuß vor den anderen zu setzen und es dauerte eine gefühlte Ewigkeit, in der wir in einer wogenden Menge hin und hergeschoben wurden, umkreist von den vier Bodyguards, die einen Pulk um uns bildeten und ihr Bestes versuchten, uns etwas abzuschirmen, um zur Loge zu gelangen. Dies wiederholte sich jedes Mal, wenn wir die Loge verließen, um zum Beispiel in der großen Loge Interviews für den ORF zu geben.

Auf dem Weg dahin begegnete ich Bundeskanzler Kurz. Außerdem Hilary Swank, Melanie Griffith und Waris Dirie, welche mich höflich begrüßten und für die Presse mit mir Fotos machten. Die Tanzfläche vor unserer Loge war den ganzen Abend von hunderten Fans belagert. Es war ein faszinierender wundervoller Abend, ein großartiges Erlebnis.

Düsseldorf

In Hong Kong wurden wir 1997 von einer Modejournalistin angesprochen, wie es denn sein könne, dass sie einen so begnadeten Modemacher wie mich in Hongkong treffe und nicht bei einem ihrer Besuche zuvor in Düsseldorf auf der CPD.

„Wieso machen Sie denn dort keine Show?", fragte sie mich.

Ich sagte: „Weil ich bislang nicht gefragt wurde. Kennen Sie den Spruch ‚Der Prophet gilt nichts im eigenen Lande'?"

Sie erwiderte: „Das werden wir gleich ändern. Ich treffe nächste Woche auf einer Messe in China den Chef der Modemesse CPD und werde ihn darauf ansprechen. Ihre Show wäre doch das Highlight. So etwas Glanzvolles und Großartiges wie Ihre Mode habe ich ja bislang noch gar nie gesehen."

Deutsche Mühlen mahlen oft langsam, auch etwas, was mich schon so manches Mal fast zur Verzweiflung gebracht hat. Es brauchte eineinhalb Jahre, bis das Wirken dieser Journalistin aus Asien Früchte trug.

Im November 1998 klingelte das Telefon, es war die Modemesse Düsseldorf. Sie würden gerne HARALD GLÖÖCKLER zu einem Gespräch nach Düsseldorf einladen. Es ginge um die CPD. Wir flogen also nach Düsseldorf. Die PR-Dame der Messe teilte uns mit, dass die Messe im nächsten Jahr ihr fünfzigjähriges

Jubiläum feiern würde. Dazu würden sie uns gerne mit einer Eröffnungsshow verpflichten.

„Aber gerne doch", sagte ich, „wir würden uns freuen, im Juli bei Ihnen eine Show zu zelebrieren." „Nein", erwiderte die Dame „wir dachten da an Februar und Juli."

Ich blickte zu Dieter und stand kurzzeitig unter Schock. Eine Show in zwei Monaten auf die Beine zu stellen, Stoffe zu besorgen und unzählige Roben zu nähen und das, obwohl Weihnachten dazwischenlag und unsere Kasse ohnehin mehr als leer war?! Das war unmöglich. Andererseits war es ein Geschenk des Himmels nach einer sehr schweren Zeit. Die Möglichkeit eines Neuanfangs.

Plötzlich hörte ich meine Engel sagen: „Sag zu, wir helfen dir, das kriegen wir doch locker hin." Ich sah erneut Dieter an und er nickte mir bestätigend zu. Ob er wohl auch die Engel vernommen hatte?

Ich sagte: „Okay, dann im Februar."

Die CPD war zu diesem Zeitpunkt die größte Modemesse der Welt. Das bedeutete nationale und internationale Aufmerksamkeit von Fach- und Presseleuten aus der ganzen Welt. Dies war einer der wichtigsten Momente in unserem Leben. Wir kreierten mit Hilfe von Sponsoren in nur zwei Monaten achtzig Kollektionsteile, eines spektakulärer als das andere. Das war Rekordarbeit auf höchstem Niveau.

Ich weiß noch, wie ich vor all den opulenten Stoffen stand, die weit entfernt von fertigen Kleidern waren, und dachte: „Wie um Himmels Willen sollen wir das alles schaffen?"

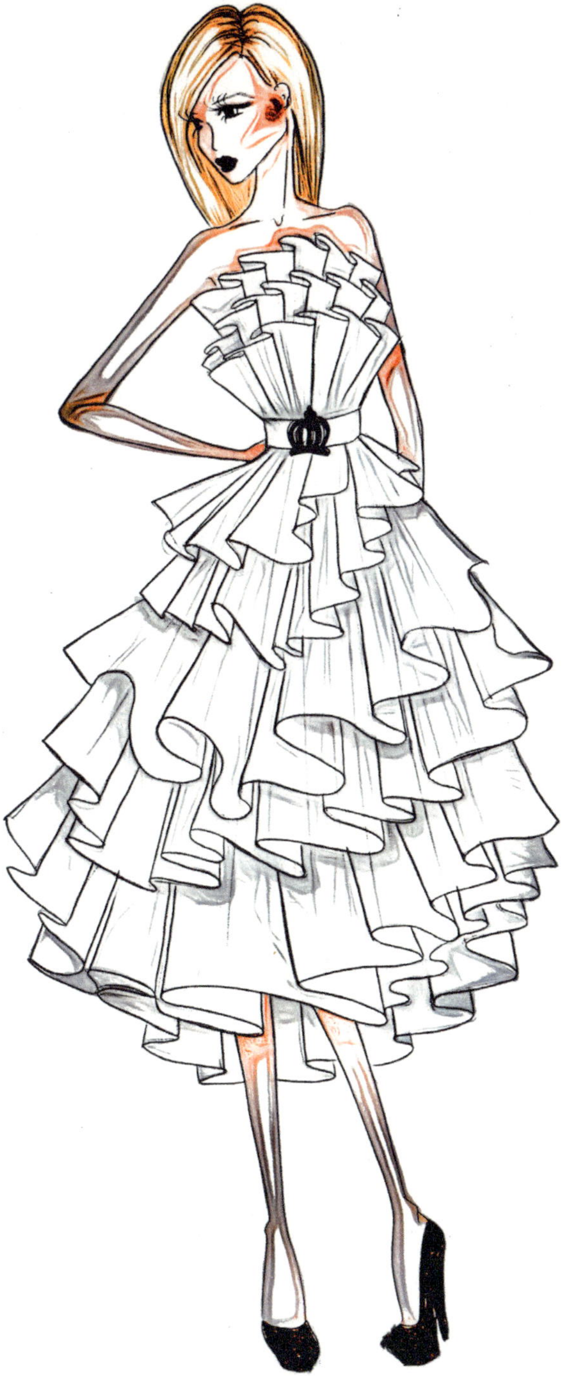

Und auch in diesem Moment mussten mich wohl meine Engel erhört haben, denn mich überkam ein warmes Gefühl. Ein Gefühl von Gewissheit und Zuversicht. Das wird klappen. Es hat doch bisher immer alles geklappt. Man muss das Glück und die Gelegenheit beim Schopfe packen. Etwas wagen, mutig sein.

Nur die Mutigen gelangen ans Ziel und manchmal muss man sich sein Leben selbst noch einmal vor Augen führen, um zu sehen, was man bereits alles vollbracht, welche Hürden man überwunden und es aus teils undenkbaren Situationen durch eigene Willenskraft wieder herausgeschafft hat. Wir vergessen das leider viel zu oft und sehen nur einen riesigen Berg vor uns, den zu überschreiten wir als unmöglich betrachten, anstatt den Berg Schritt für Schritt zu bezwingen. Wir betrachten das Leben der Anderen und blicken voller Neid und Eifersucht zu ihnen. Dabei müssten wir doch viel öfter unser eigenes Leben betrachten, uns loben, uns bejubeln, dafür, was wir alles geleistet haben.

Zu diesem Zeitpunkt waren wir in einer fatalen Situation. Wir verfügten über keinerlei finanzielle Mittel. Doch wir haben nie den Schwung verloren, den Glauben an uns selbst.

Und so glaubte ich auch dieses Mal ganz fest daran, mit Hilfe meiner Engel, dass wir es schaffen würden. Wir nähten Tage und Nächte, Wochen und Monate. Und dann war es soweit. Am Tag der Show standen wir alle unter Hochspannung. Wir hatten dreißig Models und zwanzig Visagisten und Hairstylisten, die alle aufgeregt herumzappelten und den Start der Show kaum erwarten konnten. Hinter den Kulissen war der ganze Raum voll von Kleiderstangen und bodenlangen Roben, glitzernden Schuhen, beleuchteten Schminktischchen und jeder Menge Anspannung. Auch vor den Kulissen spürte man die Neugierde und Spannung des Publikums. Es lag etwas Aufregendes in der Luft, etwas Prickelndes, Neuartiges, Besonderes. Das spürten nicht nur wir. Während an dem einen oder anderen Kleid noch die letzten Änderungen vorgenommen wurden, toupierten Friseure Haare in ungeahnte Höhen. Marie Antoinette wäre beim Anblick dieser Frisuren und Kleider neidisch geworden. Ich schloss gerade noch den Reißverschluss am Kleid von Brigitte Nielsen, die The Weather Girls probten auf der Bühne ihren Welterfolg „It's Raining Men", da kam Gina Lollobrigida um die Ecke. Ihre Augen funkelten vor Begeisterung. Sie liebte meine Kreativität und meine Mode, und sie genoss die Aufregung hinter der Bühne. Es erinnerte sie an ihre großen Erfolge. Dann ging es Schlag auf Schlag. Vorne befand sich ein langer Catwalk, um den in stufenförmiger Anordnung die Sitzplätze gruppiert waren. Frontal zum Laufsteg wurden die unzähligen Fernseh- und Kamerateams platziert. Das ganze Arrangement mutete an wie in einer Arena. Der Raum füllte sich zunehmend, mittlerweile waren es circa 1.500 Gäste, davon allein siebenhundert Journalisten, die nur darauf warteten, meine Show zu sehen. Jedes Model wurde vom Feinsten geschminkt und gestylt. Sie bekamen silbern schimmernden Lippenstift und glitzernden Lidschatten, alles etwas androgyn und sehr dramatisch. Rokoko trifft auf Science-Fiction, das war meine Kreation und „Millennium" das Motto. Meine opulenten Werke waren kombiniert mit futuristischen Elementen. Das gab es noch nie. Und dann war es soweit. Meine Freundin, die wunderbare Gina Lollobrigida, betrat die Bühne. Sie begrüßte das zahlreiche Publikum, welches ehrfürchtig ihren Worten lauschte, während sie meine Show ankündigte. Das Licht ging aus, Spotlight auf den Laufsteg.

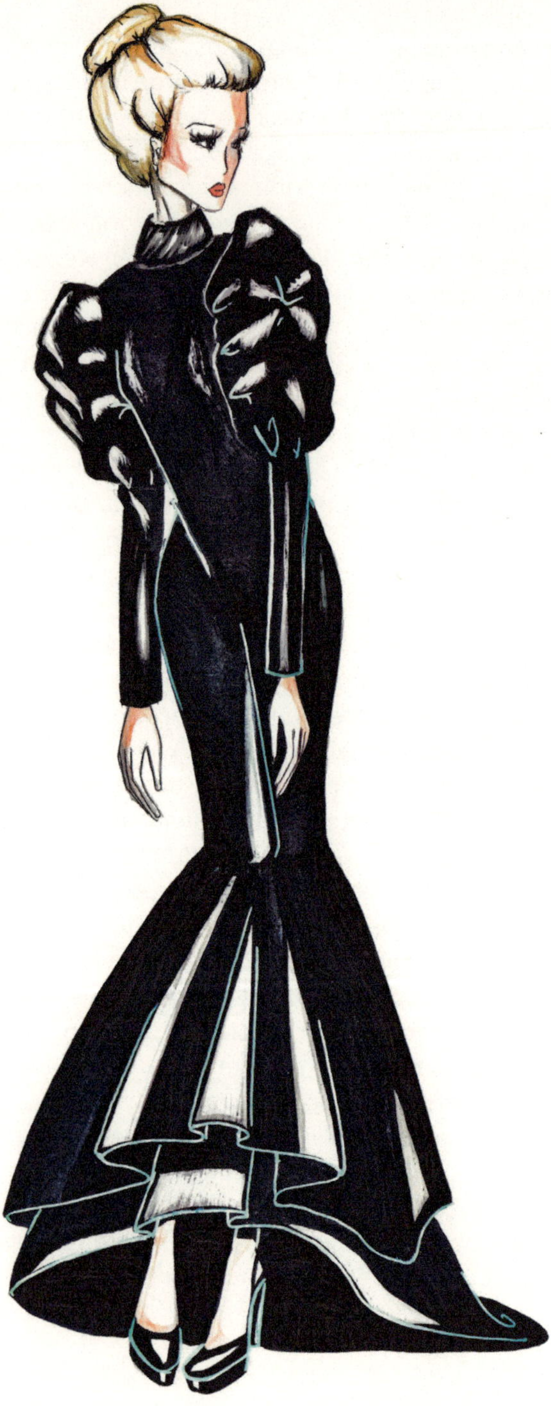

Es ertönten die Klänge einer Trommel aus allen Boxen, das Publikum wartete gespannt mit Blick auf die Bühne. Die Show konnte beginnen. Jedes Werk von mir war ein Kunstwerk für sich. Wir hatten ausgefallene Drag Queens, kurze weiße Kleider mit herunterhängenden Kristall-Ketten am Saum, dazu weiße Strapse und glitzernde Pumps. Ein märchenhaftes Kunstwerk der ganz besonderen Art war ein Neorokoko-Brautkleid in silberner Glitzerfolie mit einer Lederkorsage aus tausenden von Swarovski-Kristallen, die wie Diamanten funkelten. Die Damen im Publikum staunten nicht schlecht. So viele Farben und Formen gab es noch nie. Als Brigitte Nielsen, meine dänische Schönheit, als letztes Model auf die Bühne schritt, gab es tosenden Applaus. Sie trug ein hautenges Mieder und einen überdimensional großen Gürtel mit herausragenden Stacheln. Sowohl das Mieder als auch der Gürtel waren aus glattem, silbernem Leder. Ein prächtiges Collier, besetzt mit feinen, glitzernden Swarovski-Kristallen, zierte ihr Dekolletee. Sie wurde bejubelt und gefeiert wie eine Königin. Das Publikum liebte sie in diesem Outfit. Alles war etwas überzogen und exzentrisch. Man kann zurecht behaupten: Dies war Haute Couture, die große Schneiderkunst.

Meine Mode war nicht nur optisch sensationell, sondern wurde zudem auch noch musikalisch glanzvoll untermalt. Als krönenden Abschluss sangen die The Weather Girls in meinen ausgefallenen Kreationen und bewiesen einmal mehr, dass in HARALD GLÖÖCKLERS Mode jede Frau ein Star ist, egal mit welcher Konfektionsgröße und welchen Alters. Ich wollte damals schon Maßstäbe setzen. Mit der Masse schwimmen war noch nie meine Art. Diese Haute Couture Show war eine Darbietung, wie man sie sonst nur aus New York oder Paris kannte. Vertreter verschiedener ehemaliger deutscher Königshäuser saßen neben Weltstars und bedeutenden Modejournalisten in der ersten Reihe. Unzählige Titelseiten nationaler und internationaler Magazine berichteten in den darauffolgenden Tagen über unsere exzentrische Modenschau.

„Mit Harald Glööckler explodiert die deutsche Mode in Prunk und Pracht."
-Le Figaro-

Als ich einige Tage später all die wunderbaren Artikel durchlas, überkam mich ein Gefühl von Dankbarkeit. Meine Arbeit, meine Andersartigkeit und meine Exzentrik wurden in allen Magazinen geschätzt und gelobt. Wieder einmal hatte sich gezeigt, dass sich harte Arbeit und Mut auszahlen. Meine Firma und ich sind durch diese Show gewachsen und haben neuen Schwung bekommen, um weiterzumachen. Es gibt bestimmt immer wieder Momente in Ihrem Leben, in denen Sie nicht wissen, wie es weitergehen wird. Sie stehen vor einem riesigen Berg, die Spitze scheint kaum erkennbar, so entsetzlich weit oben. In diesen Momenten wissen Sie nicht, wo Sie anfangen sollen und wo es enden wird. Wenn Sie an solch einem Punkt angelangt sind, dann sage ich Ihnen, schauen Sie, dass Sie in Schwung kommen. Mit Schwung geht alles, ohne Schwung geht gar nichts. Wie definiere ich Schwung? Man könnte sagen „der innere Antrieb", aber es ist mehr als nur das. Es ist der Turbo, der antreibt, der zur Höchstleistung führt. Ein innerer Stachel, den ich besitze. Jeder hat ihn, man muss ihn nur aktivieren, ihn immer in Bewegung halten. Dies hat sehr viel mit der Psyche und der Lebenseinstellung zu tun. Entfernen Sie alles aus Ihren Gedanken, was nicht konstruktiv ist. Ihre Gedanken werden zu Taten und zur erlebten Realität. Räumen Sie Ihr Leben auf oder besser gesagt aus. Räumen Sie alte Schubladen aus, im wahrsten Sinne des Wortes, auch metaphorisch. Entrümpeln und vereinfachen Sie Ihr Leben. Denken Sie strukturiert, indem Sie in Ihrem Inneren aufräumen und Ordnung schaffen. Vergleichen wir Ihr Leben mal mit einem Kleiderschrank: Ein großes Event steht an und Sie überlegen, was Sie zu diesem Anlass tragen sollen. Sie stehen nun also vor Ihrem Kleiderschrank und denken sich: „Oje, ich habe nichts anzuziehen." Der prall gefüllte Schrank besitzt alles, was sich eine Frau nur wünschen kann, und dennoch sehen Sie nichts. Ich sage Ihnen, schauen Sie genau hin. Werfen Sie all den Plunder weg, den Sie in den letzten Jahrzehnten nur einmal getragen haben oder der Ihnen zum Teil nicht einmal mehr passt.

Jedes Kleid, das Ihnen nicht mehr passt, bereitet Ihnen nur schlechte Laune. Legen Sie das von Ihnen am meisten geliebte Kleidungsstück ganz nach vorne. Verschaffen Sie sich einen Überblick über die Kostbarkeiten, die Sie besitzen, denn so sehen Sie plötzlich, dass Sie ja noch die wertvollen Schuhe haben, die in dem Chaos nicht aufzufinden waren, und dass Sie eine passende Tasche zu Ihrem heiß geliebten Etuikleid besitzen. Was sehen Sie plötzlich beim Ausrangieren? Ordnung, Sinn und Vielfalt. Ungeahnte Kreationen und verborgene Schätze. So ist es auch in Ihrem Leben. Schauen Sie genau hin, es lohnt sich. Aktivieren Sie Ihre Kräfte. Vielleicht bin ich für Sie wie der Erzengel Metatron, Ihr Ratgeber, der Ihnen hilft, Ihr Potential zu sehen und auszuschöpfen. Durch diese Unterstützung kann den Menschen aus einer Ziel- und Orientierungslosigkeit geholfen werden, aus denen sie selbst nicht oder nur schwer herausgefunden hätten. Eine solche Energie ist sehr fein und klärend. Sie ist eine reine allumfassende Liebe.

Was ich an Liebe gebe, bekomme ich an Liebe zurück. Sie kennen sicherlich das Kompliment: „Ach, du bist ein Engel." Wann sagen wir das? Wenn wir jemandem danken oder wenn wir ihn für das lieben, was er ist oder tut. Wir personifizieren einen Engel. Die Person ist in diesem Moment für uns unglaublich wichtig und nicht zu ersetzen. Sie ist ein Geschenk des Himmels. Sie alle, meine Damen, sind für mich ein Geschenk des Himmels. Sie sind meine Engel, meine Prinzessinnen. Mein Leben wird durch Sie bereichert, durch Ihre Anwesenheit und Ihre lieben Briefe und Worte. Sie alle sind ein Geschenk Gottes, Sie sind göttlich.

Beruf-ung

Aber dem nicht genug: Ich wollte mehr, ich wollte alle Frauen zu Prinzessinnen machen, ihnen Mut schenken und Kraft geben. Mir wurde klar, wie wichtig das ist. Ich sehe es auch als eine meiner Lebensaufgaben, den Menschen Licht ins Dunkel ihrer Gefühle zu bringen. Besonders Frauen sind häufig voller Selbstzweifel und einem ungeheuren Druck ausgesetzt. Unser Schönheitswahn und die lebensfremden, abgehobenen Modemacher, die unrealistische Schönheitsideale vorgeben, unterstützen dies noch. Nicht der Körper oder die Konfektionsgröße sind die Problemzone, sondern das Selbstwertgefühl der Frauen. Meine Haare sind zu dünn, die Nase ist zu groß, der Po zu dick, die Schenkel zu breit und na ja, zu klein bin ich auch. Solche Aussagen höre ich leider immer wieder.

Ich erwidere dann oftmals: „Wenn ich mit Ihnen fertig bin, sind Sie eine Femme fatale!"

Die Femme fatale ist ein besonders attraktiver und verführerischer Frauentypus, der Männer erotisch an sich bindet und ihnen ein Optimum an Liebeserfüllung verspricht. Davon träumen nicht nur alle Männer, auch Frauen wollen so sein und wünschen sich diese laszive, verführerische Aura. Diese hat man oder man muss sie erlernen. Ich sage immer, um jemanden zu verführen, gehört entweder nichts oder sehr viel dazu. Daher: Seien Sie verführerisch, sexy, lasziv, aber nicht billig. Zeigen Sie Ihre Reize, aber zeigen Sie nicht von Anfang an zu viel. Es ist ein schmaler Grat und diesen zu beherrschen, ist eine Kunst.

Vor allem müssen Sie mit sich im Reinen sein. Denn nur wer sich selbst attraktiv findet, strahlt dies auch aus. Ihnen muss es in erster Linie um Sie selbst gehen. Sie müssen sich schön und verführerisch finden, der Rest kommt dann von ganz alleine. Doch wie mache ich mich schön, wie finde ich mich attraktiv, fragen Sie sich jetzt?

Ich sage es Ihnen: Hören Sie auf, andere zu bewundern. Testen Sie es an sich aus. Was macht die anderen Frauen aus, die Sie so bewundern? Stellen Sie sich zu Hause vor den Spiegel und üben Sie es. Den Blick, das Lächeln, die Haltung, die leichte Ignoranz. Werden Sie zu dem, was Sie sein wollen. Wecken Sie die Femme fatale in sich! Mich hat dieser Typ Frau schon immer begeistert und angezogen, deshalb berücksichtige ich dies auch in meinen Kreationen. In fast jeder Haute-Couture-Kollektion habe ich auffallende, betörende Korsagen mit Kristallen oder Schleifen aus Seide oder Spitze. Eine Korsage betont nicht nur die Silhouette einer Frau, sondern unterstreicht auch ihre Vorzüge. Frauen verwechseln gerne Schönheit mit Ausstrahlung. Das ist falsch. Nicht jede, die schön ist, hat auch eine Ausstrahlung. Nicht jede, die dünn ist, ist schön. Und nicht jede, die eine Größe 46 trägt, ist hässlich oder geht zwangsweise mit mangelnder Ausstrahlung einher. Streichen Sie das aus Ihrem Kopf! Wo kämen wir denn da hin, wenn wir alle so denken würden? Mode macht sexy, Mode unterstreicht, Mode kaschiert auch, wenn es sein muss. Sie müssen sich nur trauen. Tragen Sie Korsagen und rote Lippen, enganliegende Tops oder tief dekolletierte Kleider, wenn Ihnen danach ist. Und vor allem: Tragen Sie dies auch, wenn Sie eine größere Größe haben und denken Sie nicht, das könnten oder dürften Sie nicht. Sie werden sehen, wenn Sie alte Denkweisen und Muster loslassen, werden Ihnen neue Türen geöffnet.

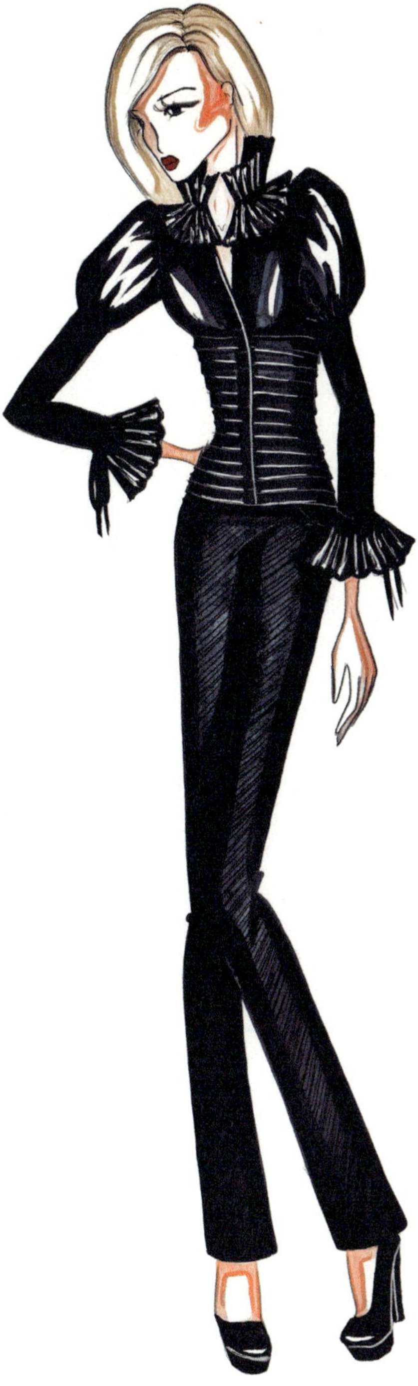

Ihre Ausstrahlung wird eine andere sein, Ihre Umgebung wird Sie ganz anders wahrnehmen und Ihr Selbstbewusstsein wird es Ihnen danken. Wenn es um den eigenen Körper geht, können Frauen nicht streng genug mit sich sein, und das ganz unabhängig vom Alter. Bereits junge Frauen und sogar Kinder und übrigens auch immer mehr Männer beschweren sich über und sorgen sich um ihr Aussehen. Kein Wunder. Im Zeitalter der Model-TV-Formate wird ihnen ja auch ständig suggeriert, wie man auszusehen hat, um schön zu sein. Der Körper wird als ein Gegenstand gesehen, der zu funktionieren hat. Mit harter Arbeit, viel Training und Disziplin wird er so geformt, wie man ihn haben möchte. Ohne Wenn und Aber. Doch bedenken diese Frauen auch, dass jeder Körper und Organismus anders funktioniert? Dass Genetik und Knochenbau durchaus eine sehr wichtige Rolle spielen beim Erreichen seines Ideals? Ich denke, letztendlich muss jeder selbst entscheiden, welchen Weg er wählt und was er aus sich, seinem Leben und seinem Körper macht. Zudem sollte man darauf achten, dass Körper und Seele im Einklang sind. Ich sehe es als eine meiner größten menschlichen Aufgaben, Menschen Hoffnung und Zuversicht zuzusprechen. Ihren Blick auf das Schöne, Einmalige, Bezaubernde an ihnen selbst zu lenken. Und wenn man genau das sucht, findet man es in und an jedem Menschen. Jeder Mensch ist und hat etwas Einmaliges und ganz Besonderes, ein Recht auf Freude und ein schönes, erfülltes, reiches Leben. Das ist es, was ich mit meiner pompöösen Philosophie dokumentieren möchte.

Ein Traum wird wahr

Wenn man seine Kindheit in den 60ern und 70er Jahren auf dem Land verbrachte, gab es im Gegensatz zu heute extrem wenig Möglichkeiten, sich zu informieren und inspirieren. Das Fernsehen hatte zwei Programme und Social Media, Computer und Handy waren nicht einmal in unseren kühnsten Träumen existent. Aber es gab Kataloge. Das war großartig. Der Quelle-Katalog war die reinste Offenbarung für mich. Alles darin wirkte edel und die Damen und Herren präsentierten sich in perfekter Manier. Ich betrachtete diese Kataloge oft tagelang und sah mich selbst im geistigen Auge darin. Und so sollte es auch kommen. Eines Tages, wir lebten bereits in Berlin, bekam ich einen Anruf der Firma Quelle, ob ich nicht Interesse hätte mit ihnen zu arbeiten. Ich war auf Anhieb Feuer und Flamme. Ich sollte meinen eigenen Auftritt in dem angesagtesten Magazin meiner Jugend bekommen, genauer gesagt: komplette Seiten mit meinen Produkten. Träume können also doch wahr werden. Wir entwickelten zusammen eine großartige, exklusive Kollektion und sie wurde ein riesiger Erfolg. Leider kam die Firma Quelle dann ins Schlingern und damit war der Traum erst einmal erledigt. So kam es mir sehr gelegen, als die Firma Klingel mich darum bat, eine Prinzessinnenlinie für ihre Kundinnen zu entwerfen. Endlich war es dann soweit. In ihrem Frühjahr/Sommer-Katalog 2011 präsentierten sie exklusiv auf über achtzehn Seiten meine elegante Mode, luxuriöse Home Couture und meinen opulenten Schmuck unter dem Label GLÖÖCKLER, die ich extra dafür entworfen hatte.

Darunter fanden sich Leggins in Leoparden-Optik, T-Shirts mit glamourösem goldfarbenem Ornamentdruck und Rosen, die mit roten und pinkfarbenen Pailletten besetzt waren, ärmellose Kleider in verspieltem Millefleurs-Druck mit prächtigen Volants entlang des Ausschnittes, Abendtäschchen mit weißen und grauen Similisteinen, Sandaletten in imposanter Anmutung, Chiffonblusen in traumhaftem Tupfen-Dessin aus leicht transparentem Chiffon. Aber auch kuschelige Badetücher mit Schmetterlingsmotiven und zweifarbige Wohndecken aus exklusivem Nerzimitat, bestickt mit dem GLÖÖCKLER-Schriftzug, gehörten ebenfalls dazu. Brillieren sollten die Damen aber natürlich auch mit noblem Schmuck, wie vergoldeten Ringen mit der riesigen POMPÖÖS-Krone, besetzt mit weißen Swarovski-Kristallen und prachtvollen Colliers mit weißen, roten oder blauen Similisteinen. Nachdem ich nun Deutschland, Österreich, Großbritannien und Japan mit meinem pompöösen Prinzessinnen-Lifestyle versorgt hatte, wollte ich auch den Rest der Welt erobern. Als mich das Hamburger Modehaus bonprix, eine Tochter der Otto Group, ansprach, ob ich Interesse an einer Zusammenarbeit hätte, sagte ich sofort zu. Ich fand bonprix schon immer toll. Es hörte sich so wundervoll französisch an, erinnerte mich an Paris ... bonprix, oh là là. Also entwarf ich eine exklusive Kollektion unter dem Namen GLÖÖCKLER presented by bonprix, welche ab Januar 2012 online und im Katalog erhältlich war. Diese Kooperation, diese Weltpremiere, durfte natürlich nicht ohne eine entsprechende Show zelebriert werden. Bevor die Mercedes-Benz Fashion Week im Januar die Stadt wie jedes Jahr in einen Mode-Olymp verwandelte, präsentierte ich bereits eine Woche zuvor meine exklusive Kollektion im Berliner Nobelclub Felix.

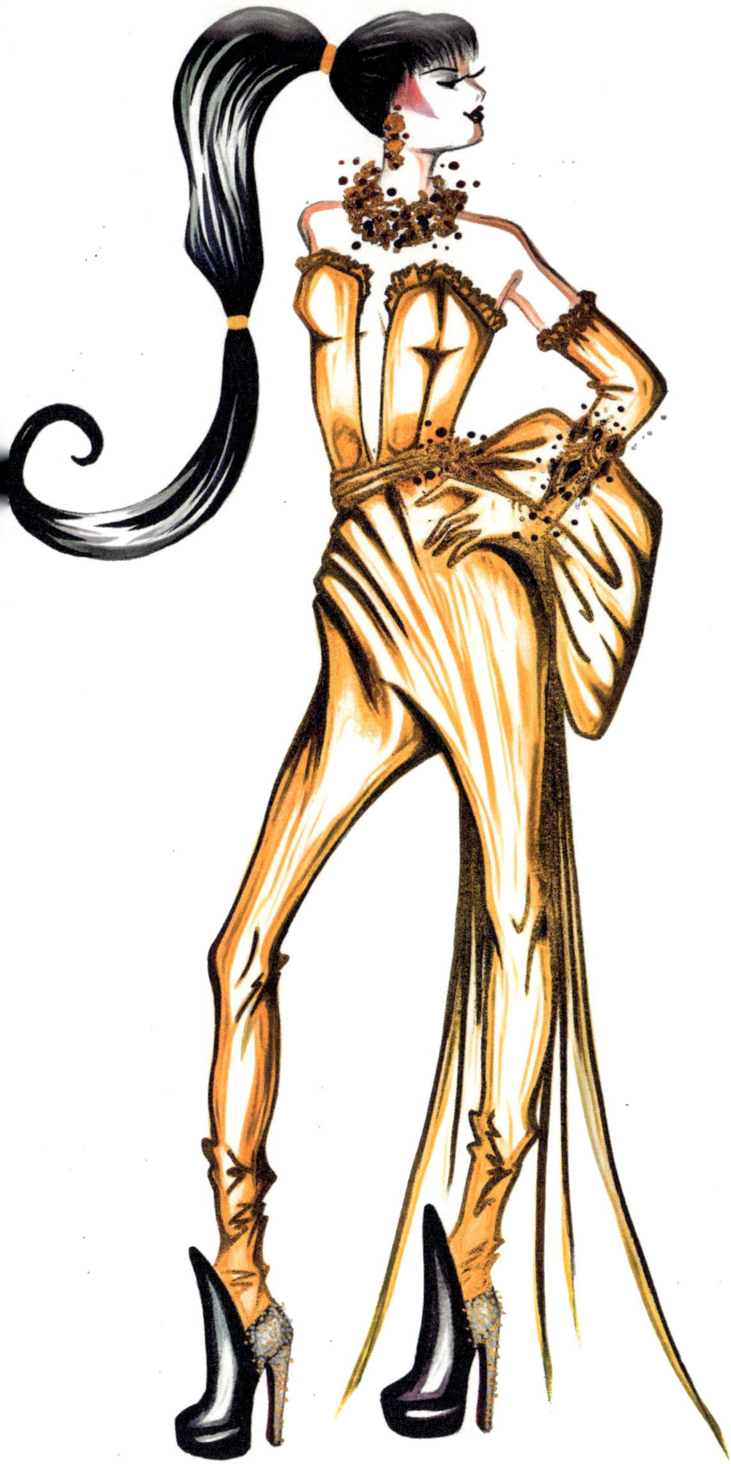

Rund zweihundert geladene prominente Gäste, sorgten schon vor der Show für reichlich Blitzlichtgewitter. Mindestens noch einmal so viele Fotografen und Journalisten waren gekommen, um bei diesem extravaganten Highlight dabei zu sein. An diesem Abend sorgte nicht nur meine Kollektion für Aufsehen, auch ich inszenierte mich entsprechend glamourös. Der Nobelclub Felix besteht aus zwei Etagen, die mit einer großen, y-förmigen Treppe verbunden sind. Die Models sollten also von oben die Treppe hinunterlaufen und direkt auf den angesetzten Laufsteg münden. Rechts und links waren bereits Stühle aufgebaut. Als die Gäste ihre Plätze einnahmen und die Presse richtig positioniert war, kam mein großer Auftritt. Ich dachte mir, wenn ich schon in einem Club meine Mode präsentiere, dann sollte diese Stimmung auch in meinem Outfit umgesetzt werden. Ich funkelte und schimmerte wie eine Discokugel und trug einen silbernen Overall mit tiefem Ausschnitt, der über und über mit silbern glitzernden und funkelnden Pailletten besetzt war. Darüber einen weißen, bodenlangen Kunstpelzmantel mit Reihen von Swarovski-Kristallen. Mister HARALD GLÖÖCKLER Liberace.

An jedem Finger einen glitzernden bombastischen Ring, ein silbern funkelndes Collier und spitze, auffallende Schuhe, komplett besetzt mit weiß glänzenden Steinen. Auch mein Make-up konnte sich sehen lassen: Knallrote Lippen, unzählige Swarovski-Steine zierten mein Gesicht und angesteckte, lange Wimpern sorgten für einen glamourösen Augenaufschlag. Allein dafür bekam ich tosenden Applaus. Die Show wurde eröffnet mit einer wunderschönen Tanzeinlage einer Ballerina als The Black Swan zu Tschaikowskis Schwanenseemelodie. Das Publikum war völlig verzaubert. Dann kamen die Models die Treppe herun-

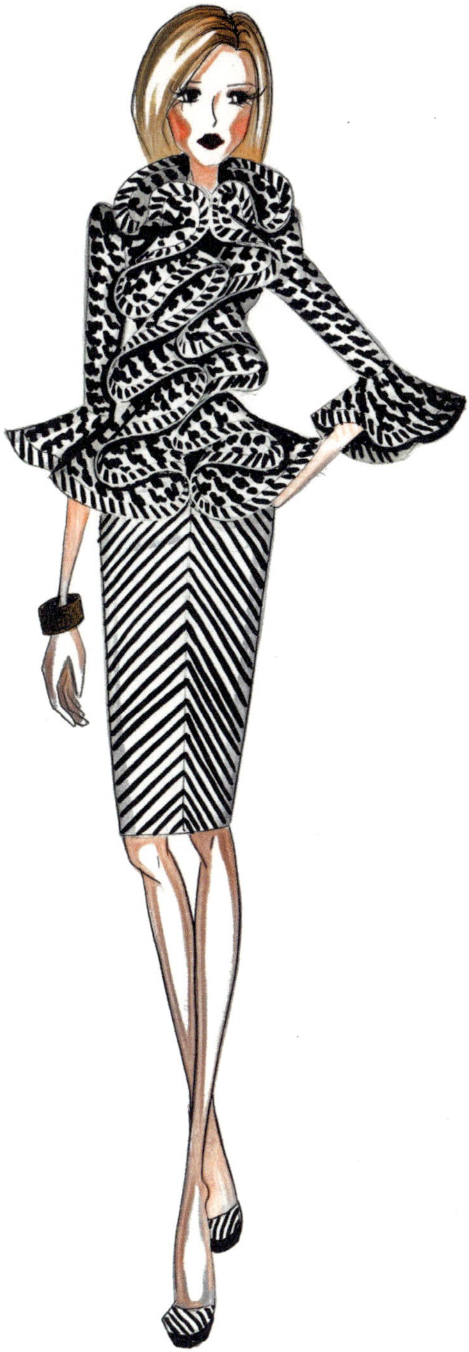

tergeschwebt und führten meine Kollektion vor. Röcke und Shirts mit Schleifchen, jeweils gepunktet-mit Rüschen-Volants und passenden Pumps, elegante Business-Outfits mit Blazer, Rock oder Hose, gepunktet oder unifarben, kurzärmelige Blusen mit Spitze und durchsichtigem Dekolletee, weiße Blazer und Röcke mit schwarzen Spitzen-Applikationen, Kleider, Blazer, Taschen und Tücher in Leoprint, glitzernde Pailletten-Tops, Jacken und T-Shirts besetzt mit Nieten, erotische Bademode in Zebra-Optik und natürlich opulenter, pompööser Schmuck. Das Make-up war dramatisch, die Frisuren klassisch im Stil der großen Ballerina. Jede von ihnen war eine Prinzessin. Es lag eine richtige Magie in der Luft. Nach der Show bekam ich einen riesigen Blumenstrauß überreicht und von allen Seiten Lob und Bewunderung für meine Kollektion, die elegant und dennoch glamourös war.

Für mich ist es wichtig, dass man das Alltägliche zu etwas Besonderem macht, denn jeder Tag ist ein besonderer Tag. Mit meinen Looks ist der ganz große Auftritt garantiert und das zu einem erschwinglichen Preis und in jeder Größe. Ich gab die nächsten drei Stunden Interviews und erledigte professionell und höflich alle Anfragen nach Fotos und Autogrammen. Dann entschuldigte ich mich, wurde von meinen Bodyguards zur Limousine eskortiert, fuhr nach Hause und fiel auf der Stelle ins Bett, so hundemüde und erfüllt war ich. Auch mein geliebter Billy wartete bereits sehnsüchtig auf mich. Ich bin ein Arbeiter, Partys sind nicht mein Metier. In meinem Leben habe ich mir alles mit viel Disziplin erkämpft und hart dafür gearbeitet. Außerdem war mir an diesem Abend ohnehin nicht nach Party zumute. Dieter lag im Krankenhaus. Er hatte eine schwere Bandscheibenoperation, die zum Glück gut verlief. Doch wie so oft muss man trotzdem seinen Verpflichtungen nachgehen, auch dann, wenn

man emotional angeschlagen ist.
The show must go on. Und es hatte sich gelohnt. Ich war über Nacht auf den Märkten in Russland, Deutschland, Großbritannien, Frankreich, Italien, Türkei, Schweiz und Österreich vertreten.

Bereits nach einer Woche waren viele Modelle restlos ausverkauft, sodass wir nachproduzieren mussten, was wir natürlich liebend gerne taten. Nun gab es also meine Mode auch in Frankreich, in meinem geliebten Paris, zu kaufen. Jetzt wollte ich New York erobern.

„An Show-Tagen ist dieser Mann eine
Discokugel“
(Gala)

Die Marchesa Casati

Als ich noch ein kleiner Junge war, stand ich staunend und faszinierend vor Anitas Bildergalerie in ihrem Haus. Dort hingen Originale in Öl und sogar ein paar Gemälde von Otto Dix. Stundenlang stand ich vor all den Gemälden, während Mama und Anita im Wohnzimmer waren und sich unterhielten. Ich versuchte, mir alles zu merken, was ich auf den Bildern sah. Während die anderen Kinder sich für Popstars und Disneyland interessierten, widmete ich mich der Mode und Kunst. Ich liebte schöne Dinge, schon damals. Wenn ich heute so darüber nachdenke, erinnere ich mich vor allem an meine Kunst, die ich eines Tages zum Ausdruck brachte und die bis heute meine Seele widerspiegelt. Anita stammte aus einer sehr wohlhabenden Familie. Für mich war ihr Haus nicht nur eine Villa, für mich war es ein Palast. Hier gab es Schönheit und Luxus im Überfluss. Überall standen antike Möbel aus der Biedermeierzeit und anderen Epochen, die meisten aber aus dem Rokoko. Die Polster waren aus erlesenem Brokat oder mit Samt bezogen. Kunstvoll geschnitzte, vergoldete Reliefs verzierten Armlehnen und Rücken. Besonders faszinierten mich die Stuhlfüße in Form von Löwentatzen.

Die Fenster waren verziert mit prächtigen Vorhängen und auf dem edlen Parkett lagen schwere orientalische und chinesische Teppiche, in denen man bei jedem Schritt leicht versank. Während die Erwachsenen sich unterhielten, hatte ich Zeit, mich umzusehen und zu träumen. Dies tat ich ausgiebig und lange. Mich faszinierte der große Kristallkronleuchter im Wohnzimmer genauso, wie das reich verzierte Treppengeländer, das in den ersten Stock führte, in dem sich Bäder und Schlafzimmer befanden. Im Bad kam das Wasser aus vergoldeten Hähnen in Form von Schwänen. Boden und Wände hatten italienische Marmorintarsien.

Überall hingen große barocke Spiegel. Das Ganze wirkte erstaunlicherweise nicht protzig, sondern ganz natürlich. Es wirkte trotz des Luxus sehr selbstverständlich und nicht aufgesetzt. Alles bei Anita war geschmackvoll und mit Bedacht gewählt. Ich erfreute mich an dem Luxus. Ich kannte keinen Neid. Niemals. Neid ist mir fremd. Ich sog alles in mir auf, die Möbel, die Spiegel, die Teppiche, und ich war mir sicher, irgendwann einmal so zu leben wie Anita. Und ich beschloss, mir solchen Luxus zu erarbeiten. Ich war bereit, dafür hart zu arbeiten. Ich kannte Arbeit seit meiner Kindheit und musste schon früh mit anpacken. Und wenn ich es einmal geschafft hatte, wollte ich andere daran teilhaben lassen, so wie es Anita mit mir tat. Ich wollte alle Frauen zu Prinzessinnen machen. Alle sollten in einem Ambiente leben können wie Anita. Eines Tages beschloss ich, selbst solch wundervolle Möbel zu entwerfen. Bei Anita entdeckte ich ein wunderbares Gemälde mit einer faszinierenden, sehr exzentrisch anmutenden Dame. Laut Anitas Auskunft die Marchesa Luisa Casati. Und so erzählte sie mir ihre Geschichte. Die Marchesa Luisa Casati wurde als Luisa Adele Rosa Maria Amman 1881 als die jüngste Tochter eines wohlhabenden Textilfabrikanten in Mailand geboren. Wie es damals in diesen Kreisen üblich war, erzog man sie von Kindheit an zu tadellosem Benehmen und lehrte sie die Regeln der gesellschaftlichen Repräsentation. Damals wurden Kinder ihres Standes nahezu ausschließlich zuhause von Hauslehrern und Tutoren unterrichtet. Sie galt als überaus intelligent

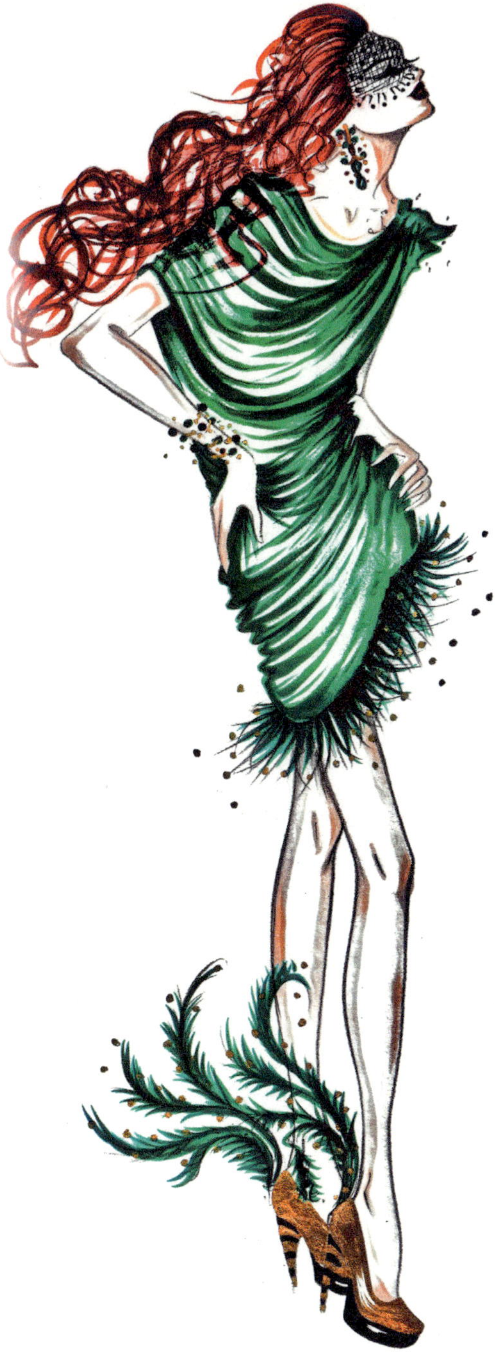

und frühreif, sie beherrschte mehrere Sprachen. Ihre Eltern verstarben sehr früh. Somit wurden sie und ihre Schwester Vollwaisen und zudem die wohl wohlhabendsten Erbinnen Italiens. Die Marchesa galt als menschenscheu und introvertiert, gewann aber mit der Zeit ein enormes Selbstbewusstsein und fand immer mehr Geschmack an einer exzentrischen Selbstinszenierung und erschuf sich als lebendes Kunstwerk. Mal ging sie mit einem Babykrokodil spazieren, um den Hals trug sie abwechselnd eine lebende Boa Constrictor oder die Bissspuren einer ihrer Geliebten. Man sagt, sie träufelte sich den Saft schwarzer Tollkirschen in die stets punky schwarz umrandeten Augen, um die Pupillen zu weiten. Sie trug stets schrille Kostüme und prunkvolle Roben, umgab sich mit allerlei exotischen Tieren, färbte sich die Haare mal rot, mal grün, trug diamantbesetzte Schuhe und faszinierte und schockierte mit ihren Exzessen den Kontinent. Palazzi sammelte sie wie andere Briefmarken, ihr Lebensstil machte sie weltbekannt. Alles an ihr war aufregend, exaltiert und verschwenderisch.

Nicht verwunderlich, dass sie zu den meistportraitierten Menschen ihrer Zeit zählte. Spätestens seit ihrer Heirat mit dem Aristokraten Camillo Casati Stampa di Soncino, den Marchese di Roma, fasste sie Fuß in der europäischen High Society. 1910 kaufte sie in Venedig den Palazzo Venier dei Leoni am Canal Grande und ließ ihn mit Unsummen aufwendig renovieren. Ihre dort veranstalteten Feste wie der Grande Ballo Pietro Longhi im September 1913, für den sie eigens den Markusplatz in einen gigantischen Tanzboden von 14.000 Quadratmetern verwandelte, waren legendär. Je exzentrischer und skandalöser sie sich benahm, desto faszinierender und größer wurde ihr Mythos. Sie unterstützte Kunst und war eine großartige Mäzenin. Ihr ganzes Leben schien ein wilder, leidenschaftlicher Tanz, am Ende hatte sie ein immenses Vermögen verprasst und verbrachte das Alter in London in größter Armut. Doch niemand ihrer Zeit zog so viel Aufmerksamkeit auf sich und ihr Glanz strahlt auch heute noch.

Sie inspiriert bis heute viele Modeschöpfer. Auch ich widmete ihr vor Jahren eine Kollektion. Diese präsentierte ich in einem Luxushotel in Italien in Anwesenheit von Hollywooddiva Gina Lollobrigida und dem UFA-Star Carola Höhn. In Italien hat Mode einen ganz anderen Stellenwert als in Deutschland. Dies stellte ich bereits vor vielen Jahren fest. Ich war ein junger Mann und beschloss, einen Kurzurlaub in einem Hotel bei Ostuni zu machen. Das Hotel hatte vier Sterne und ich wollte mich erholen. Also dachte ich mir, ich würde nun wirklich nicht so viele Kleider benötigen und es mir einfach machen. In dem Hotel schien jedoch die gesamte High Society Italiens abgestiegen zu sein. Principessas, Contessas, Chefärzte aus Rom – es war großartig. Die Damen erschienen am Abend in goldenen Ungaro-Abendroben mit Schleppe zum Dinner, es war wie in einem Fellini-Film. Ich machte trotz meiner begrenzten Garderobe einen guten Eindruck und bekam sehr viel Lob von den Damen. Man war ganz erstaunt, dass ich Deutscher war: Eine solche Exzentrik schien man von Deutschen weder gewohnt zu sein noch zu erwarten.

Die Kunst, im Leben kreativ zu sein

Ich liebe Kunstausstellungen. Nicht, um die Kunst zu bewerten, sondern um sie auf mich wirken zu lassen. Gemäldekunst ist so facettenreich wie Mode oder Musik. Nicht umsonst werden Modeschöpfer und Popstars als Künstler bezeichnet wie Maler und Autoren. Daher liegt es mir auch nicht fern, wenn Künstler mehrere Talente haben. Nicht alle aber zeigen diese und leben sie aus. Kunst im Allgemeinen war schon immer ein Teil meines Lebens. Ich besuche Kunstausstellungen, bin mit Künstlern befreundet oder male selbst.

Als wir unseren Laden im November 1987 in Stuttgart in der Eberhardtstraße eröffneten, kamen immer wieder Leute aus der kreativen Szene zu uns. Darunter auch so schillernde Persönlichkeiten wie die bezaubernde Sängerin Romy Haag, der Kabarettist Mathias Richling und die wunderbare Margot Werner. Aber auch Künstler vom Renitenztheater schauten regelmäßig mit einer eisgekühlten Flasche Champagner vorbei und gaben kleine Konzerte und Kostproben ihres Bühnenprogrammes. Sie fühlten sich alle sehr wohl bei uns. Wir hatten nicht immer glanzvolle Zeiten in Stuttgart. Da ich aber der Meinung bin, dass hinter allem Negativen auch etwas Positives steckt, man dies aber meist erst im Nachhinein erkennt, hatte auch diese Phase in unserem Leben ihr Gutes. So entwickelte ich meine Leidenschaft zum Malen. Eine meiner lieben Freundinnen, die Fürstin von Urach Gräfin von Württemberg, Manuela von Cube, war nicht nur Kundin, sondern besuchte fast jede meiner Shows. Eines Tages lud sie dann Dieter und mich zu einer Vernissage mit Auktion in die Villa ihres verstorbenen Vaters Albrecht Fürst von Urach Graf von Württemberg ein. Ihr Vater hatte zu seinen Lebzeiten als Maler und Journalist gearbeitet und nun sollte auf dieser Vernissage ein Bild von ihm versteigert werden. Mindestgebot Tausend Mark. Diese Auktion war für einen guten Zweck. Der Erlös sollte einem Stuttgarter Projekt zugutekommen, für Kinder, die Opfer häuslicher Gewalt wurden. Sowohl das Gemälde als auch der Zweck gefielen mir außerordentlich gut. Da wir aber zu dieser Zeit mit unserem Laden in großen finanziellen Schwierigkeiten steckten und auf jeden Pfennig achten mussten, war es mir nicht möglich, mitzubieten. Unter den Gästen befanden sich viele Besucher aus der Stuttgarter Schickeria, die sich an ihren Champagner klammerten. Als der Auktionator das erste Gebot verlangte, wurde es plötzlich ganz still im Raum. Die einen sahen sich suchend um, andere blickten verlegen auf den Boden, eine der Damen musste urplötzlich auf die Toilette. Es war ein Trauerspiel. Ich hob meine Hand. Ich spürte, wie mein Gebot zur allgemeinen Erleichterung im Raum führte. Zum Ersten, zum Zweiten, zum Dritten. Das Bild gehörte mir. Nach der Auktion kam die Fürstin sofort zu uns und bedankte sich vielmals. Sie war sehr dankbar für unsere Geste und sagte, wir hätten ihr den Abend gerettet. Und obwohl wir uns von Anfang an verstanden, wurde unsere Freundschaft von diesem Tag an noch inniger. Sie war begeistert von meinen Bildern und bestärkte mich, diese auszustellen und zu verkaufen. Und sie ermutigte mich auch, eine POMPÖÖS-Galerie zu eröffnen. Unsere Wohnung war bereits mit allerlei Gemälden voll, die ich immer wieder in all den Jahren gemalt hatte. Öl auf Leinwand, Acryl auf Leinwand, sogar Nagellack, je nachdem, was ich gerade zwischen die Finger bekam. Meine Gemälde waren einerseits Ausdruck meiner überschäumenden Lebensfreude, andererseits Momentaufnahmen meines Lebens, meiner Gedanken und Gefühle. Ich bin ein Stehaufmännchen. Schon immer gewesen. Wenn sich mir irgendetwas in den Weg stellt, denke ich: „Jetzt erst recht!“ Für mich ist Malerei auch eine Möglichkeit, Dinge zu verarbeiten. Mich auszudrücken und weiterzuentwickeln. In schweren Zeiten hätte ich so oft nachts verzweifelt im Bett liegen können, doch stattdessen malte ich. Nach einigen Wochen veranstalteten wir eine Vernissage und auch hier zeigte sich wieder einmal, dass wir großartige Freunde hatten. Unsere Freundin Laura, Gastronomin und Besitzerin mehrerer Gay-Clubs in Stuttgart, übernahm kurzerhand für uns das Catering. „Tout le monde“ kamen vorbei, sowie Künstler vom Renitenztheater, treue Kunden und liebenswerte Nachbarn. Die eigentlich winzige Galerie war plötzlich brechend voll. Sogar draußen stand eine Traube von Leuten, die sich unterhielten und bestens amüsierten. Verschiedene Sender waren vor Ort und auch die Presse wollte es sich natürlich nicht entgehen lassen, wenn der GLÖÖCKLER nun eine Galerie eröffnete. Und ich wiederum konnte es mir nicht nehmen lassen, stylingmäßig meiner Kunst freien Lauf zu lassen. Ich hatte einen kahl geschorenen Kopf, trug einen wallenden indischen Kaftan aus durchsichtigem Chiffon, darunter nur einen String und Plateauschuhe. Als es keinen Sekt mehr gab, holten wir einfach Nachschub von der Tankstelle. Die Party nahm kein Ende. Es wurde getanzt und gefeiert bis in die frühen Morgenstunden. Meine Bilder verkauften sich von diesem Tag an bestens. Ich wurde nicht nur für Haute-Couture-Shows angefragt, sondern nun auch für Vernissagen. So auch von der Stuttgarter Galerie Saby Lazi. Sie organisierte eine große Ausstellung für mich. Meine Begleitung an diesem aufregenden Abend war ihre königliche Hoheit Erina Prinzessin von Sachsen, Herzogin zu Sachsen.

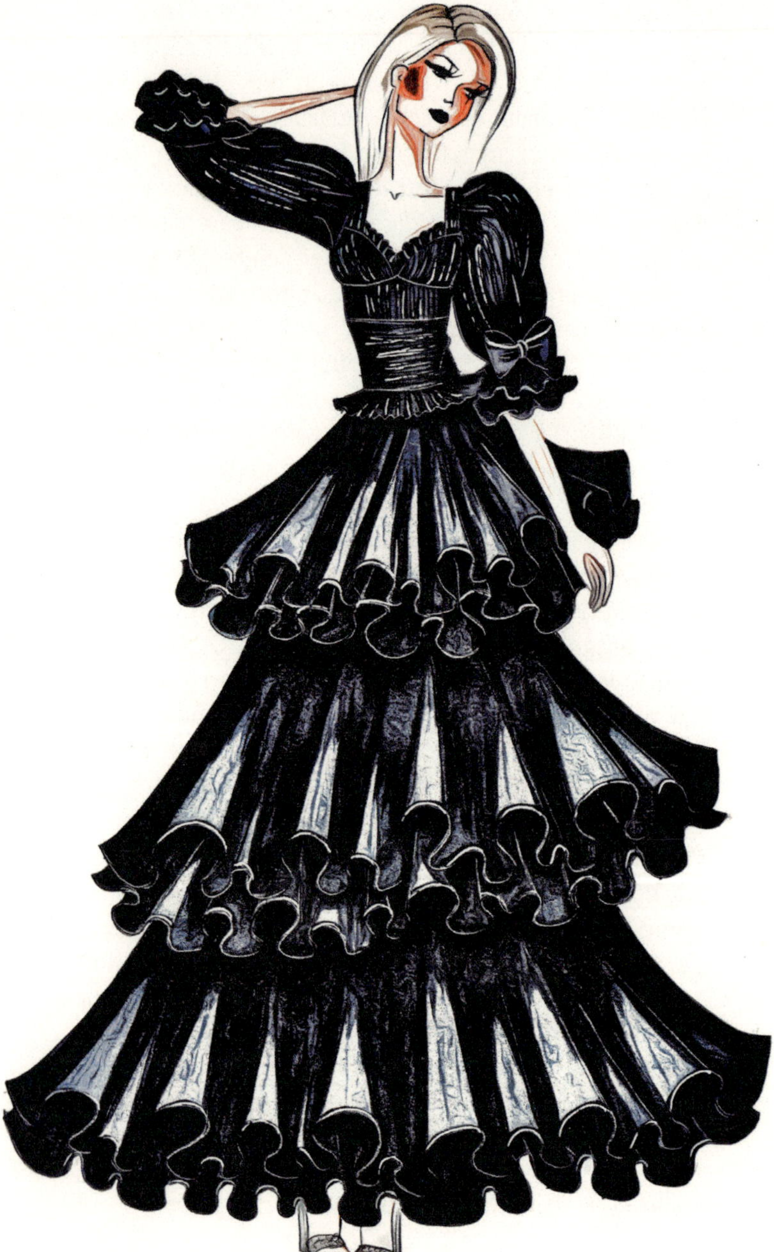

Sie sah bezaubernd aus und freute sich ohnegleichen auf die Ausstellung. Ich war ebenfalls gut gelaunt und extrem gestylt. Bekannt als Modeprinz, extravagant und ausgefallen, wollte ich auch als Künstler weiterhin meinem Ruf alle Ehre machen und warf mich richtig in Schale.

Ich trug einen Einteiler aus Krimmer, ein Breitschwanz-Persianer-Imitat, den ich extra für diesen Anlass anfertigen ließ, dazu einen falschen Fuchs als Kragen, jede Menge Perlen und ein bühnenreifes Make-up. Als der offizielle Teil der Eröffnung vorbei war, standen die Gäste in Grüppchen und unterhielten sich angeregt. Dann kam eine Frau auf mich zu, die zuvor schon sehr prüfend durch die Galerie gegangen war und meine Gemälde mit großer Aufmerksamkeit begutachtet hatte. Sie war wohl, wie man mir kurz zuvor sagte, eine Künstlerin aus New York und habe an einem renommierten Institut bei einem noch renommierteren Künstler Kunst studiert.

Ich kannte weder sie noch das Institut, geschweige denn ihren Dozenten. Sie bekundete sehr herablassend, dass sie nicht wisse, was da zuerst gewesen sei, ob sich mein Bild aus einer Idee ergab oder ob ich einfach drauflos malte und die Idee erst später kam. Was antwortet man auf solch eine Frage? Mir war klar, was sie mir damit sagen wollte und ich wusste auch, dass ich in ihren Augen kein gleichwertiger Künstler war, schließlich hatte ich ja nicht studiert. Ja, ich bin ein Autodidakt, der zu malen begonnen hatte, ohne zu wissen, wie man einen Pinsel hält und was die Farbenlehre besagt. Ich hatte nicht gelernt, wie man Farben mischt und verschiedene Perspektiven schafft. Aber ich hatte Farben, Formen und Bilder in meinem Kopf. Ich hatte Fantasie und malte meine lyrischen Momente. Und nun stand ich vor dieser kleinen Frau mit strengem Blick und meinte nur: „Wissen Sie, das ist mal so, mal so. Mal kommt die Idee während des Malens, mal ist sie vorher da.“

Wenn Sie kreativ sind, dann wird dies meist von anderen kritisiert. Sie bekommen einen gut gemeinten Rat von Menschen, die es vielleicht besser wissen als Sie selbst, weil sie schon länger in dem Beruf arbeiten. Dann denken Sie zumindest darüber nach und nehmen gegebenenfalls diesen Ratschlag an. Oder Sie werden von Menschen kritisiert, die sich von Ihnen bedroht fühlen und Sie mit ihrer Aussage lediglich verunsichern wollen. In solchen Momenten lächeln Sie am besten und denken sich: „Da rein, da raus.“

Wie heißt es so schön: „Die Schönheit liegt im Auge des Betrachters.“

Brüssel

Die Show im Intercontinental Berlin hinterließ ihre Spuren. So kam es, dass mich der deutsche Botschafter in Brüssel einige Wochen später kontaktierte, ich möge eine derart fulminante Show doch auch in Brüssel zelebrieren. Er wollte in Brüssel demonstrieren, dass auch deutsche Modemacher in der Lage seien, exzentrische Mode und exaltierte, pompööse Modedefilees zu gestalten. Er wollte die anderen Botschafter anlässlich des Tages der Deutschen Einheit überraschen. Statt der sonst üblichen Darbietung der Musik einer Blaskapelle sollte nun meine prächtige Mode vorgeführt werden. Dieser Gedanke faszinierte und inspirierte mich. Ich fühlte mich geehrt. Es sollte mein erster Aufenthalt in der europäischen Hauptstadt sein. Ich wurde im Hotel Amigo untergebracht, welches zu der Rocco Forte Gruppe gehörte. Als persönlicher Gast von Sir Rocco Forte erhielt ich die größte Suite des Hotels mit einem atemberaubenden Blick über die Dächer Brüssels. Brüssel, die „Hauptstadt Europas", beherbergt viele Kulturen aus verschiedensten Ländern der Welt. Man hat hier einerseits die bezaubernde Altstadt mit ihren noch immer gut erhaltenen, alten Häusern und andererseits modernste Gebäude, wie das Europaparlament. Im Zentrum Brüssels steht der königliche Palast. König Leopold II. verlieh dem neobarocken Schloss seine heutige Gestalt. Bis 1935 wurde der Palast als Residenz des belgischen Königshauses genutzt. Heute ist er das Büro des Königs und Wohnsitz des Prinzen. Und hier, in diesem glanzvollen Ambiente, durfte ich nun meine exzentrische Mode präsentieren und brachte damit alle Anwesenden zum Staunen.

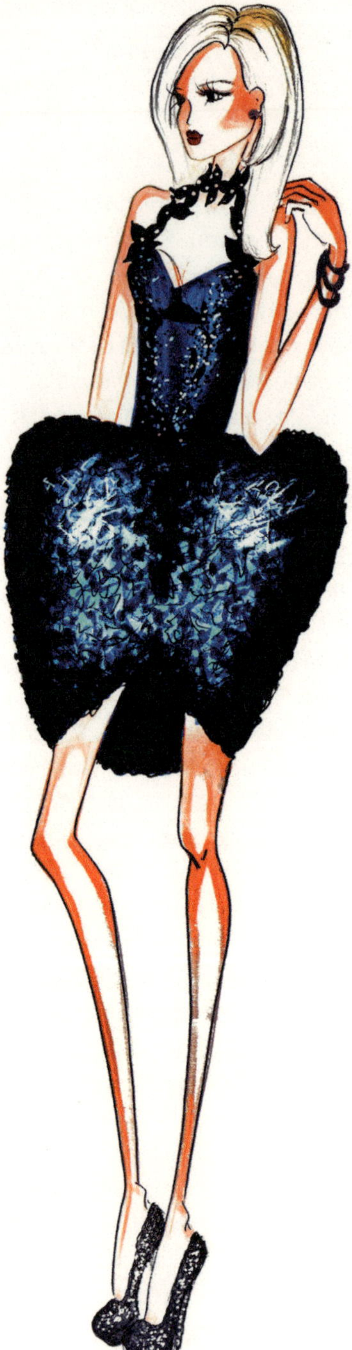

Aber bis dahin war noch einiges zu tun. Nachdem mein Team und ich mich im Hotel eingerichtet hatten, begutachteten wir die bereits eingetroffenen Kartons mit meiner Couture, um festzustellen, ob auch alles angekommen war.

Zudem standen Termine mit dem Choreographen, den Hairstylisten und Make-up-Artisten an. Die Models sollten erst am darauffolgenden Tag, also am Tag der Show, am frühen Morgen eintreffen. Nachdem ich mir im Palais des Botschafters einen Eindruck und Überblick verschafft hatte, wurde ich von ihm und seiner Gattin zu einem wundervollen Dinner im exquisiten italienischen Restaurant des Hotel Amigos eingeladen. Am anderen Morgen wurde ich durch Sonnenstrahlen, welche meine Nase kitzelten, geweckt und genoss ein wundervolles Frühstück in meinem Himmelbett.

Danach läutete ich den Tag ein. Man überbrachte mir die Nachricht, die Models seien eingetroffen und von da an verflogen die Stunden wie im Flug mit Proben und Anproben, um die Show perfekt zu gestalten. Am Abend erstrahlte das Palais in einem Meer von Kerzen und auch die Gäste funkelten in ihren wundervollen Abendroben. Es ertönte dramatische Musik und die Show begann. Die Models trugen barocke, opulente Kleider, verziert mit goldenem Brokat aus Seide und Spitze. Sie balancierten gigantisch hohe Barock-Perücken und feurig rot geschminkte Herzen zierten die Mitte ihrer Lippen, die den Mund ganz spitz erscheinen ließen. Sie sahen aus wie Madame Pompadour höchstpersönlich. Ich zog alle Register. Alles war exzentrisch und überdreht. Auch die Frau des deutschen Botschafters trug ein prachtvolles, schwarz-rotes Kleid aus meiner Kollektion, verziert mit goldenen Blumenmustern.

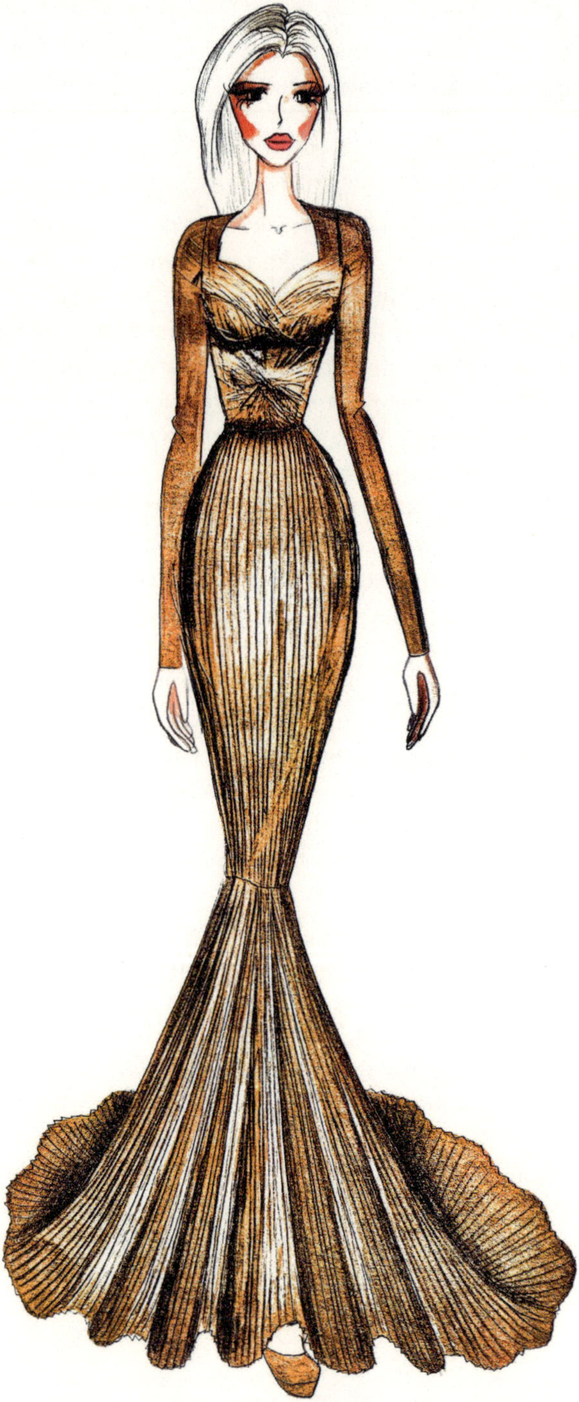

Dies gefiel vor allem dem Nuntius der katholischen Kirche. Es war eine atemberaubende Show, zahlreich besucht von allen Botschaftern, ja, der gesamten High Society von Belgien. Besonders die französischen und italienischen Botschafter begeisterte ich restlos. Nach der Show kamen die Gäste auf mich zu und bedankten sich bei mir, sie wären regelrecht fassungslos und baff gewesen, dass ein Deutscher so etwas könne. Das habe es hier noch nie gegeben, auch würden sie keinen gleichwertigen Künstler kennen. Ich zelebrierte ein wahrhaft pompööses Spektakel und repräsentierte Deutschland damit in einem ganz neuen Licht. Danach wurde noch bis spät in die Nacht gefeiert. Mein Debüt in Brüssel war von Erfolg gekrönt.

Krakau

Krakau ist für mich eine königlich angehauchte Stadt, geprägt durch die Vielzahl an gotischen und barocken Bauwerken. Nicht umsonst wird Krakau auch „Florenz des Nordens“ oder das „Polnische Rom“ genannt. Unter Kasimir I., auch unter dem Namen „der Erneuerer“ bekannt, wurde Krakau im Jahre 1038 Hauptstadt Polens. Noch bis heute bewahrt die Stadt den herrschaftlichen Charme aus der Zeit, als sie noch Hauptstadt war. Seit dem „Tatarensturm“ im 13. Jahrhundert musste Krakau keine größeren Zerstörungen mehr verzeichnen und verfügt somit über mannigfaltige Beispiele an Bauwerken aus allen Epochen. Von Romantik und Gotik, bis hin zu Barock und Rokoko, spiegeln die prachtvollen Gebäude den Luxus und die Pracht vergangener Zeiten wider. Da auch in der Neuzeit erfreulich wenige Bausünden begangen wurden, ist es eine Stadt wie aus einem Märchenbuch. Der Platz Rynek ist wohl der wichtigste der Stadt. In der Mitte des Platzes befindet sich die Tuchhalle. Im Mittelalter verkaufte man hier Stoffe, heute beherbergt die Halle eine Galerie polnischer Malerei und ein unterirdisches Museum mit archäologischen Ausgrabungen. Natürlich haben die Königinnen und Könige auch in Krakau herrschaftlich gelebt. Der Wawel ist ehemalige Residenz und Schloss der polnischen Könige. Das Schloss liegt auf einem Hügel über der Weichsel. Der Blick ins Tal ist umwerfend. Als Krakau im Jahr 2000 Kulturhauptstadt Europas wurde, bereicherte auch ich die Stadt mit meiner Anwesenheit. Auf Einladung des Berliner Bürgermeisters Eberhard Diepgen und des Staatspräsidenten von Polen wurde ich als Modebotschafter der Stadt Berlin und stellvertretend für ganz Deutschland eingeladen, meine Haute Couture vorzuführen und das vor internationalen Gästen aus ganz Europa. Austragungsort war das Słowacki-Theater, das 1893 als Miniaturversion des berühmten Pariser Opernhauses errichtet wurde und in dem bis heute viele große romantische Dramen inszeniert werden. So war auch unsere Show dramatisch und glitzernd. Als barocke Prinzessinnen führten Models prachtvolle Roben mit gigantischen Frisuren vor. Paillettenkleider aus schwarzem Samt mit tausenden funkelnden Strasssteinen konkurrierten mit Kreationen in Purpurrot und Gold. Das Publikum und die polnische High Society bejubelten uns. Meine opulente, königliche Mode passte in die reiche, königliche, märchenhafte Atmosphäre dieser Stadt. Überhaupt liebte und liebt man in Polen bis heute meine Mode und meinen Lifestyle. Er entspricht der polnischen Seele. Wo es bei uns Deutschen bereits oftmals zu viel erscheint, darf es bei der polnischen Dame gerne noch etwas mehr an Glamour und Glitzer sein. Ich liebte diese Stadt, sie regte meine Fantasie in einem unglaublichen Maße an. Aber es gab auch dunkle, weniger schöne Seiten in Krakau. Zum Beispiel das jüdische Ghetto, das 1941 von den deutschen Besatzern im Stadtteil Podgórze am rechten Weichselufer für jüdische Stadtbürger errichtet wurde und in dem zeitweise 20.000 Menschen als Arbeitssklaven gefangen gehalten wurden. Ich schäme mich dafür. Oft höre ich in Deutschland, dass Menschen sagen, sie schämen sich für diesen oder jenen Prominenten, dafür, wie dieser sich aufführen würde. Auch über mich gibt es so manche Äußerungen, dass es eine Schande sei, dass eine Kreatur wie ich noch herumlaufen würde. Vor kurzem schrieb jemand auf Facebook, Hitler hätte mich vergessen zu vergasen, ich gehöre ins KZ. Dies zu lesen, ist erschreckend.

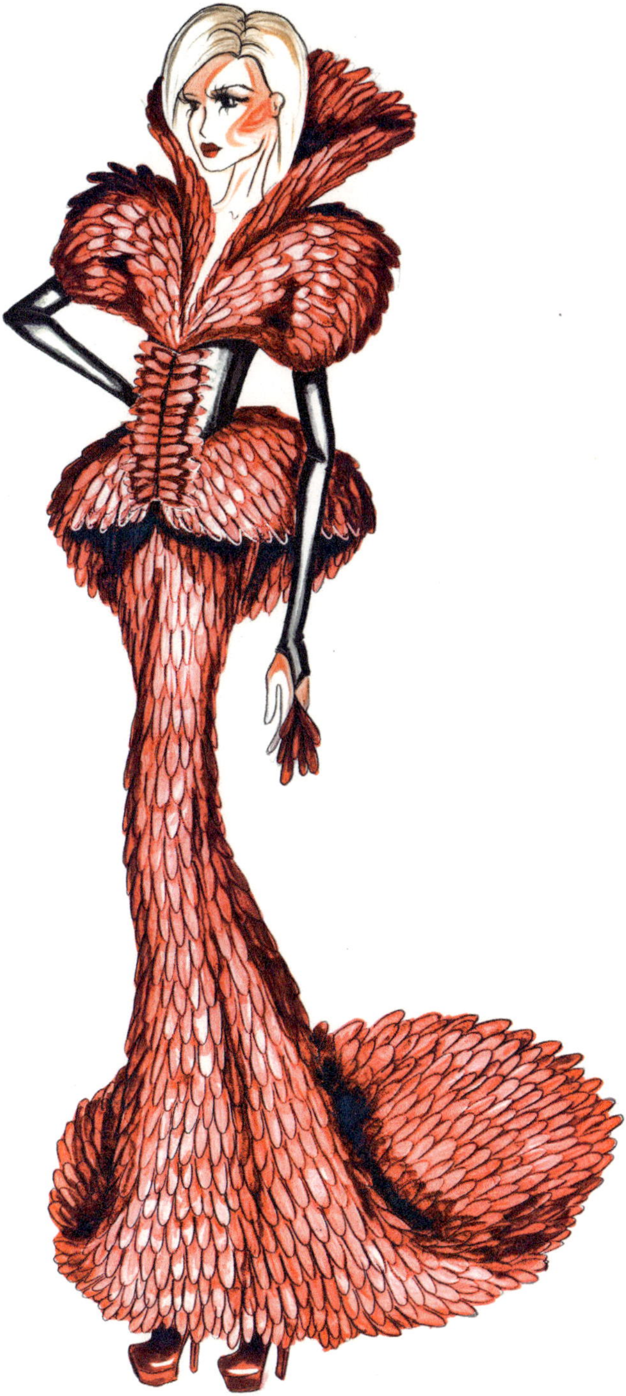

Unsere Geschichte ist etwas, worüber wir nachdenken sollten und auf Persönlichkeiten wie Albrecht Dürer, Johann Wolfgang von Goethe, Friedrich Schiller, Heinrich von Kleist und viele andere sollten und dürfen wir stolz sein, im selben Maße, wie wir uns für die Taten Adolf Hitlers und seiner Schurken schämen müssen und daraus lernen sollten.

Der längste Laufsteg der Welt

Als ich in Berlin ankam, wurde ich von dem damaligen Regierenden Bürgermeister Eberhard Diepgen und seiner Gattin überaus herzlich aufgenommen. Ich erinnere mich an den längsten Laufsteg der Welt, welcher mit einer Länge über 1.100 Meter über den Prachtboulevard Kurfürstendamm verlief. Der Chef des Modecenters Berlin, ein Urberliner, war einer der Organisatoren und derjenige, welcher mich gebeten hatte, teilzunehmen. Ich erwiderte, ich mache niemals Modenschauen zusammen mit anderen Designern, sondern immer nur alleine. Daraufhin fragte er, ob ich denn damit leben könne, wenn ich einen eigenen Part in der Show bekäme. Ich sagte zu, aber bestand auf das Opening und nach mir sollte es eine erkennbare kurze Pause geben. Er ließ sich darauf ein. Es war mein erster großer Aufschlag in meiner Wahlheimat Berlin und entsprechend spektakulär sollte er werden. Ich fühlte mich in allerbester Gesellschaft, denn außer mir präsentierten die französischen Modemacher Paco Rabanne und Scherrer ihre Kollektionen. Außerdem die russischen Designer Slawa Saizew (man nennt ihn auch „Russischer Dior") und natürlich Valentin Abramovich Yudashkin. Ich sollte hundert Outfits an hundert Models präsentieren: Also hundert Paar Schuhe, hundert Outfits, hundertmal Haare und Make-up und dreißig Anziehhilfen. Doch bevor das Ganze starten sollte, musste ich mir meine Models erkämpfen. Einen Tag vor der Show fanden sich die Designer der Show vor Ort ein, auf die Models wartend, welche an uns vorbei flanieren sollten.

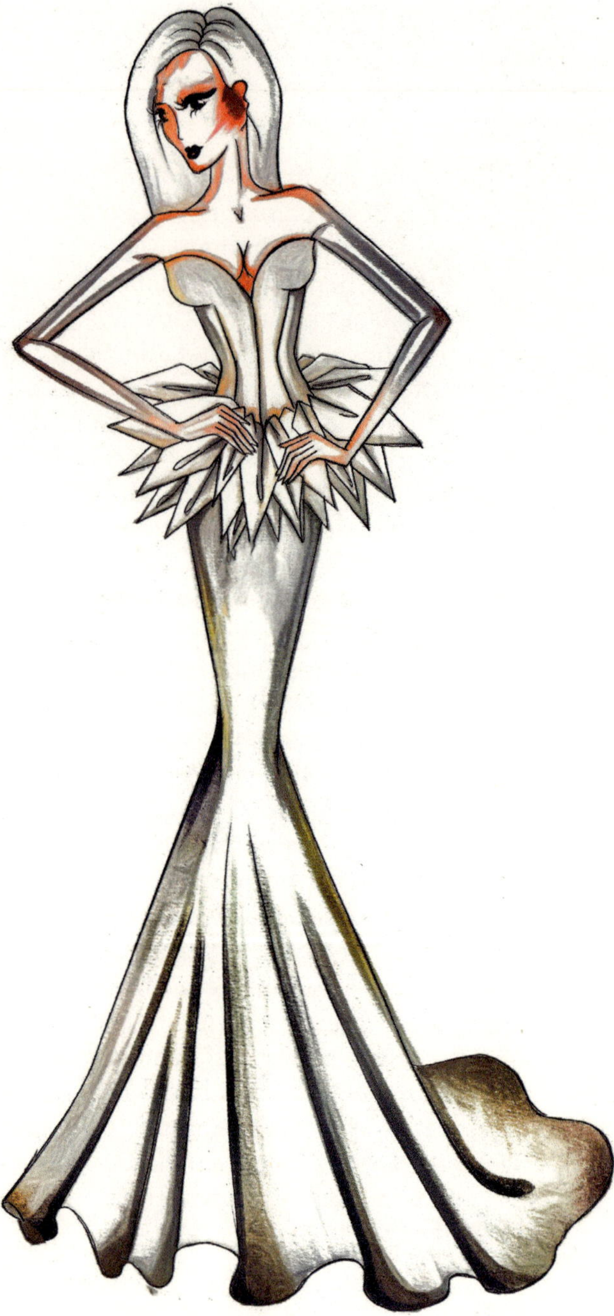

Die Mädchen kamen mit Bussen aus Russland angereist und da ich hundert Models brauchte und selbstverständlich die Besten ergattern wollte, machte ich mich für den Kampf bereit. Wir Designer saßen also alle an Tischen und bevor meine Kollegen auch nur Anlauf nehmen konnten, sagte ich bei jedem Model „Ja" und so hatte ich in kürzester Zeit meine hundert Models gecastet und konnte den Ort verlassen. Die Bedeutung der Show war offensichtlich, denn wir Designer wurden von Frau Diepgen, der Gattin des Regierenden Bürgermeisters, einen Tag vor der Show ins Gästehaus des Senats zu einem gemeinsamen Frühstück eingeladen und am Abend vor der Show gab es ein grandioses Dinner mit Unmengen Vodka und Kaviar in einem russischen Lokal. Und ich bekam ebenso Unmengen von leidenschaftlichen Freundschaftsspielküssen, denn wenn die russische Seele liebt, dann von ganzem Herzen. Am Tag der Show ging es drunter und drüber. Hunderte von Models, Kollektionen mehrerer Designer sowie unzählige Friseure, Visagisten und Anziehhilfen mussten unter einen Hut gebracht werden. Die Mädchen sprachen kein Wort Deutsch, ich kein Russisch und die Dolmetscherin war komplett überfordert. Sie rief unentwegt „Davay, davay, devochka" quer durch den Raum, was so viel heißt wie „Komm, komm, schnell". Kaum waren die ersten Mädchen startklar und man wandte sich den nächsten zu, zogen sich die ersten wieder aus, wischten das Make-up beiseite oder gingen mit den teuren Roben unter die Menge, um Kaffee zu trinken. Es war das reinste Chaos, ich hatte das Gefühl, mir sei alles entglitten und die Zeit des Auftritts rückte mit großen Schritten näher. Ich fand überhaupt keine Zeit für mich selbst. Zudem hatte ich mich noch um mein Starmodel Brigitte Nielsen, welche extra aus Hollywood angereist war, sowie meinen Show Act, die The Weather Girls, zu kümmern.

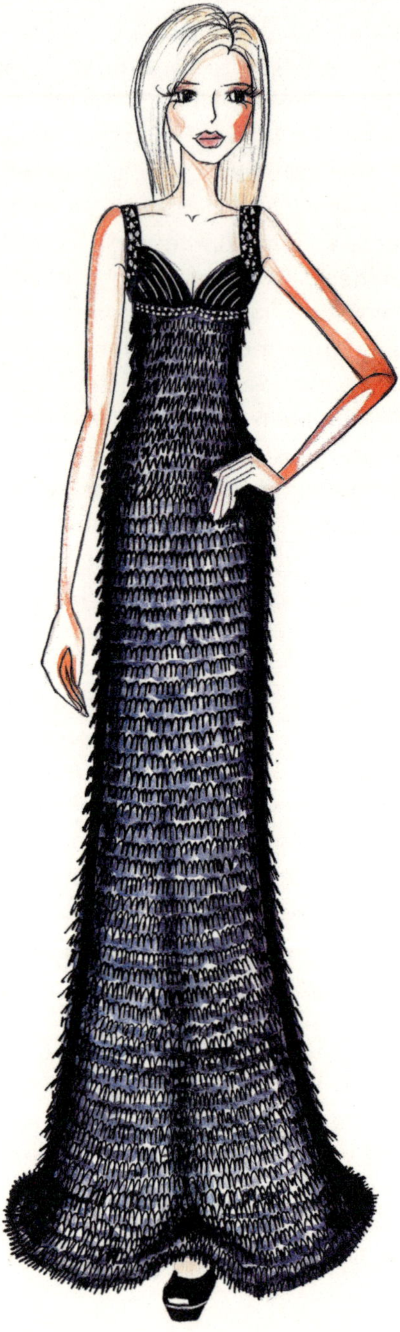

Als ich dann gerade dabei war, mich hinter einem Kleiderständer mitten im Raum umzuziehen, nur mit einem String bekleidet, stand urplötzlich mein Mann mit unserem Ehrengast, Gina Lollobrigida, vor mir. Ich wurde rot vor Scham, sie aber nahm es mit Humor, setzte sich nach einer herzlichen Begrüßung in den ihr bereitgestellten Sessel und erfreute sich zusehends an dem heillosen Durcheinander im Backstage. Dann kamen meine Freunde Udo Walz und René Koch dazu, um den Stars Gina Lollobrigida und Brigitte Nielsen ihre Aufwartung zu machen. Ich sag' es Ihnen: „C'était comme un opéra grotesque."

Dann begann die Show. Ich begleitete Gina Lollobrigida auf die Bühne, wo uns hunderte Presseleute und 100.000 Zuschauer erwarteten. Herr Diepgen war extra mit einem Hubschrauber angereist, um pünktlich von seinem vorangegangenen Termin anzukommen. Danach sorgten die The Weather Girls für gute Stimmung und dann ging es los. Hundert Models in den pompöösesten Roben setzten sich in Bewegung, allen voran mein Starmodel und ich, welches ich mit einer grandiosen Choreografie zuerst zur Bühne, dann über den Laufsteg geleitete. Wir defilierten flankiert von Bodyguards über den ewig langen Laufsteg an 100.000 Zuschauern vorbei. Ein unvergleichliches Erlebnis, das ich nie vergessen werde. Ich denke, dass nicht zuletzt diese Show dafür verantwortlich war, dass ich kurz danach für eine weitere angefragt wurde, denn ein solcher Auftritt blieb im Gedächtnis und schrie nach Wiederholung.

Hotel Adlon

Meine Großmutter lehrte mich: Wenn man neu in eine fremde Stadt kommt, muss man sich profilieren. Und da sollte man sich an die richtigen Menschen und Orte begeben. Hierfür eignen sich möglichst immer die besten Adressen der Stadt. Dabei gilt es natürlich auch, das beste Hotel der Stadt als Partner zu wählen. Ob das Adlon nun das beste Hotel der Stadt war, bleibt offen. Es war aber sicherlich das mit dem bekanntesten Namen: eine Legende. Und ich habe bekanntlich ein Faible für Legenden. So war es nicht verwunderlich, dass ich dem Adlon bis heute treu blieb und viele schöne Momente und großartige Zeiten dort verbrachte. Ob exklusive Modenschauen, Ladies Dinner und Lunch, Pressekonferenzen, Produktpräsentationen oder private Feiern: Das Adlon wurde ein zweites Zuhause.

Nun waren wir also in Berlin. Wer dies bislang nicht mitbekommen haben sollte, wurde spätestens Ende November 2001 auf uns aufmerksam. Wir planten eine pompööse Vorweihnachts-Show im Ballsaal des Hotel Adlon. Ich wollte vor allem festliche Abendcouture auf dieser Show zeigen. Wir verschickten dreihundert exklusive Einladungen, darunter auch welche, die zusätzlich zu dem anschließenden Gourmetdinner des Spitzenkochs und Adlon-Küchenchefs einluden. Für diese hochkarätige Show wollte ich ausschließlich Prominente auf den Catwalk schicken. Erneut ließ ich Starmodel Brigitte Nielsen aus Los Angeles einfliegen. Auch Gina Lollobrigida freute sich, den Abend wieder eröffnen zu dürfen und reiste dafür extra aus Rom an.

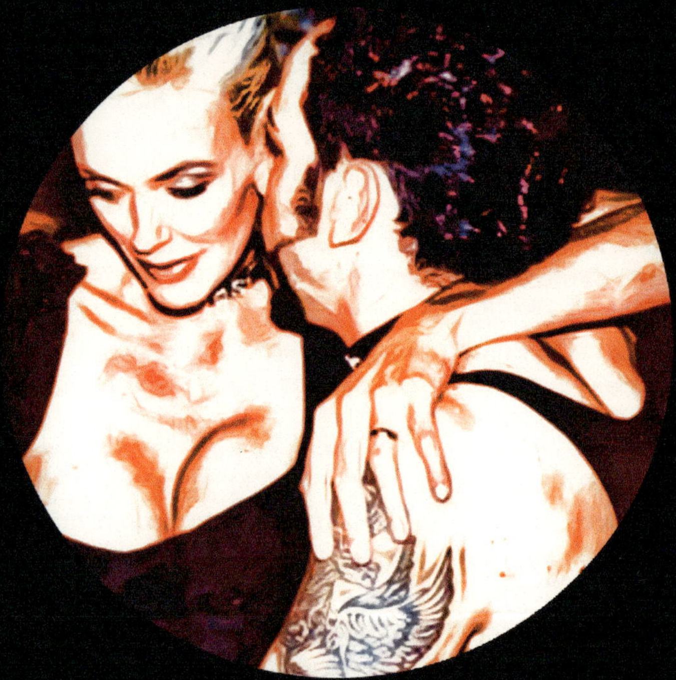

Die Schauspielerinnen Anouschka Renzi und Judy Winter sowie Maja Prinzessin von Hohenzollern konnten wir ebenfalls für meine Show gewinnen. Dass wir die bezaubernde Prinzessin dabeihatten, ergab sich aus einem ganz witzigen Zufall. Dieter und ich saßen am Abend zuvor bei unserem Lieblingsitaliener, als plötzlich der Kellner mit einer Visitenkarte an unseren Tisch kam.

„Die Dame drei Tische weiter würde Sie gerne kennen lernen."

Wir wussten natürlich nicht, wen er meinte und drehten unsere Köpfe neugierig in die gezeigte Richtung und da saß sie, Maja Prinzessin von Hohenzollern.

Doch auch das Publikum war wieder populär besetzt. Neben der Fürstin von Urach Gräfin von Württemberg, füllten unter anderem die Prinzessin von Sachsen Herzogin zu Sachsen und Sänger Udo Lindenberg die erste Reihe. Natürlich wollte es sich auch der zu dieser Zeit regierende Bürgermeister Klaus Wowereit nicht nehmen lassen dabei zu sein und begleitete bereits zu Beginn der Show Gina und mich über den roten Teppich. Als wir aus der Limousine ausstiegen, begrüßte er uns höflich, und gab Gina dann formvollendet einen Handkuss. Er strahlte über beide Ohren und bekundete seine Freude, sie zu sehen. Im Backstage-Bereich herrschte ein heilloses Chaos.

Meine prominenten Models kämpften förmlich um jedes Kleid. Hatte sich eine für ein bestimmtes Kleid entschieden, fand die andere dies als besonders passend für sich selbst. Alle wollten das schönste und beste Kostüm tragen.

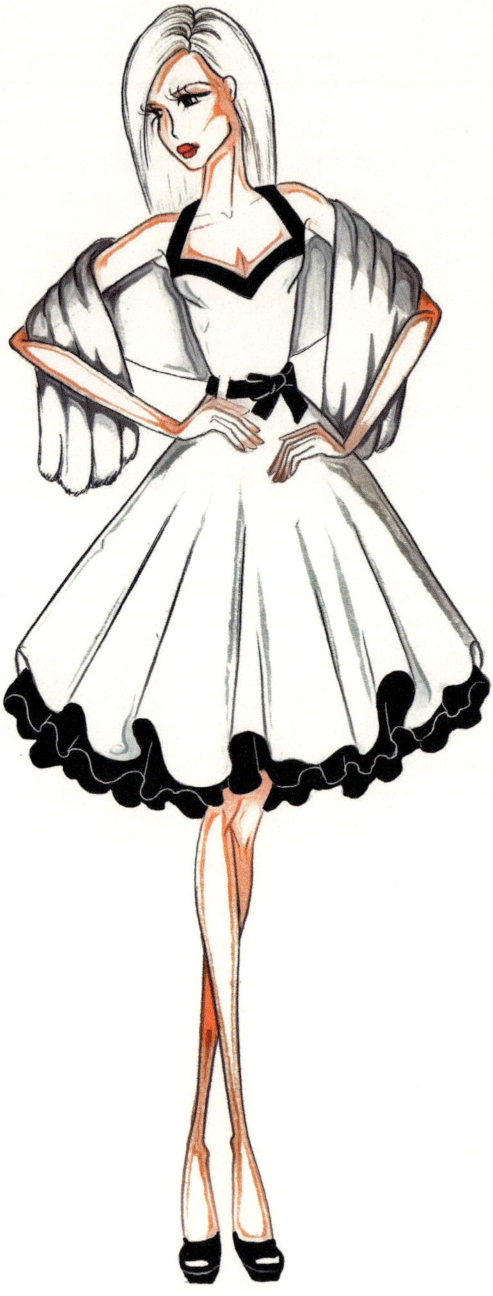

In dem ganzen Tumult konnte ich Brigitte Nielsen nicht finden und suchte sie zwischen all den diskutierenden Damen, schob Kleiderständer und Schuhkartons zur Seite, bis ich plötzlich Brigittes Stimme ganz leise aus einer Ecke hörte. Sie saß fertig zurechtgemacht, still dort und sah in ihrer Robe aus schwarzem Tüll mit goldenen Schleifen und einer roten Korsage darüber wunderschön aus. Brigitte Nielsen war immer perfekt. In ihrem Aussehen ebenso wie bei ihrer Arbeit. Sie reiste extra einen Tag früher an und forderte genaue Anleitungen von mir: „Soll ich lachen, Harald, oder lieber mit ernster Miene auftreten? Modeln oder eher Schauspielern?" Sie war ein echter Profi und das schätzte ich sehr.

Die Show war atemberaubend, auch Klaus Wowereit kam nach der Show zu mir und sagte, wie chic und tragbar er doch meine Mode fand. Während Gina, Herr Wowereit und ich uns im Saal unterhielten, hörte ich draußen im Foyer schrilles Pfeifen und lautes Rufen. Ich entschuldigte mich und lief schnell nach nebenan, um zu sehen, was dort los war. Da stand Brigitte Nielsen mit fast blankem Busen vor der Presse, lächelte und wurde pausenlos von den Fotografen abgelichtet und aufgerufen, sich zu ihnen zu drehen. Brigitte hatte sich umgezogen und trug nicht mehr das Kleid der Show, sondern eine andere POMPÖÖS-Variation: Einen Rock aus gold-schwarzem Brokatstoff mit langem Schlitz, dazu eine schwarze Seidenkorsage als Oberteil, die eigentlich mit einer Schleife zugebunden werden müsste. Doch aus unerklärlichen Gründen haben die Anziehhilfen dies vergessen. Schnell winkte ich sie hinter die Bühne, um ihre Korsage richtig festzuschnüren. Irgendwie war es rührend, wollte sie mir doch nur eine Freude machen und weitere Kombinationen meiner Kollektion der Presse vorführen. Sie wunderte sich über die Tragform, dachte aber, dass das so sein sollte, ohne Schleife. Ich drapierte einen Chiffonschal um sie, der ihren Hals und ihr Dekolletee bedeckte. Diese Lösung sah mehr als toll aus. So konnte sie wieder vor die Presse treten. Diese berichteten natürlich am nächsten Tag über den kleinen Fauxpas. „So ein Dekolletee hat Berlin schon lange nicht mehr gesehen", schrieb die Berliner Zeitung.

Auch unser Dinner nach der Show brachte kleine Zickereien hervor. Denn für das mehrgängige Menü waren ja nur gewählte Gäste vorgesehen und eingeladen worden. Das passte wohl einigen Herrschaften nicht, die kurz zuvor meine Show gesehen hatten. Sie beklagten sich lautstark in der Hotellobby und eine Dame hatte sogar eine hoffnungslose Diskussion mit der Security angefangen. Der Spiegel erklärte den Gefühlsausbruch der Damen und Herren wie folgt: „Diejenigen, die es geschafft hatten, eine Einladung zu Harald Glööcklers After-Show-Dinner im Adlon zu ergattern, können sich nun zur neuen Berliner Gesellschaft zählen."

Wir wollten mit dieser Show Aufmerksamkeit erreichen und ein Zeichen in der deutschen Hauptstadt setzen und dies war uns absolut gelungen. Ab diesem Moment war das Adlon mein zweites Zuhause und wir verbrachten viele schöne Zeiten in diesem atemberaubend schönen Hotel.

St. Moritz

Wenn man in St. Moritz von „Champagnerklima“ spricht, dann meint man das Klima, das so trocken ist wie ein guter Champagner. Wer nach St. Moritz reist, trinkt dies prickelnde Gesöff wie andere das Wasser. Hier treffen sich die Reichen und Schönen samt Jetlag. Hauptattraktion im Winter: der Polo on Snow. Doch der Sport an sich spielt eher eine nebensächliche Rolle, zumindest bei den weiblichen Besuchern. Die betuchten Damen schmücken und stylen sich und nutzen die sportliche Attraktion lieber, um mal wieder ihre neueste Mode auszuführen.

Eines Tages zelebrierte ich genau hier eine Show, doch ausgerechnet ein Pferd stahl bei einer traumhaft pompöösen Reise durch ein wahrhaftes Wintermärchen die Show. Es hätte kaum luxuriöser sein können. Ich folgte damals einer Einladung des Hotel Palace, dem Fünf-Sterne-Palast in St. Moritz. Man fragte mich, ob ich für die kommende Skisaison eine Haute Couture Show gestalten könne. Das Palace Hotel in St. Moritz gehört zu den teuersten und luxuriösesten Hotels. Wer hier residiert, hat Geld, Geld und nochmals Geld. Um dieses verwöhnte Publikum zum Staunen zu bringen, musste ich richtig dick auftragen. Unter dem Motto „Schneewittchen auf Eis“ ließ ich Brigitte Nielsen als böse Königin und Ariane Sommer als schönes Schneewittchen einfliegen. Meine Models sollten meine prächtige Mode mit Schlittschuhen auf einem Eisbahn-Laufsteg vorführen. Doch meine Idee war logistisch aufwendiger, als sich der Manager des Hotels das vermutlich gedacht hatte.

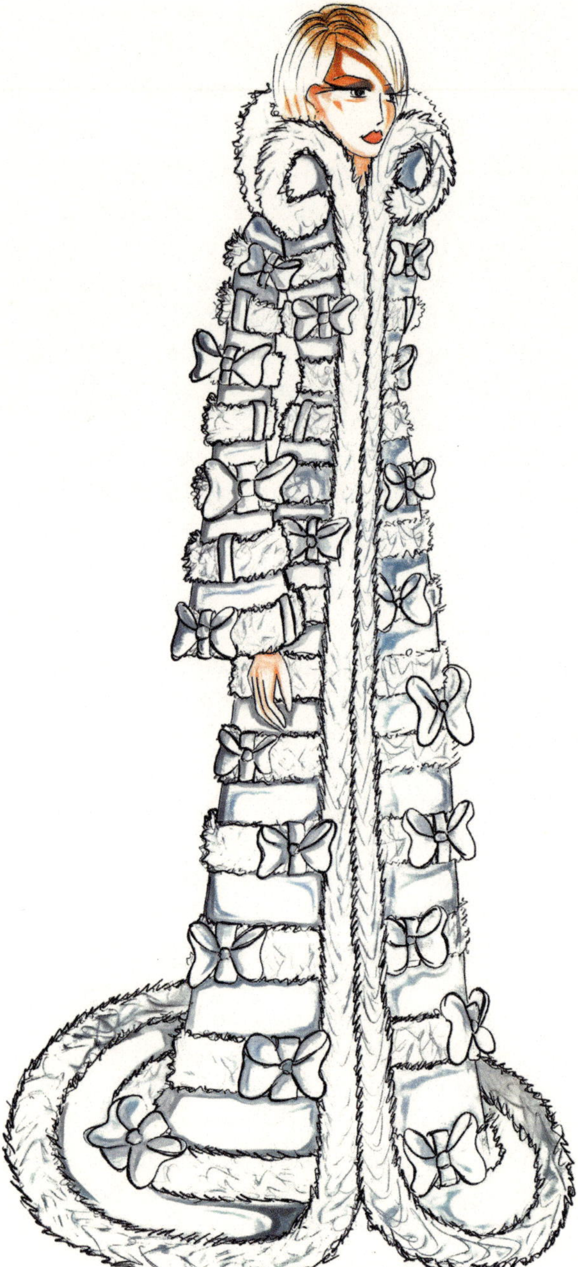

Dreißig Meter lang und fünf Meter breit war der Eisbahnlaufsteg, für dessen Aufbau sogar der Speisesaal drei Tage geschlossen werden musste. Tatsächlich könnte man mit so einer Aktion anwesende Hotelgäste vergraulen, doch wie ich nach meiner Ankunft hörte, ließ sich der Hoteldirektor bewusst darauf ein, um neue, jüngere Gäste zu gewinnen. So glamourös wie meine Show sollte auch mein Auftreten bei der Ankunft sein. Ich hatte extra einen Mantel aus goldenem Stepp entworfen, der wie pures Gold wirkte. Kragen und Saum waren aus strahlend weißem, falschem Nerz. Dazu trug ich wie immer an jedem Finger glitzernde Ringe in gigantischer Größe und Perlen in Hülle und Fülle. Ich fühlte mich wie ein wahrhaftiger Prinz und betrat selbstbewusst und voller Vorfreude das Hotel. Bereits in der Lobby warfen mir manche Damen verstimmte Blicke zu, doch das interessierte mich nicht.

Damit hatte ich gerechnet. Ich gehörte in ihren Augen wohl nicht dazu, trug ich doch „nur" einen unechten Nerz. Im Gegensatz zu ihnen beruht mein Selbstbewusstsein nicht auf Reichtum und toten Tieren, sondern auf harter Arbeit und der Liebe zu tierfreundlicher Mode. Als die Damen jedoch sahen, wie überschwänglich wir vom Hoteldirektor persönlich empfangen wurden, konnte man förmlich die Fragezeichen in ihren Gesichtern sehen. Welche Person steckt wohl hinter diesem falschen Nerz? Wenn sogar der Direktor diese Eindringlinge persönlich begrüßt, dann müssen die Herren ja wichtig sein. Überall im Hotel lagen Bücher mit mir auf dem Cover aus – als Werbeaktion für die große Show, die speziell für unsere Modenschau gedruckt wurden. Das freute mich natürlich sehr. Wir bekamen eine luxuriöse Suite mit wunderbarem Blick auf die glitzernde Schneelandschaft von St. Moritz. Doch Zeit zum Ausruhen hatten wir nicht wirklich, denn langsam schneiten die Kleider und die Models beziehungsweise Schlittschuhläuferinnen herein. Wir präsentierten Kleider aus fließenden, glänzenden Stoffen, ganz märchenhaft. Als wir vor meiner Ankunft die Anfrage des Hotels erhielten, ob eine namhafte Luxusmarke ihren Schmuck auf meiner Show ebenfalls präsentieren dürfe, lehnte ich ab. Nicht wegen des Schmucks, sondern wegen der Vorstellung, eine andere Marke mit POMPÖÖS zu kombinieren. Meine Mode ist immer ein Gesamtkunstwerk, inklusive Schmuck, Schuhe und Accessoires. Wer ein Outfit auf einer meiner Shows sieht, soll sicher sein, dass auch wirklich alles POMPÖÖS ist. Das Thema Schmuck ließ mich nicht mehr los. Wie konnte ich in einem schicken Skigebiet Champagner trinkende Frauen, die von Kopf bis Fuß wertvollen Schmuck trugen, noch beeindrucken? Was wäre noch exklusiver? Meine Idee: Ganzkörperpuder aus echtem Gold und echten Diamanten. Es war dekadent, keine Frage, doch es sah unglaublich luxuriös aus. Die Show übertrumpfte alles, was man bis dato an Modenschauen gesehen hatte. Brigitte Nielsen trug ein gigantisches, feuerrotes Kleid, Ariane Sommer wurde als Schneewittchen in einem gläsernen Sarg von Zwergen in den Saal getragen und das absolute Highlight war wohl unser Prinz, der auf einem Schimmel einritt. Fernsehteams aus Deutschland, der Schweiz, Frankreich und Österreich waren gekommen, dazu viele internationale Journalisten von Magazinen und Zeitungen. Die Show hatte nicht nur bei der Presse für große Resonanz gesorgt, auch das Publikum war total begeistert. Wir hatten vor allem das junge Publikum erreicht, so wie es sich der Hoteldirektor gewünscht hatte. Doch das Palace fand wohl nicht nur meine Show extravagant und besonders, sondern auch mich als Person. Nur wenige Tage später flog ich erneut nach St. Moritz, dieses Mal mit meiner Freundin Gina

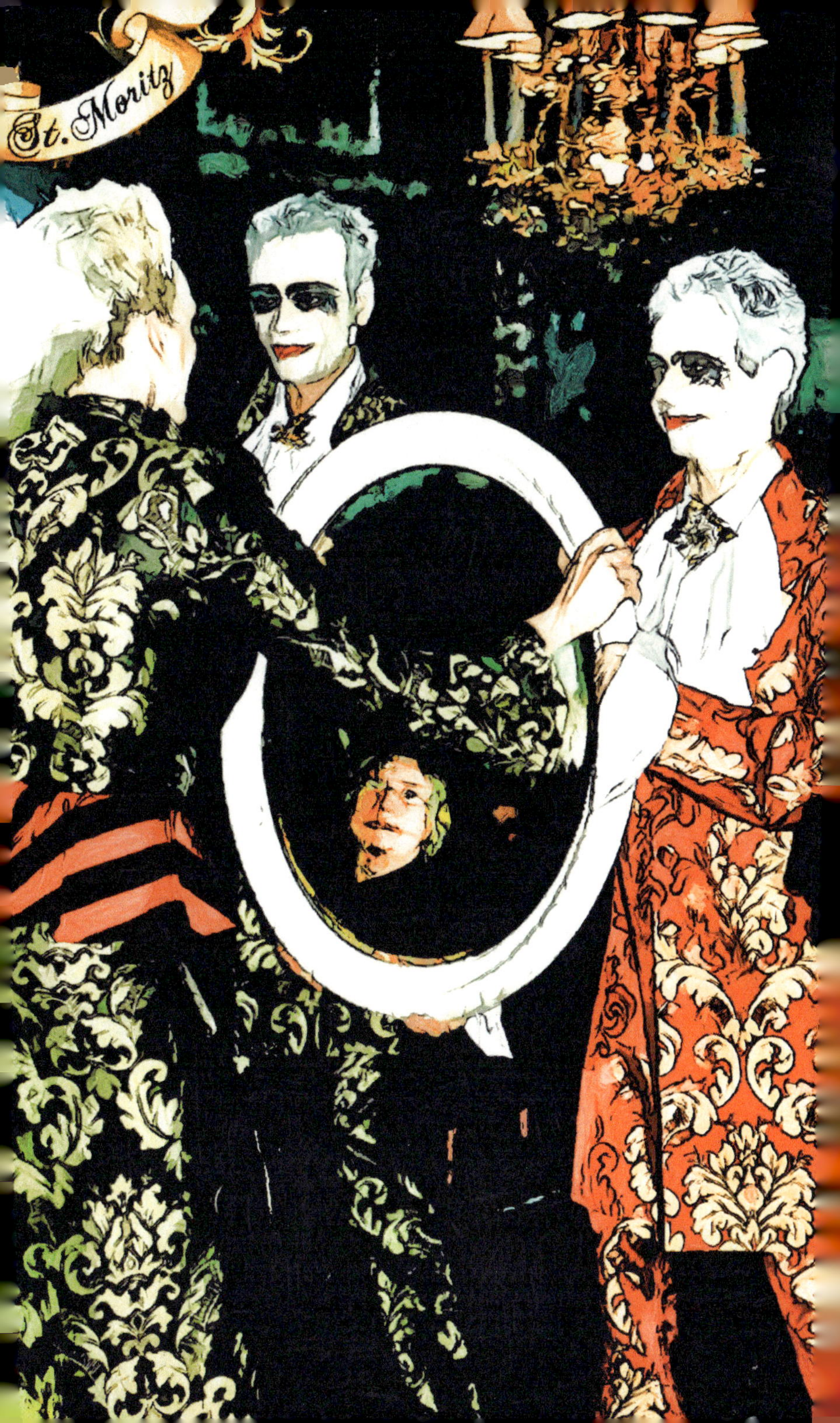
St. Moritz

Lollobrigida. Wir waren als Stargäste zu einer Gala eingeladen. Mit einem Privatjet kamen wir in St. Moritz an und wurden standesgemäß mit einem Rolls-Royce zum Palace gebracht. Es war diesmal alles noch eine Stufe pompööser. Es gab Kaviar, Champagner und bewundernde Blicke. Man reservierte für uns einen reichlich gedeckten großen Tisch, an dem eigentlich zehn Leute Platz gefunden hätten. Gina begrüßte noch schnell in der Hotelhalle eine Freundin, dann mussten wir schon wieder los. Denn auf der Gala wartete schon das nächste Blitzlichtgewitter auf uns. Gina und ich hatten uns für den Auftritt ganz besonders gekleidet. Ich wählte einen weißen Maharadschaanzug aus Brokat mit vielen Perlen und Gina trug ein schwarzes Paillettenkleid mit weißen Blumen, eine Federboa und schöne Juwelen. Wo wir auch auftauchten, wir wurden verehrt und fotografiert. Obwohl die anderen Gäste sündhaft teure Kleider trugen, sahen sie irgendwie alle gleich aus. Auch ich liebe Luxus und Glamour, doch für mich gehört auch Mut dazu. Mutig sein, um zu experimentieren. Seien auch Sie mutig und tragen Sie das, worauf Sie Lust haben. Lassen Sie sich nicht von pikierten Blicken anderer verunsichern. Mut und Disziplin sind die perfekten Partner für große Ziele. Das Eine ergänzt das Andere. Das war mir schon lange vor dieser Show bewusst. Einen Tag später zeigte ich wieder einmal Mut und veranstaltete eine Vernissage mit meinen Gemälden im Palace Hotel in St. Moritz.

Das Leben ist eine Show

Zwischenzeitlich hatte ich in Berlin gut Fuß gefasst und mir ein gutes Netzwerk aufgebaut. Berlin erfand sich gerade neu, entdeckte sich selbst und war offen für kreative Experimente. Wie ich bereits erwähnte, war unter den Gästen meiner Show im Adlon auch der Intendant des Friedrichstadt-Palasts, Alexander Iljinskij. Wir erhielten eine Anfrage von Europas größtem Revue-Theater, ob ich die traditionelle Weihnachtsrevue für das Jahr 2002 mit POMPÖÖS ausstatten könne. Das bedeutete im Klartext: dreihundertfünfzig Kostüme für das Ballett des Friedrichstadt-Palasts zu entwerfen. Ich sagte sofort zu. Nur ein Mal war ich zuvor im Friedrichstadt-Palast gewesen. Die klaren geometrischen Formen, den ausgelegten weichen Teppich, die breiten, großen Treppen, das verschnörkelte Geländer und die bunten Fenster bewunderte ich schon damals. Auch besitzt der Palast bis heute die größte Theaterbühne der Welt. Hierfür die Kostüme ausstatten zu dürfen war eine große Ehre für mich. Die Aufgabe war aber auch eine ganz besondere Herausforderung, denn die Tänzer des Ensembles sollten am Ende nicht nur wunderschön aussehen, sondern auch all ihre akrobatischen und tänzerischen Darbietungen in meinen Kreationen durchführen können. Die Tänzerinnen und Tänzer schienen sehr erfreut darüber, dass ein Couturier nun wundervolle Aufzüge für sie schneidern sollte. Um mir einen Überblick über die Kostüme der letzten Jahre zu verschaffen, holte ich mir verschiedene Bücher über Theater- und Operninszenierungen. Die Gewänder waren allesamt schön und fantasievoll, doch ich dachte an weniger statische, sondern mehr märchenhafte

Outfits mit viel Leichtigkeit im Ausdruck. Ich wollte die Tänzerinnen jung, frech und sexy kostümieren, mit viel Bein und Brust, ein Hauch von Lido in Paris.

Das Budget, das mir zur Verfügung stand, war deutlich unter dem, was ich für meine Kreationen eigentlich benötigt hätte. Doch ich wäre nicht ich, würde ich nicht auch aus dieser Situation das Bestmögliche machen. Einer meiner ersten Entwürfe war ein Schach-Ballett, welches enge Kostüme aus schwarzer und weißer kostbarer Seide beinhaltete. Es war unmöglich, einen anderen Stoff zu wählen, da nur Seide die Ausstrahlung hatte, die mir für dieses Bild besonders wichtig war. Aufwendige Kopfbedeckungen wie Pferdeköpfe, Kronen und Turmspitzen durften natürlich zum Gesamtkunstwerk nicht fehlen. Immer wieder das Budget im Hinterkopf, musste ich jedoch bei einer Ballszene mit ausladenden Roben auf Polyesterchiffon zurückgreifen. Ich kaschierte raffiniert die günstigere Variante, indem ich die Röcke plissierte. So entstand eine traumhaft voluminöse Struktur. Nicht nur die Kostüme waren Teil meiner Aufgabe, auch die Frisuren und das Make-up sollten nach meinen Vorstellungen umgesetzt werden. Ich kannte mittlerweile die U-Bahn-Strecke im Schlaf, so oft fuhr ich zum Friedrichstadt-Palast, um mich um alles zu kümmern. Das Ensemble probte immer wieder in meinen Kostümen, damit wir sehen konnten, ob die aufwendige Anfertigung den Tanz nicht behinderte. Als besondere Anerkennung meiner Arbeit empfand ich die Haltung des Chefchoreographen. Er baute sogar an manchen Stellen Tanzschritte und Hebefiguren um und passte sie meinen Werken an, damit von meiner Seite her nichts geändert werden musste. Er hat selbst als junger Mann in Paris getanzt und miterlebt, wie Yves Saint Laurent eine Revue ausgestattet hat. Das hat ihn damals schon sehr begeistert.

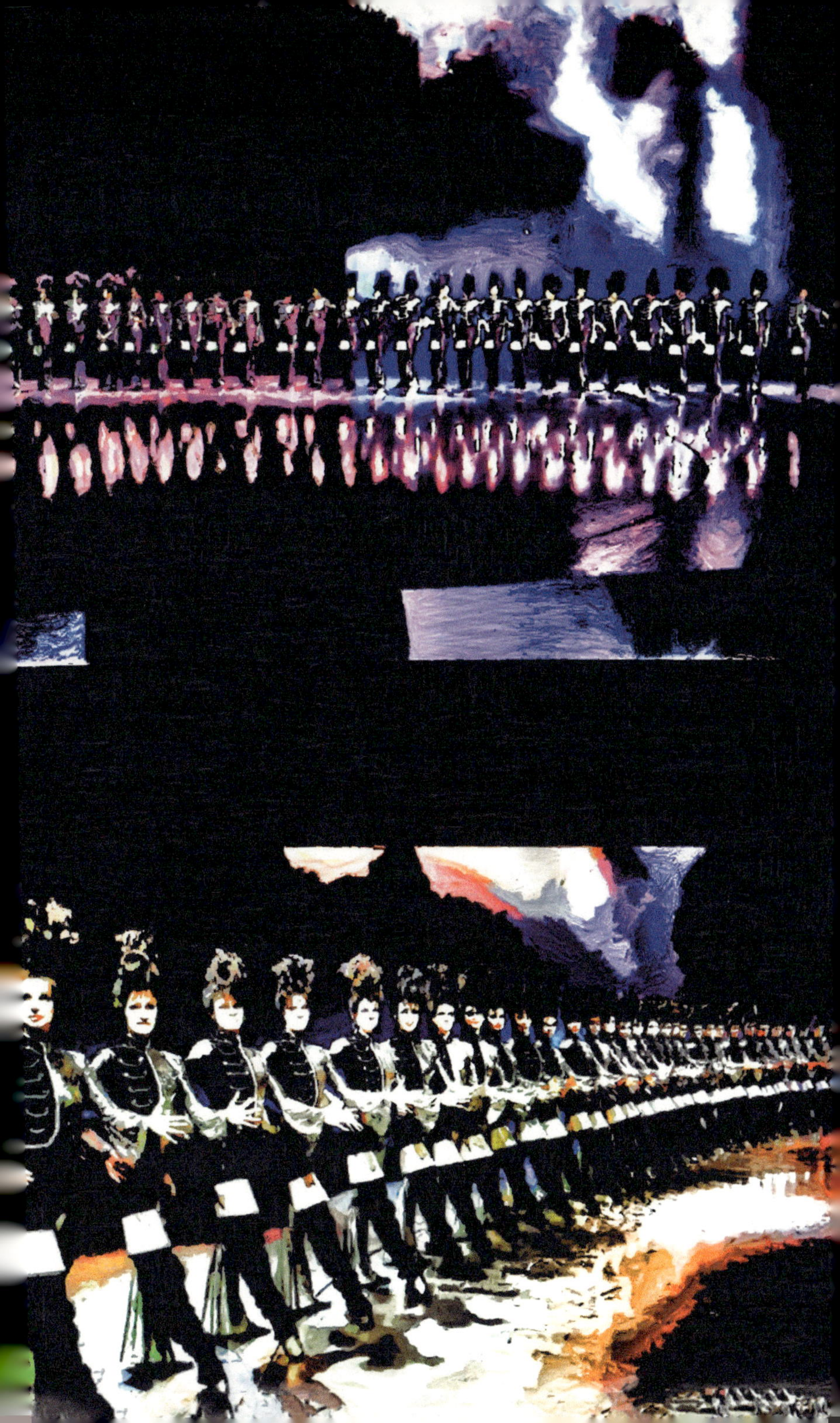

Er war derart begeistert von meinen Entwürfen und Ideen dass er sogar bestimmte Bewegungen , die in meinen Robe nicht ausgeführt werden konnten, überarbeitete. Nach schweißtreibenden, neun Monaten war es dann Ende 2002 endlich soweit und die Revue „Jingle Bells 2002 – Gayle im Wunderland" feierte Premiere. Durch den Abend führte die amerikanische Entertainerin und Wahl-Berlinerin Gayle Tufts. Auftritte des jungen Tenors Erkan Aki, der Sängerin Veronika Fischer und der Mezzosopranistin Kinga Dobay waren ebenso Teile des Programms. Obwohl ich schon zahlreiche Events und Shows hinter mir hatte, war ich ziemlich aufgeregt, als ich mit Brigitte Nielsen in der Limousine saß. Ich wusste, welch harte Arbeit ich geleistet hatte und wie sehr ich meine Kostüme am Ende liebte. An diesem Abend ging es primär darum, dass es auch dem Publikum gefallen musste. Und das tat es. Rund 2.000 Gäste applaudierten und gaben Standing Ovations, als wir nach der Revue hintereinander auf die Bühne gerufen wurden. Sogar das Tanz-Ensemble schien mich ins Herz geschlossen zu haben.

Sie umarmten mich und bedankten sich für meine prachtvollen Kostüme. Auch die Kostümbildnerin, mit der ich mich in den letzten Monaten immer besser verstand, gratulierte mir. Die Anerkennung meiner Arbeit hielt noch wochenlang an. Ich wurde von Passanten auf meine Kostüme der Revue angesprochen. Die Begeisterung der Menschen erfreut auch mich. Sie waren absolut entzückt. Als ich Ende Januar 2003 neben der Filmproduzentin Regina Ziegler, Schauspieler Heino Ferch und dem amerikanischen Multimilliardär und Unternehmer Sir Richard Branson den B.Z.-Bären, den Kulturpreis der Berliner Zeitung, für meine Arbeit im Friedrichstadt-Palast überreicht bekam, war ich hin und weg. Diesen Preis bekamen nicht viele Modedesigner. Tatsächlich wurde er in den letzten zwölf Jahren nur zwei anderen Kollegen verliehen: Vivienne Westwood und Karl Lagerfeld. Und nun durfte ich mich als Dritter in diese exzellente Gesellschaft einreihen. Was für eine Ehre und Wertschätzung! In seiner Ansprache sagte der B.Z.-Chefredakteur Georg Gafron, dass er mir den Kulturpreis der B.Z. dafür verleihe, weil ich Berlin durch meine Mode und Kreationen im Ausland seine Eleganz zurückgegeben habe. Die kleine Bärenstatue fand ihren Platz neben einem Strauß weißer Rosen und einem barocken Engel und sollte mir ab sofort auch Glück bringen. Berlin, diese wundervolle Stadt, brachte mir ebenso sehr viel Glück. Sie ist aufregend, jung und inspirierend. Eine Stadt, in der alles möglich ist. Jeder kann hier nach seiner Fasson glücklich werden. Für mich war Berlin wie ein neuer Stern, der erstrahlte.

Monte Carlo

Immer wieder werde ich in Interviews gefragt: „Was war Ihr schönster Tag im Leben?" Was ist das für eine Frage bitte schön?! Ich wundere mich dann immer, ob es nicht ein bisschen konkreter geht. Was genau wollen sie also wissen? Die erste Frage, die sich stellt, ist, was versteht der Fragesteller unter „schön", beziehungsweise „dem schönsten Tag"? Meint er den interessantesten Tag, den erfülltesten Tag oder WAS will er wissen? Zuerst einmal gibt es viele schöne Tage im Leben, aber wenn man so zurückblickt, dann kommen einem ein paar Tage besonders in den Sinn. Für mich ist der schönste Tag im Nachhinein ein Tag, an dem alles rund lief. Also ein Tag, welcher mir auch jetzt im Nachhinein ein Gefühl der Freude, des Erfüllt-seins, ja, eine wohlige Wärme und gleichzeitig ein aufregendes Kribbeln im Rücken und Magenbereich verursacht. Ein Tag, der mir so viel gutes Gefühl vermittelt, dass ich tanzen könnte vor Freude. Und über einen solchen Tag möchte ich hier in diesem Kapitel berichten. Ich folgte einer Einladung Majas von Hohenzollern, die mich darum bat, sie nach Monte Carlo zu begleiten. Diesem magischen Ort, den man aus Filmen wie beispielsweise dem Musical „Die oberen 10.000 kennt." Wobei er doch selbst jeglichen Film übertrifft. Zu Zeiten von Fürstin Gracia Patricia war es der absolute Hotspot der High Society und ein Synonym für Luxus, Reichtum und Eleganz. Hier war die große Welt zuhause. Die Einladung war perfekt geplant. Man schickte mir ein Kuvert, in welchem sich ein Business-Class-Flugticket, die Rufnummer meines Chauffeurs, welcher mich am Flughafen Nizza in Empfang nehmen sollte, die Buchung meines Zimmers im luxuriösen Hotel Hermitage sowie die Einladung zu einer festlichen Gala im Sporting Club in Monte Carlo in Anwesenheit der Fürstenfamilie befand. In Nizza angekommen erwartete mich bereits mein Fahrer mit einer schwarzen Mercedes S Klasse, um mich auf direktem Weg ins Hotel Hermitage zu bringen. Dort angekommen traf ich auf Maja Prinzessin von Hohenzollern, welche mich gebeten hatte, sie zu der Gala zu begleiten. Auch meine Freunde Brigitta Prinzessin von Preußen und Michael Prinz von Preußen waren gerade dabei einzuchecken. Nachdem wir uns alle ausgiebig begrüßt hatten, begab ich mich auf mein Zimmer, um mich einzurichten. Am Abend gab es ein Dinner im kleinen Kreis und nachdem wir noch einen Drink an der Bar genommen hatten, begaben wir uns zu Bett. Am nächsten Tag stand schließlich ein fulminantes Programm an. Nachdem wir gefrühstückt hatten, folgten wir einer Einladung in den Monte Carlo Golf Club zu einem Empfang und anschließendem Lunch. Danach brachte mich meine Limousine wieder zurück ins Hotel, um mich für den Abend zurechtzumachen. Die Prinzessin trug ein pompööses, langes Abendkleid aus meiner Kollektion, ich trug Smoking. Als wir den roten Teppich betraten, gab es ein gigantisches, plötzliches Blitzlichtgewitter. Außerdem forderten mehrere französische Fernsehteams Interviews von mir ein. Wir waren die Sensation, die Prinzessin und ich.

Danach führte uns eine Hostess zu unserem Tisch, an welchem ebenso das Prinzenpaar von Preußen, Catherine Zeta-Jones und Michael Douglas sowie die Fürstenfamilie platziert waren. Die Tische waren mit einem gigantischen Blumenschmuck überaus pompöös dekoriert. Der ganze Saal war eine einzige Illusion, wie im Märchen. Das Dinner war sensationell, ebenso die Unterhaltungen. Später entführte man uns noch ins Jimmys, dem sagenumwobenen Night Club, wo wir bis in die frühen Morgenstunden feierten.

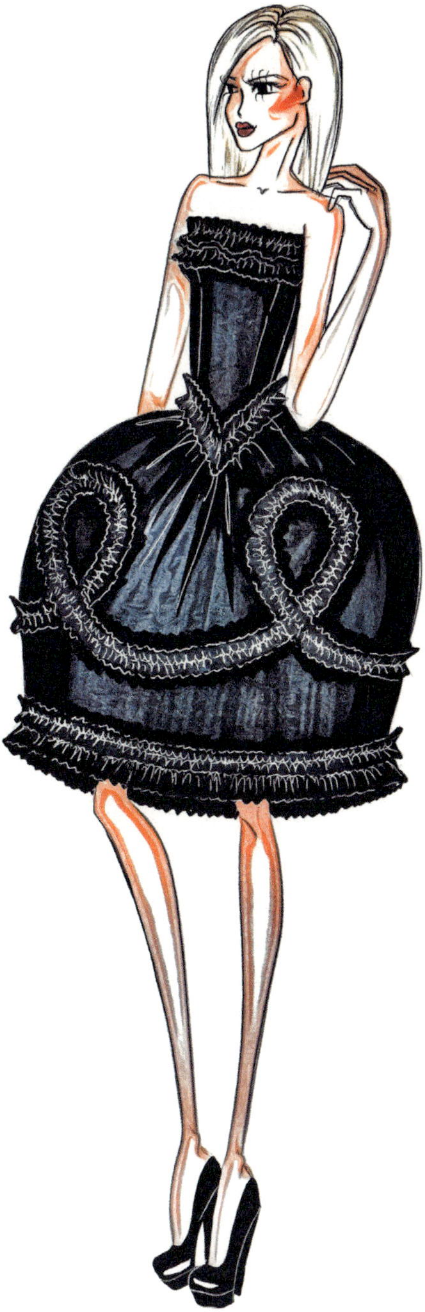

In meinen späteren Reisen nach Monte Carlo besuchte ich meist meine Freundin Erina Prinzessin von Sachsen Herzogin zu Sachsen. Einmal folgten Dieter und ich außerdem der Einladung einer lieben Freundin nach Cannes ins Hotel InterContinental. Wir fuhren mit dem Wagen über Genf, wo wir im Hotel InterContinental einen Zwischenstopp einlegten. Die ganze Vorfahrt des Hotels war zugeparkt mit großen Limousinen mit Dubaier Kennzeichen.

Am Eingang stand, wie sich später herausstellte, der Major Domus von Sheik Maktoum, welcher das ganze Hotel für sich gebucht hatte. Der Grund, warum wir trotzdem übernachten konnten oder durften, war, dass meine Freundin eine sehr, sehr gute Kundin der InterContinental Hotels war und man ihr daher diesen Wunsch nicht verweigern wollte. Ich fühlte mich nicht wie in Genf, sondern wie in Dubai. Überall flanierten arabische Männer in ihren Kandoras und überall im Hotel roch es nach schwerem Parfum und Räucherwerk aus Weihrauch und Sandelholz. Nach einer weiteren mehrstündigen Autofahrt am nachfolgenden Tag erreichten wir das Hotel InterContinental in Cannes. Wir waren in der Yves Montand Suite untergebracht. Diese bestand aus einem großen Salon, zwei Schlafzimmern, zwei Badezimmern und einem fantastischen Ausblick aufs Meer.
Es war bereits später Nachmittag. Daher ruhten wir uns etwas aus, um uns dann für das Abendessen einzukleiden. Wir speisten in dem sehr bekannten Sternerestaurant La Colombe d'Or in St. Paul de Vence, einer wunderschönen Künstlerstadt mit erstaunlich gut erhaltenen, mittelalterlichen Befestigungsanlagen. Das Colombe d'Or ist ein wundervolles Lokal. Nachmittags sind die schlichten Holztische nackt, abends unter edlem Leinen verborgen. Wir saßen im Garten, es herrschte schummriges Licht, da ungefähr

hundert Tische mit unzähligen Kerzen und edelstem Porzellan und Gläsern eingedeckt waren. Es roch wundervoll nach gegrilltem Fisch, Knoblauch und Trüffeln. Das Olivenöl und Weißbrot war ebenso köstlich wie der Wein. Das Dessert, ja einfach alles, war ein herrlicher Genuss. Hier waren sie alle schon zum Speisen: Jacques Prévert, Jean-Paul Sartre, Simone de Beauvoir, Yves Montand, Brigitte Bardot, Orson Welles, David Niven, Roger Moore, Henri Matisse, Marc Chagall, Pablo Picasso, Tony Curtis und so weiter. Henri-Georges Clouzot bezog mit seiner Frau Véra sogar ein eigens für sie errichtetes Steinhäuschen im hinteren Teil des Gartens, da er beschloss, ganz einfach als Gast auf Lebenszeit zu bleiben. Überall hingen faszinierend kostbare Gemälde. Man hatte förmlich das Gefühl, in einem Museum zu dinieren.

Ich werde diesen wunderschönen Abend niemals vergessen.

„Las Vegas auf zwei Beinen“

(Zeit, 2011)

Tue Gutes und rede darüber

Ein kleiner Junge von vielleicht fünf Jahren legte den Kopf in den Nacken und schaute mit sehr ernstem Blick zu mir auf. „Bist du ein König?“

Ich schüttele den Kopf. „Nein, ich bin kein König.“
Der Kleine war mit dieser Antwort nicht zufrieden. „Dann bist du ein Prinz?“

Ich musste lachen und sagte: „Nein, ich bin auch kein Prinz, ich bin ein Designer.“

Er runzelte bedenklich die Stirn. Offenbar konnte seiner Ansicht nach ein Mann, der so viel Schmuck und Glitzerkram wie ich trägt, nur von königlichem Geblüt sein, denn nun lief er hinüber zu dem Fotografen der Zeitung, der die Aktion gerade abgelichtet hatte.

Er zeigte auf mich und erkundigte sich: „Ist er ein König?“

Als auch der Fotograf dies verneinte, stand das Kind unzufrieden mit verschränkten Armen da. Man konnte sehen, dass es der Ansicht war, dass alle Erwachsenen ihn zu veräppeln versuchten. Als ich mich ein paar Minuten später verabschiedete, hörte ich, wie der Junge leise vor sich hin sagte: „Und er ist doch ein König!“

Die Faszination, die ich durch meine schillernde Erscheinung auf die Kleinen ausübte, konnte ich gut nutzen: Die Menschen fassten Vertrauen. Ich war für sie eine Art lebendige Märchenfigur: Ein König, ein Prinz, ein Maharadscha. Ich merkte schnell, dass ich ein Talent dafür besaß, mit den Kindern zu sprechen und ihnen Mut zu machen. Sie stammten oft aus zerrütteten Familien, in denen Gewalt eine große Rolle gespielt hatte. Wenn ich ihnen von meiner schwierigen Kindheit erzählte, bekamen sie große Ohren: „Ja? Wirklich? Bei dir war das auch so?" Und manchmal erzählten sie mir dann, sozusagen auf Augenhöhe, was sie sonst immer verbargen. Für mich war das nicht einfach, denn mir geht so etwas unglaublich nah. Aber ich wusste, dass es wichtig war, dass die Kinder wieder Vertrauen zum Leben fassten. Ich erklärte ihnen, dass sie sich für nichts, was ihre Eltern je getan hatten, schämen müssen. Kinder fühlen sich ja oft für das Fehlverhalten der Erwachsenen, die ihnen etwas antun, verantwortlich. Oder sie haben das Gefühl, die Schuld daran zu tragen, wenn jemand anderes leiden muss. Ich kannte das so gut. Auch ich hatte nach dem Tod meiner Mutter lange gegrübelt und mich mit dem Gedanken gequält, dass ich es vielleicht hätte verhindern können. Ob ich an diesem schrecklichen Tag damals zu passiv gewesen war. Dass ich kein schlechtes Gewissen haben muss, habe ich erst viele Jahre später wirklich begriffen. Es scheint ein universales psychologisches Gesetz zu sein: Kinder sehen sich nicht als Opfer von Gewalt, sondern suchen fast immer die Schuld bei sich. Das hinterlässt Narben im Inneren. Kindern und Jugendlichen dabei zu helfen, auch mit einer schlimmen, persönlichen Geschichte ein schönes Leben zu führen und nicht zu verbittern, das ist einer meiner Herzenswünsche. Seit nunmehr über dreißig Jahren engagiere ich mich intensiv für Kinder in Not. Kinder sind unsere Zukunft und auch immer die schwächsten Glieder in der Kette. Ich nutze meine Popularität, um Aufmerksamkeit und Geld für die

Benachteiligten unserer Gesellschaft zu generieren. Neben den Kindern liegen mir auch Tiere am Herzen. Da ich auf dem Land mit Tieren groß geworden war, hatte ich eine enge Beziehung zu ihnen. Selbst die Hühner trugen bei uns Namen, und wenn ich sie rief, kamen sie angerannt und angeflattert. Aber ganz egal, ob es die Hühner waren oder unsere Hunde, die Katzen und Vögel, die Ziegen, Schweine oder die Pferde meiner Tante, ich liebte sie alle. Anders als den Menschen, konnte ich ihnen vertrauen. Sie lästerten nicht, brüllten nicht herum und hätten nie jemanden böswillig verletzt. Die Tiere waren in meiner Gegenwart immer sehr zutraulich. Sie ließen sich anfassen, und die Katzen schliefen gern auf meinem Schoß. Das Fell war weich und seidig, und wenn sie dann anfingen zu schnurren, weil ich sie streichelte, und der Bauch unter meiner Hand vibrierte, war der ganze Horror für einen Moment einfach weg. Die Ziegen und Schweine hatten ein schönes Leben auf der Weide, die Hühner liefen frei draußen herum und konnten im Staub scharren. Außerdem wurde mir von Anfang an eingetrichtert, dass man andere Lebewesen respektvoll behandeln muss. Besonders meine Mutter und die Großmutter in Illingen legten darauf viel Wert. Als ich acht Jahre alt war, hatte Großmutter sich empört, dass sie ab sofort beim Bauern nebenan keine Eier mehr kaufen würde: „Der hat mit so einer Käfighaltung angefangen. Wenn der zu faul ist, seine Hühner draußen rumlaufen zu lassen, werde ich das nicht unterstützen. So etwas gehört verboten, die armen Vögel haben überhaupt keinen Platz." Auch bei der Gärtnerei in der Nachbarschaft kaufte sie keine Blumen mehr, weil der Gärtner seit einer Weile Unkraut mit Pestiziden bekämpfte. Großmutter sagte: „Da kann man eine Hacke nehmen und den Boden kurz umgraben. Das ist ganz einfach, da braucht man das ganze Gift nicht. Wenn das die Tiere fressen, gehen

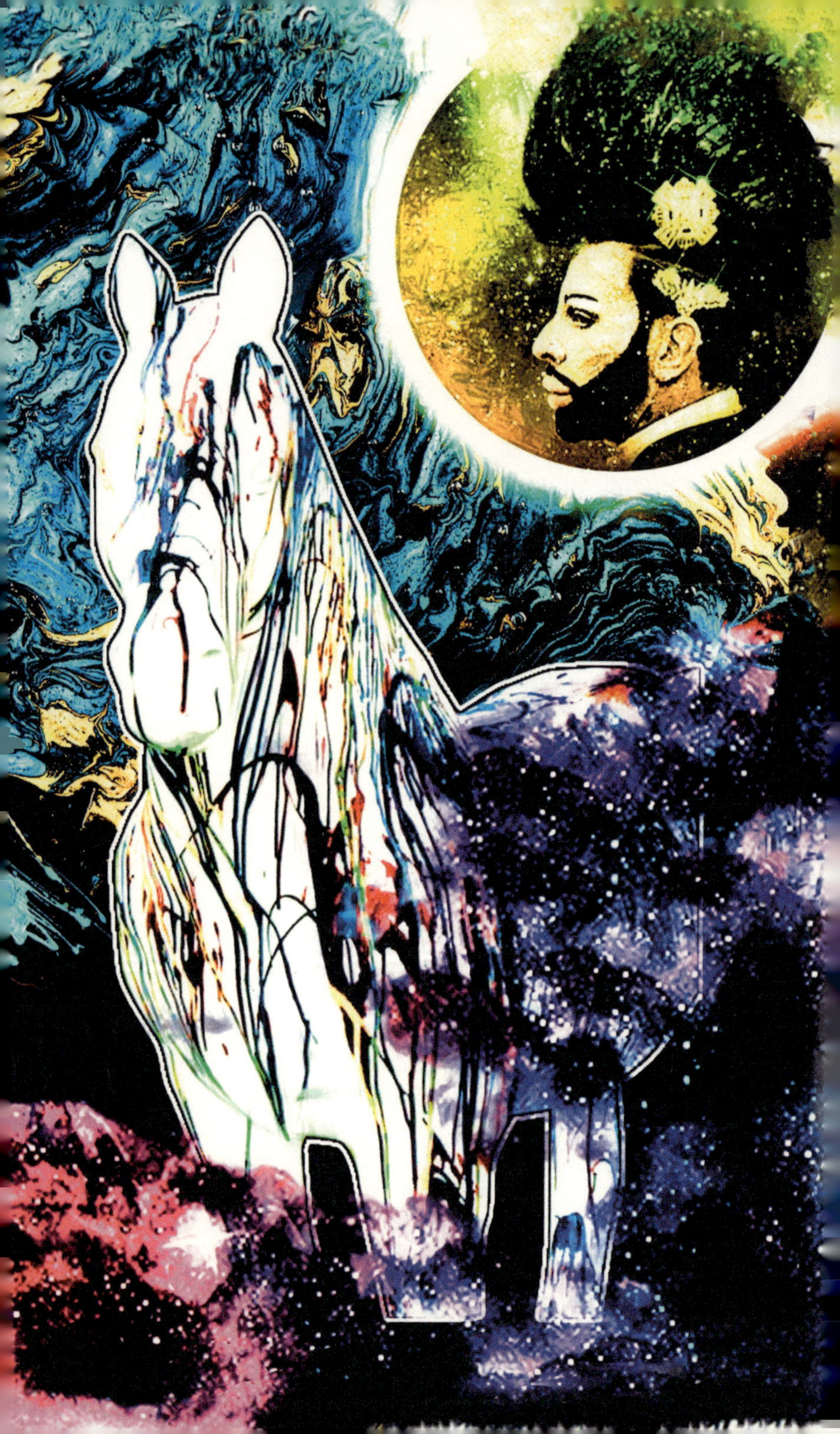

sie ein." Diese Einstellung hat mich stark geprägt. Dass Tiere gut behandelt werden, ist mir wichtig. Von Anfang an habe ich in meinen Kollektionen keine Pelze verwendet. Das Leiden von Nerzen und anderen Pelztieren ist vollkommen sinnlos – sie sterben nur, damit irgendwelche Snobs so tun können als seien sie etwas Besseres. Was viele Leute auch nicht wissen, ist, dass es auch „versteckte" Pelze gibt. Manche Firmen verwenden zum Beispiel echte Katzen- und zum Teil auch Hundefelle für Applikationen an Kapuzen von Parkas oder als Futter von Skistiefeln. Die meisten Leute glauben, das Fell sei unecht, in Wirklichkeit wird es in Asien „produziert".

Dort werden kleine Kätzchen oder Welpen unter schlimmsten Bedingungen eingepfercht und oft über Tausende von Kilometern in engsten Drahtkäfigen ohne Wasser und Futter transportiert, bevor man sie, nur ein paar Monate alt, stranguliert – damit kein Blut das Fell „verdirbt".

Als mich die Tierschutzorganisation PETA fragte, ob ich bereit wäre, mich für die Kampagne „Tiere tragen Pelz, Menschen tragen Mode" nackt fotografieren zu lassen, musste ich nicht lang überlegen. Obwohl ich eher Nachtmensch und Langschläfer bin, stand ich für das Shooting sogar in aller Herrgottsfrühe auf, weil Fotograf Holger Scheibe das Morgenlicht für seine Bilder brauchte.

Auf einer Sanddüne in Spanien ließ ich für ihn die Hüllen fallen und posierte auf allen Vieren mit traurigem Blick als Tier, dem man das Fell abgezogen hatte. Man sah sogar noch „Fell"-Reste an meinen Armen, die waren in diesem Fall natürlich aus Stoff mit Leopardenprint. Überhaupt fühle ich mich allen Katzen seelenverwandt. Meine gute Freundin Nastassja

Kinski hat mir einmal schmunzelnd ein Kärtchen geschenkt, auf dem eine Katze abgebildet war, und darunter stand: „If you do what I want, we will have no problems. – Wenn du tust, was ich will, werden wir keine Probleme miteinander haben."

Nastassja sagte: „Das ist wie bei dir, Harald!"

Ich protestierte nicht. Nastassja und ich sind seelenverwandt. Sie ist eine wunderbare Frau. Nicht nur eine großartige Schauspielerin, sondern auch eine faszinierende Persönlichkeit. Einerseits eher introvertiert, ja, fast scheu und verletzlich, mutiert sie zur Kämpferin, wenn sich jemand gegen ihre Freunde oder Familie stellt. Und sie liebt Tiere über alles. Kurze Zeit später wurde ich im Berliner Tierpark Friedrichsfelde Pate für die fünf Wochen alten sibirischen Tigerbabys Dushan und Arnanka. Aus diesem Anlass gab es einen Fototermin im Tierpark, der gleichzeitig den Beginn meines Engagements als Botschafter des Berliner Zoos markierte. Die Pflegerin hatte die beiden süßen Fellknäuel aus dem Korb genommen und vor mir auf den Tisch gesetzt. Den Fotografen hatte ich vorher gesagt, sie müssten ruhig sein und schnell machen. Denn sobald die Tiere auch nur ein Anzeichen gaben, dass sie sich unwohl fühlten, und anfingen zu fauchen, wollte ich den Fototermin stoppen. Doch nichts passierte. Die zwei waren sofort ganz fasziniert, schauten mich mit ihren großen, blauen Augen an und knabberten selbstvergessen an meinen Ringen. Besonders das Männchen, Dushan, interessierte sich für mich. Das Weibchen war ein bisschen reservierter. Aber beide ließen sie sich ganz problemlos streicheln, und Dushan spielte bald ausgelassen, zum Glück mit eingezogenen Krallen, mit meiner Hand.

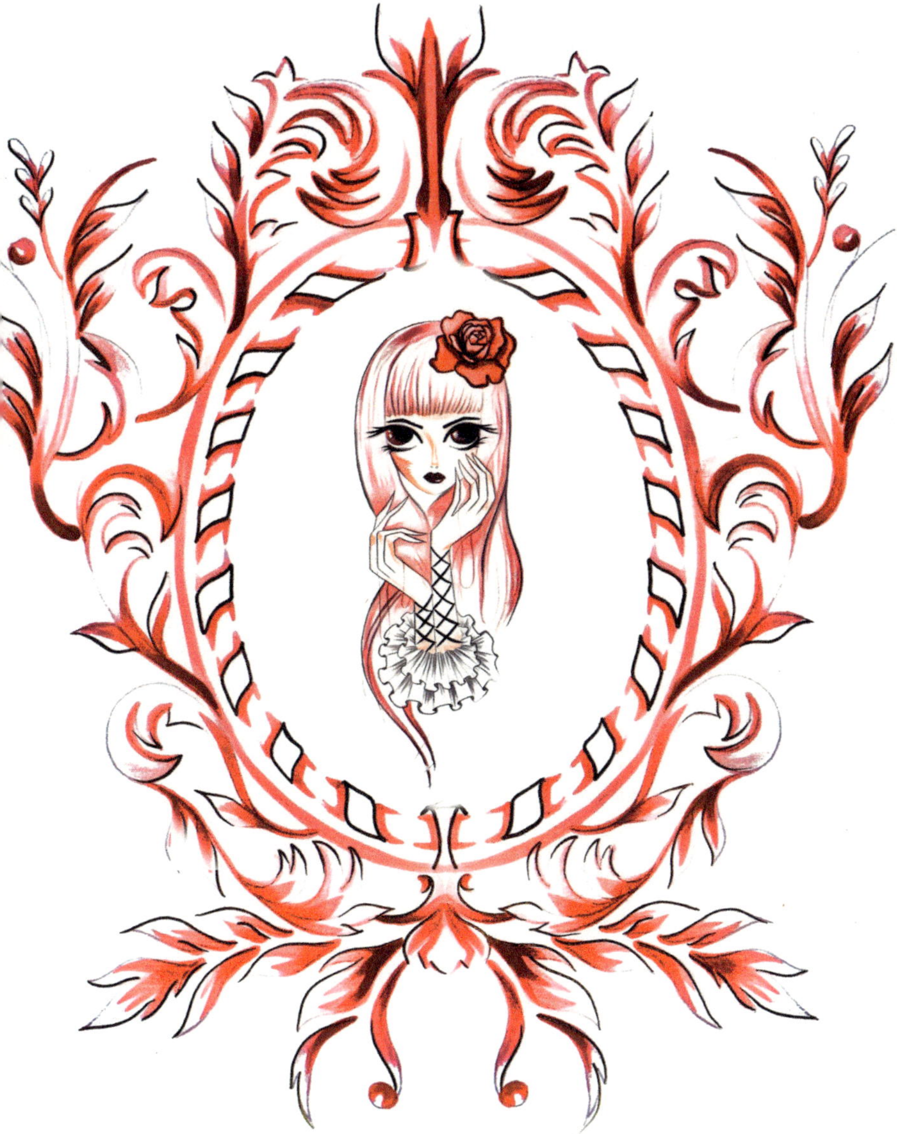

Während der ganzen Aktion standen jede Menge Kinder mit glänzenden Augen um uns herum, und ich merkte einmal mehr: Kinder lieben Tiere genauso, wie ich es tue. Das brachte mich dann auf eine Idee: In Zusammenarbeit mit dem Kinderhilfswerk rief ich ein Projekt ins Leben, das es Kindern und Familien aus armen Verhältnissen über Spenden ermöglichte, in den Zoo zu gehen. Im reichen Deutschland leben heute viele Familien in solcher Armut, dass sie selbst für so ein vergleichsweises kleines Vergnügen keinen Cent übrig haben. Wenn ich Zeit hatte, ging ich ab sofort auch selbst mit Gruppen von Kindern in den Zoo und zeigte ihnen meine pelzigen Patenkinder. Die waren allerdings ziemlich schnell keine süßen Kätzchen mehr, sondern ausgewachsene Tiger und somit leider nicht mehr zum Streicheln geeignet. Wie gut Kindern Tiere tun, stellte ich bei meinem ersten Besuch in der Nische fest. Dies ist eine wunderbare Einrichtung im Stralauer Kiez in Berlin, die es sich zum Ziel gesetzt hat, Großstadtkindern den Kontakt zur Natur zu ermöglichen. In einem 2.500 Quadratmeter großen Garten gibt es Ziegen, Kaninchen, Frettchen und Meerschweinchen, um die sich die Kleinen mit Begeisterung kümmern. Die Kinder, die in den Stadtwohnungen oft selbst keine Tiere halten dürfen, übernehmen Patenschaften und lernen dabei, Verantwortung zu tragen. Hier säubern sie die Ställe, füttern die Tiere, bürsten und striegeln sie. Die Kinder nahmen mich aufgeregt an die Hand und wollten mir „ihre" Tiere zeigen. Die meisten Betreuer arbeiten für wenig oder zum Teil auch gar kein Geld, ohne ihre Leistung könnten solche Projekte gar nicht fortbestehen. Auf die Nische war ich gestoßen, nachdem sich Das perfekte Promi Dinner auf Vox für mich entschieden und ich überlegt hatte, wem ich die gewonnenen 5.000 Euro am besten zukommen lassen konnte. Als ich den Scheck überreichte, war die Chefin zutiefst gerührt: „Das ist ungefähr doppelt so hoch wie unser jährliches Budget, das wir vom Amt bekommen.“ Unglaublich, aber wahr. 2004 unterstützte ich mit dem Kinderhilfswerk auch erstmals die Goldene Göre. Das ist ein Preis, mit dem kreative und meistens privat ins Leben gerufene Projekte für Kinder und Jugendliche ausgezeichnet werden. Wichtig bei der Auswahl ist, dass damit effektiv etwas gegen Ungerechtigkeiten und Diskriminierung getan wird. Der erste Preis ist mit 5.000 Euro dotiert, der zweite mit 3.000 Euro und so weiter. Bei der Preisverleihung hielt ich eine Rede und legte spontan aus eigener Tasche noch mal 5.000 Euro obendrauf, die zwischen den Gewinnern aufgeteilt wurden. Denn genau dies entspricht einfach meiner Philosophie: Je mehr ich verdiene, desto mehr gebe ich auch ab. Wenn das jeder entsprechend seiner Möglichkeiten tun würde, würden wir in einer besseren Welt leben, denn jeder Cent für einen guten Zweck macht einen Unterschied. Menschen, die ängstlich an ihrem Vermögen kleben, tun sich selbst keinen Gefallen. Ich glaube daran, dass man alles, was man von ganzem Herzen und freiwillig spendet, auf anderem Wege doppelt und dreifach wieder zurückbekommt. Diese Erfahrung habe nicht nur ich gemacht. Es ist ein kosmisches Gesetz: Geld, das fließt, vermehrt sich. Meine Tante Katharina drückte es immer etwas bodenständiger aus: „Man muss das Geld aus dem Fenster hinauswerfen, damit es zur Tür wieder hereinkommt.“

Jüdisches Museum Berlin

Im Sommer 2004 gab es in Berlin wieder einmal Die lange Nacht der Museen. Ein Professor des Jüdischen Museum Berlin hatte mich angesprochen und bat mich, im Platanenwald, im Garten hinter dem Museum, eine Open-Air-Couture-Show auszurichten. Das Jüdische Museum Berlin ist das größte jüdische Museum Europas. Es beherbergt eine Dauerausstellung sowie mehrere Wechselausstellungen, eine Bibliothek und Forschungseinrichtungen. Alle diese Abteilungen machen es möglich, die jüdische Kultur und die jüdisch-deutsche Geschichte zu erleben. Ich habe Freunde aus allen Kulturen der Welt. Mein Interesse an jüdischer Kunst wurde vor allem in meiner Kindheit durch meine Großmutter geweckt. Sie hatte viele jüdische Freunde und musste im Krieg miterleben, wie übel ihnen mitgespielt wurde. Zudem war sie ein großer Fan von Marlene Dietrich, nicht zuletzt wegen ihrer eindeutigen Haltung im Krieg gegen das Nazi-Regime. Durch sie lernte ich auch die mystische Tradition des Judentums, die Kaballa, kennen. Die Kaballa fasziniert mich bis heute. Nach kabbalistischer Ansicht hat Gott alles, was er im Kosmos erschaffen hat, auch am Menschen erschaffen. Demnach ist der Mensch an sich das Universum.

Das Museum ist hochinteressant. Der barocke Altbau sieht aus wie ein Palais. Der hypermoderne zickzackförmige Neubau von Daniel Libeskind hingegen wirkt fast galaktisch und soll an einen geborstenen Davidstern erinnern. Eine interessante Kombination und genau nach meinem Geschmack.

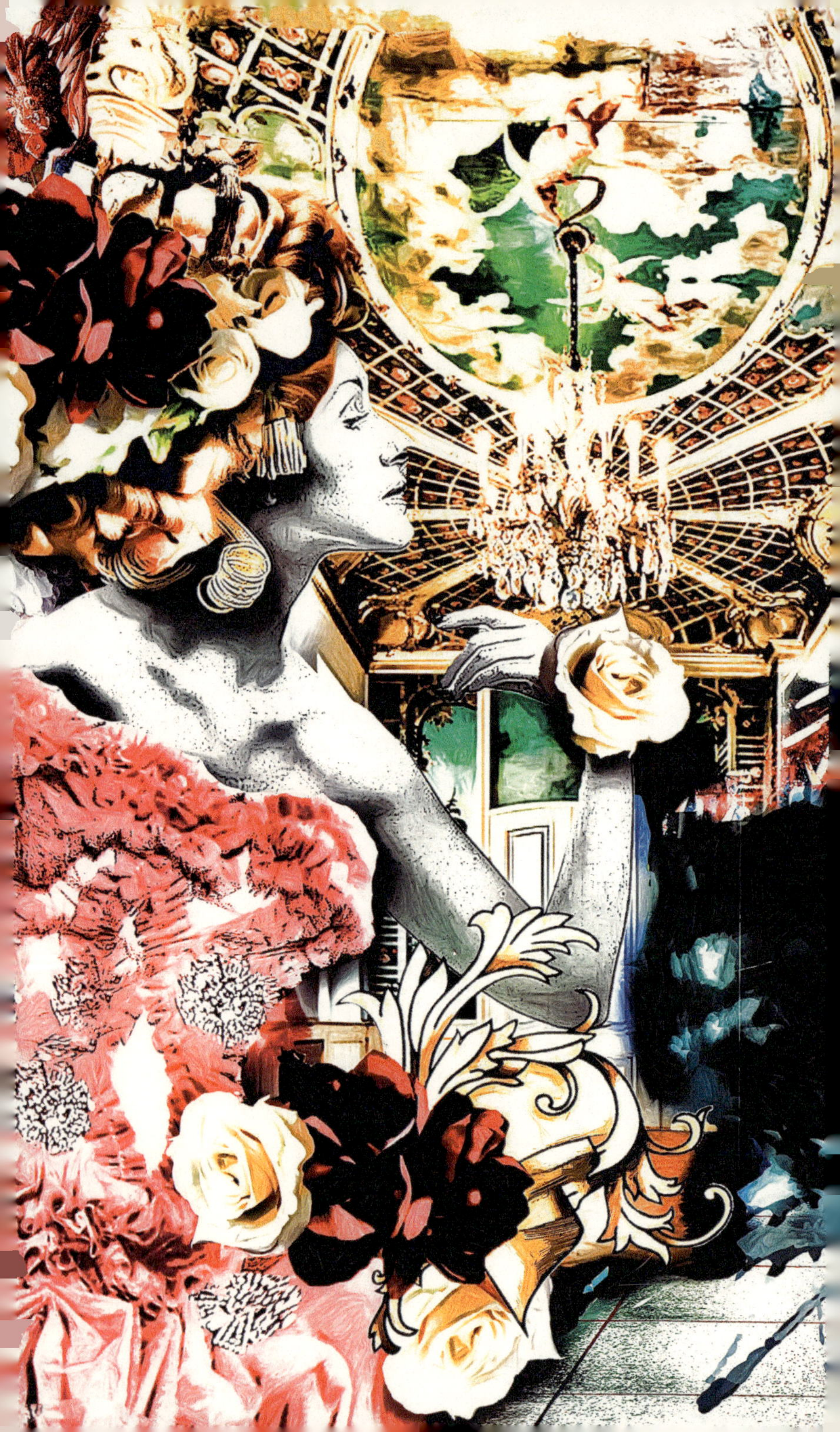

Auch ich liebe es, modernes mit antikem zu mischen, sowohl in meinen Modekreationen als auch bei meinen Möbeln und meiner Inneneinrichtung. Mir gefiel dieser Ort auf Anhieb. Das Museum ist für mich kein Museum im gewöhnlichen Sinne. Es ist für mich Mahnmal und Begegnungsstätte zugleich. Was ich dort gesehen habe, hat mich sehr bewegt.

Direkt nebenan befindet sich der Platanengarten. Für die Show schwebten mir bunte, opulente Kleider aus prachtvollen Stoffen vor, versehen mit dramatischer Schleppe. Zartes, fließendes, durchscheinendes Gewebe, aber auch schwere, golddurchwirkte, üppig mit Steinen und Perlen besetzte Stoffe. Als Musik wählte ich unter anderem Mendelssohns Komposition zu Shakespeares „Sommernachtstraum" sowie Mozarts „Entführung aus dem Serail." Es war ein unvergleichliches Erlebnis und ich empfand es als große Ehre, eine Modenschau an diesem geschichtsträchtigen Ort veranstalten zu dürfen.

Die Gäste schienen durch meine Inszenierung in dieser Nacht vollkommen verzaubert. Dass es zwischendurch sogar leicht zu nieseln anfing, schien niemanden zu stören. Der dadurch entstandene zarte, feuchte Schleier, der wie Chiffon in der Luft hing, verlieh der Atmosphäre einen morbiden Anstrich und brach das Licht der bunten Scheinwerfer: Alles wirkte auf einmal sehr geheimnisvoll, regelrecht mystisch. Einfach märchenhaft!

Man berichtete über die Show in der ganzen Welt. Ich wurde sogar in Japan, wo ich eine eigene Show im Fernsehen hatte, darauf angesprochen.

Tokio

Ich erinnere mich an meinen ersten Aufenthalt in Japan, an das Blitzlichtgewitter und all die begeisterten und freundlichen Japanerinnen, die ein Foto von mir und mit mir auf den Straßen Japans haben wollten.

Als wir damals das erste Mal in Japan waren, hatten wir uns zuvor in Büchern schlau gemacht, was man beachten muss, wenn man dorthin reist. Wie esse ich? Wie begrüße ich mein Gegenüber? Wie verbeuge ich mich richtig und was darf ich sagen, was nicht? Immer mit dem Bestreben, Harmonie zu schaffen und auf gar keinen Fall aufzufallen, denn das ist Japanern sehr wichtig. Dies kostet allerdings ungemein viel Aufmerksamkeit und Training. Man möchte ja schließlich alles richtig machen und niemanden kränken. Moderne und Tradition prallen in Japan hart aufeinander. Auch Tätowierungen haben in Japan eine sehr lange Tradition. Besonders beliebt waren sie allerdings nur bei Prostituierten und Arbeitern oder später dann als Zeichen für Kriminelle. Somit konnten nicht kriminelle Japaner keine Tätowierungen mehr tragen, hätte man sie sonst doch falsch eingestuft. Bis 1948 waren Tätowierungen sogar verboten. Noch bis heute haben Japaner eine Ablehnung gegenüber dieser Körperkunst. Zum Teil wird Tätowierten auch der Zutritt zu öffentlichen Bädern verboten. So erlebte auch ich es, als ich voller Vorfreude war, endlich nach dem stressigen Arbeitstag den Spa-Bereich unseres Hotels auskosten zu können. Doch eine nette Mitarbeiterin des Hotels bat mich, mich etwas bedeckter zu kleiden, damit sich kein Japaner von mir gestört fühlen würde.

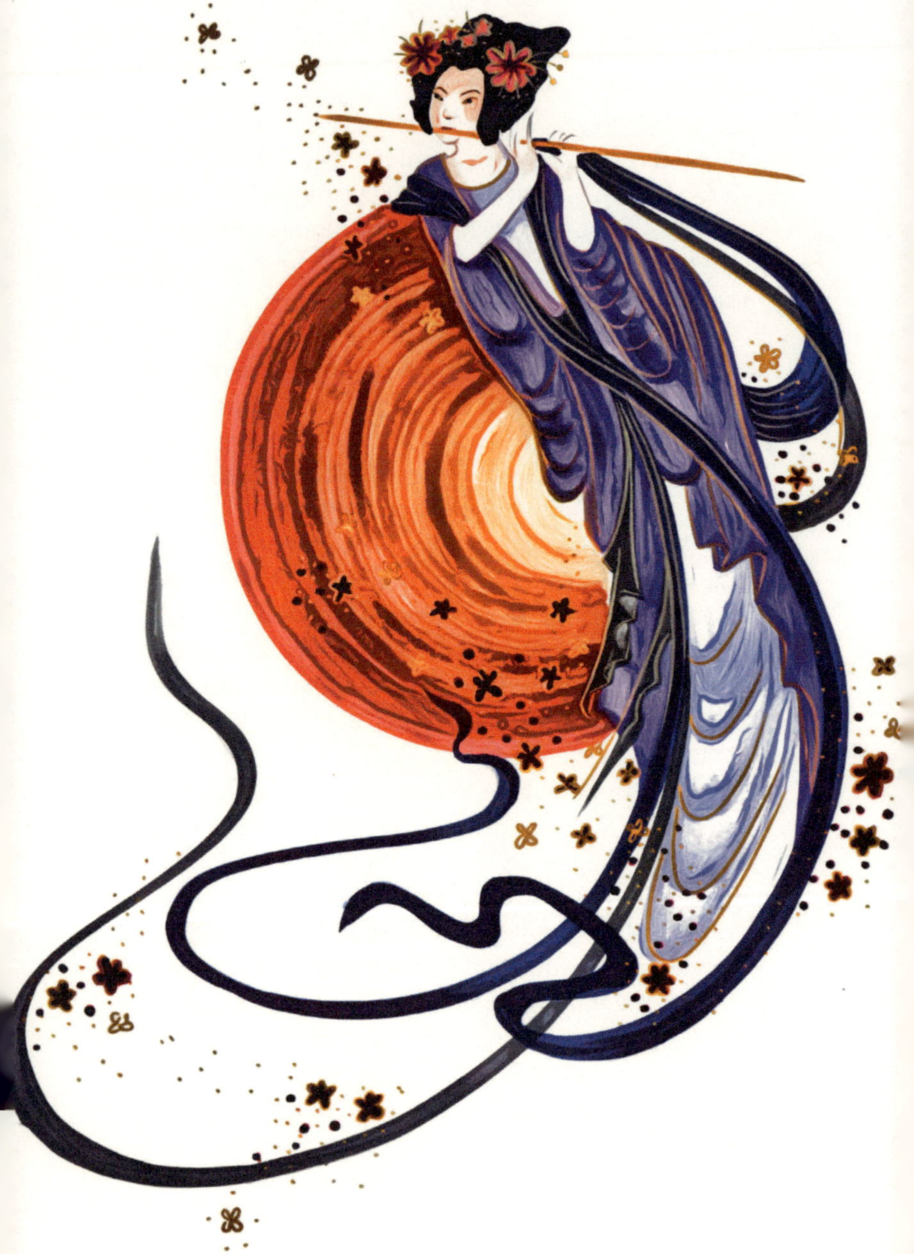

Es hätte sogar so weit gehen können, dass man mich dafür inhaftierte. Also zog ich mir doch lieber schnell etwas über.

Meine Tätowierungen liebe ich. Sie sind ein Teil von mir. Es lässt sich schwer beschreiben. Manche Menschen fragen mich: „Du hast dich tätowieren lassen? Wenn du alt bist und die Haut welk, sieht das wohl kaum mehr gut aus!“ Daraufhin erwidere ich: „Alte, welke Haut muss man sowieso nicht spazieren führen, die will keiner wirklich sehen, ob tätowiert oder nicht. Man sollte sich flott, aber dem Alter entsprechend kleiden.“ Oder es kommt die Frage: „Was ist, wenn dir dies in ein paar Jahren nicht mehr gefällt?“ Und genau das ist der Punkt: Wenn ich eine Entscheidung treffe, ist diese wohlüberlegt und gültig. Da gibt es keine Zweifel mehr. Ein gegebenes Wort ist für mich wie ein Vertrag. Deshalb sage ich bei der Flut an Anfragen, die mich täglich erreichen, grundsätzlich erst einmal „Nein“. „Ja“ kann ich dann immer noch sagen, aber ich breche niemals ein gegebenes Wort. Mit dem Besuch in Japan eröffnete sich für mich eine weitere grandiose Chance, meine extravagante, aber dennoch erschwingliche Mode im asiatischen Raum vorzustellen. Das Projekt Teleshopping lief bereits seit geraumer Zeit und war, zu meiner Zufriedenheit, außerordentlich erfolgreich. Da flatterte auch schon die nächste Anfrage eines Shop-Channels ins Haus, diesmal aus Japan. Den Wunsch, weltweit in den Medien vertreten zu sein, hatte ich bereits meinen Engeln zugeflüstert und auf einmal ergab sich die Möglichkeit eines weiteren Sendeplatzes im asiatischen Raum. Meine Engel hatten mich mal wieder erhört.

Dieter und ich flogen also nach Japan. Wir residierten im Ritz-Carlton in Tokio. Ich liebe ja alle Ritz-Carlton-Hotels, egal, ob in Berlin, London oder Paris.

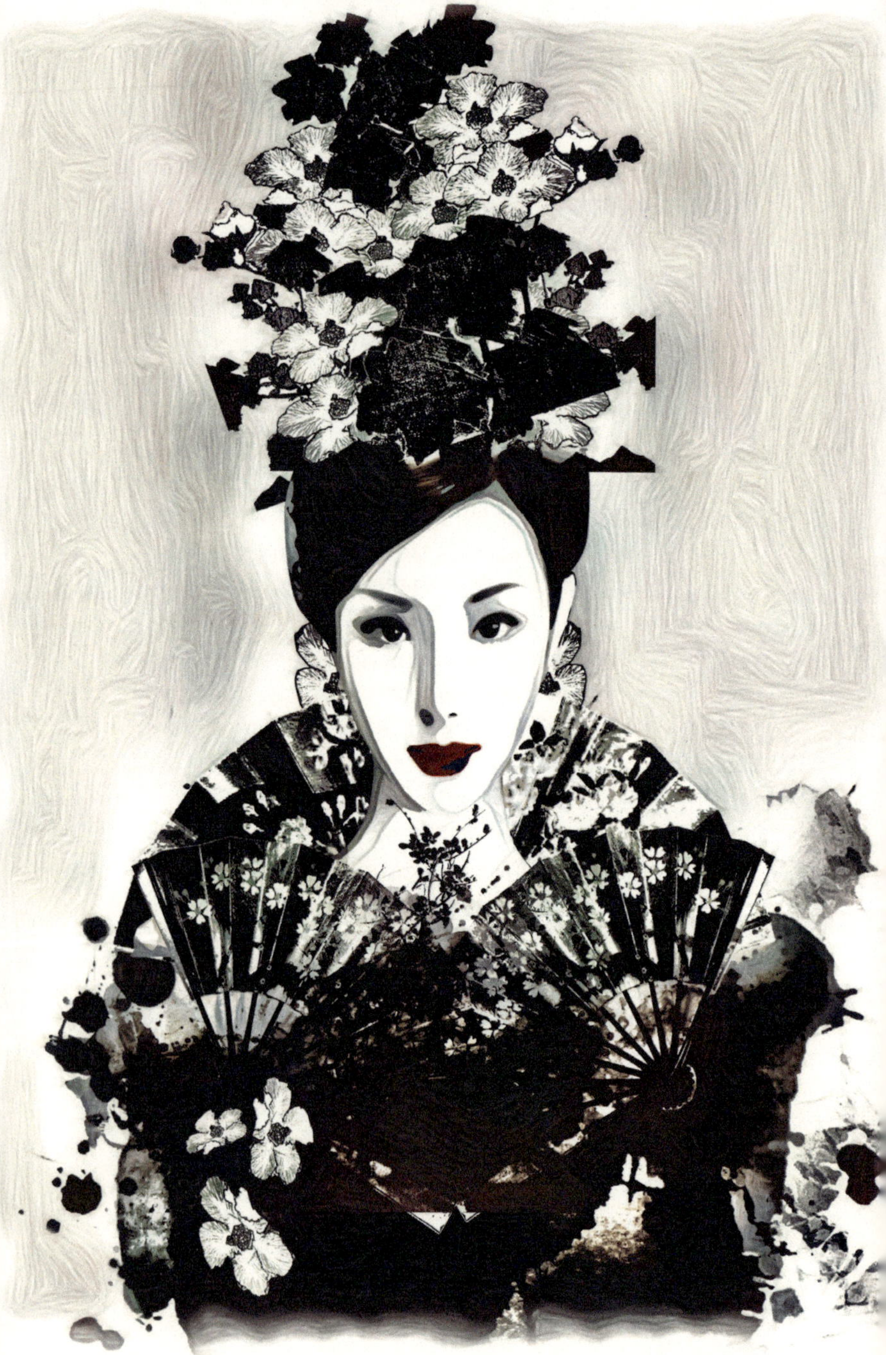

Vor allem mag ich das Ambiente dort. Es wirkt stets warm, nicht zuletzt durch die feinen Holzarbeiten, die asiatisch verzierten Teppiche und zeitgenössische Kunst, die man überall im Hotel findet.

In unmittelbarer Umgebung liegt auch der Kaiserpalast von Tokio, die Residenz des japanischen Kaisers. Zunächst konnten wir uns aber erst einmal auf unserem Zimmer von dem langen Flug ausruhen, bevor es dann weiter ins Studio ging. Ohne zu wissen, ob die Dolmetscherin auch meine kreative und opulente Sprache, mit der ich meine Mode präsentierte, richtig übersetzte, bestritt ich die erste Sendung mit Bravour. Mein mitgebrachter glamouröser Schmuck und die hinreißenden Kleider waren nach nur einer Stunde allesamt verkauft. Als wir am nächsten Tag durch Tokio gingen, um uns ein wenig die Stadt anzuschauen, kamen wir allerdings nicht weit. Wo ich auch auftauchte, wurde ich von Frauen erkannt und überschwänglich begrüßt. Sie machten Fotos und wollten Autogramme. Es war verblüffend, lief doch die Sendung erst gestern und zudem auf einem Shopping-Kanal und nicht auf einem regulären Hauptsender. Doch wie sich herausstellte, ging das Video der Sendung auf YouTube viral und wurde von tausenden Japanerinnen in kürzester Zeit angeklickt. Sie waren außer sich vor Freude, als sie mich nun auf der Straße trafen. Es war ein tolles Gefühl zu sehen, wie sehr mich die Frauen für meine Mode in ihr Herz geschlossen hatten. Ich präsentierte als erster deutscher Modedesigner meine Kollektionen in zwei Sendungen auf Shop Channel, dem größten Home-Shopping-Sender Japans und erreichte damit rund 22 Millionen Haushalte. Mir schien, als würde mein barocker Look in Japan besonders gut ankommen. Wie auch in New York, haben die Frauen in Japan ein unheimliches Gespür für Mode. Es sieht niemals langweilig aus, sondern immer besonders und mutig. Man sieht den typischen Mädchen-Look mit Schleifchen im Haar und kurzen Faltenröcken, aber auch elegante Etuikleider und schicke Schuhe. Auch meine Mode ist verspielt und elegant zugleich. Vielleicht hatte ich deshalb so viel Erfolg in Japan und traf auf so viel Zustimmung bei den Frauen. Meinem Ziel, japanische Frauen in den Genuss meiner luxuriösen, edlen Designermode kommen zu lassen, kam ich damit einen riesigen Schritt näher.

„Für den Lebenskünstler Harald Glööckler ist nichts undenkbar, sondern alles möglich ...“

(Business Voice Magazin)

Meine Aufenthalte in Tokio inspirierten mich enorm. Nirgends schienen mir die Menschen modemutiger und nirgends die Röcke der Damen kürzer. Man müsste eigentlich im Sprachgebrauch zu der italienischen Rocklänge noch die japanische Rocklänge hinzufügen. Ich fasste einen kühnen Plan: Eine Modekollektion als Happening, als eine Art lebendige Installation. Für mich gehen Kunst und Mode fließend ineinander über. Da gibt es keine Übergänge oder Trennwände. Japan Meets Rokoko sollte das Projekt werden und in meiner Fantasie kombinierte ich barocke Korsagen mit Kimonos und Ballonröcke mit Punkstrumpfhosen, dazu passendes Make-up, herzförmige Lippen und punkartige Barockfrisuren. Ich präsentierte diese extrem sexy-erotische Kollektion vor viel Presse in meinem Showroom in Berlin. Und so kann ich auch hier von einem riesigen Erfolg berichten.

Vive la Maîtresse

Meine neue Wohnung befand sich im Herzen Berlins. Ich lebte in einem regelrechten Palast, der mich irgendwie an einen Pharaonenpalast erinnerte. Alles war in Weiß und Gold gehalten, die raumhohen Fenster wirkten majestätisch. Manchmal denke ich, es fehlt nur noch der Nil als Kulisse vor dem Fenster. Aber soweit war ja Ägypten nicht. Denn nur wenige hunderte Meter entfernt befindet sich die weltbekannte Museumsinsel mit dem Ägyptischen Museum. Es verfügt über eine der weltweit bedeutendsten Sammlungen der ägyptischen Hochkultur, mit Skulpturen und Objekten aus nahezu allen Epochen der ägyptischen Geschichte, unter anderem dem absoluten Liebling der Besucher aus aller Welt, die von James Simon übereignete Büste der Königin Nofretete. Daneben steht der Berliner Dom, die dynastische Grabstätte der preußischen Königsfamilie. Wenn ich aus dem Fenster blickte, sah ich das Brandenburger Tor und die Friedrichstraße. Auf dieser befindet sich ein Luxustempel der ganz besonderen Art. Die Galeries Lafayette bietet alles, was das Herz begehrt. Ich liebe diesen Ort und pflege seit Jahren eine sehr enge Beziehung dorthin. Vor einigen Jahren wurde ich vom Geschäftsführer der Galeries Lafayette, Thierry Prévost, eingeladen, in der Berliner Filiale eine Modenschau zu präsentieren. Prévost und Frankreichs Botschafter, Claude Martin, waren die Gastgeber des Abends. Als ich mich einige Zeit zuvor auf Einladung in der Pariser Filiale zeigte, war man wohl von meinem Stil sehr angetan, sodass man mich nun mit ansonsten ausschließlich französischen Designern für diese Show anfragte.

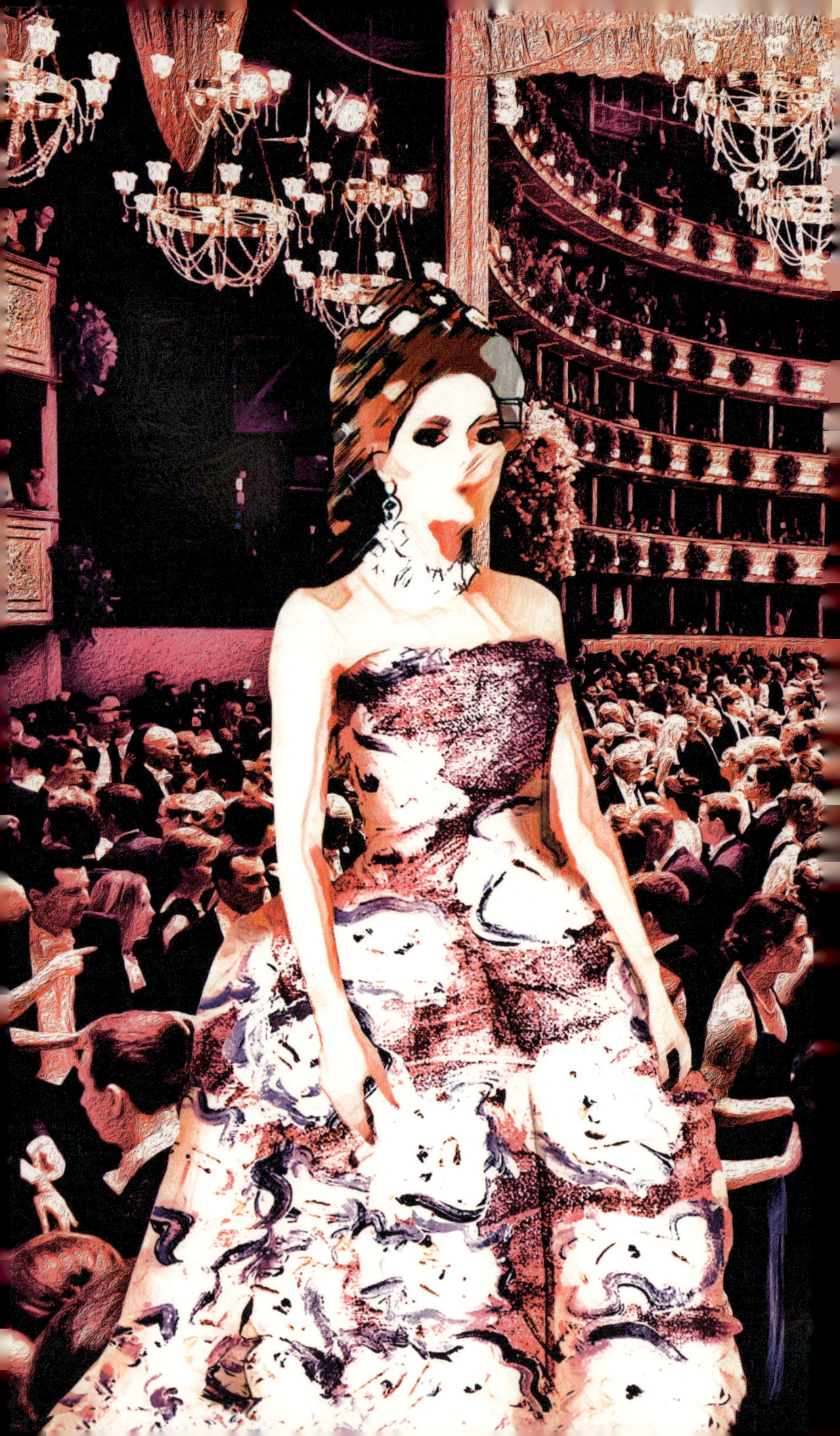

Meine Kollektion hätte genau so, wie sie war, ins Schloss Versailles gepasst. Unter dem Motto „Vive la maîtresse“ zeigte ich weite Röcke, verführerisch enge Korsagen und tiefe Dekolletees. Als Kontrast trugen einige Models kurze Hosen. Der Name der Kollektion entstand eigentlich sehr spontan. Als ich schließlich meine Models in meinen Kreationen auf dem Laufsteg sah, dachte ich an meinen Traum, den ich schon so oft als Kind hatte. Mein Traum vom Ball im Versailler Schloss schien zumindest ein wenig wahr geworden. Übertreffen könnte dies nur eine Show im echten Schloss Versailles. Die würde auch noch folgen. Da war ich mir ganz sicher. Um mich auf den Abend einzustimmen, lud man mich ins Haupthaus der Galeries Lafayette nach Paris ein. Man brachte mich im Inter-Continental Grand Hotel unter, welches unmittelbar an der Pariser Oper thront. Ich konnte aus meinem Himmelbett durch die über drei Meter hohen Fenster direkt auf die Oper blicken. Als ich am Morgen im Bett sitzend mein köstliches Croissant mit meiner geliebten Orangenmarmelade und einem schönen, heißen, duftenden Kaffee verspeiste, war die Welt in Ordnung. Nirgends gibt es köstlichere Croissants als in Paris. Ob es an Paris oder an den Croissants liegt, sei dahingestellt, aber die Pariser haben in Sachen Croissants den Dreh raus. In allen kreativen Belangen denkt der Franzose groß und größer, wie es sich als Erbe Ludwig XIV. und als Bürger Frankreichs, der Grand Nation, gebührt. Modemachen ist demnach eine Staatsangelegenheit.

Als ich also aus dem Fenster blickte, bekam ich den Beweis dafür. Direkt an der Treppe der weltberühmten Opera Garnier stand ein von Müll bis auf den Boden überquellender fest installierter Abfallkorb und direkt daneben: eine Einkaufstüte einer französischen Luxusmarke. Wow, dieses Stillleben haute mich um.

Das war Paris und seine Selbstverständlichkeit, im Luxus zu leben. Kurz darauf wartete eine Limousine auf mich, um mich in die heiligen Hallen der Galeries Lafayette zu chauffieren. Ich hatte mich dem Anlass entsprechend französisch gekleidet und trug einen sehr schicken, schwarzen Yves-Saint-Laurent-Mantel mit goldenen Knöpfen im Uniformstil und eine schwarze Hermès Birkin Bag. Als ich aus der Limousine stieg, grüßte mich eine Gruppe sehr gut aussehender französischer Polizisten und meinten, ich sei „très chic". In Paris sehen selbst die Polizisten wie Models aus. Ich dankte artig und betrat die Galeries Lafayette. Am Eingang wurde ich bereits zur großen, exklusiven Führung erwartet.

Als ich im Innern der Heiligen Hallen stand, fühlte ich mich wie Alice im Wunderland. Es war zur Weihnachtszeit und alles war wahrhaft pompöös dekoriert. Es glitzerte und funkelte, wohin das Auge blicken konnte. Die Geschäftsführung der Galeries Lafayette gab sich die allergrößte Mühe und führte mich durch die Räume und Geschichte der Galeries Lafayette. Oben im Büro der Geschäftsführung angelangt, zeigte ich die Entwürfe meiner Kollektion, welche ich in Berlin zu zeigen plante und man war auf Anhieb begeistert. Bislang hatte wohl kein anderer deutscher Designer eine derartige Opulenz und Kreativität präsentiert und dies wurde daher offensichtlich auch gar nicht erwartet. Man sagte, das sei ja wie „Lacroix Meets Rokoko", absolut fantastisch. Am Abend folgte dann noch ein Dinner mit Freunden im Hotel Ritz, bevor ich am anderen Tag nach Berlin zurückflog.

Am Tag der Show lag die gewohnte Hektik in der Luft. Mein exzentrisches Make-up und meine ausladenden Frisuren brachten so machen in Bedrängnis, um nicht zu sagen, an seine Grenzen.

Die Show vor geladenen Gästen war etwas ganz Besonderes und eine meiner schönsten Shows überhaupt. Standesgemäß ließ man den Abend im Untergeschoss der Feinkostabteilung der Galeries Lafayette mit Hummer, Austern und anderen Leckereien ausklingen.

Hotel Ritz-Carlton Berlin

Ich hatte gute und schwere Zeiten, aber auch in den schweren Zeiten ließ ich es mir stets gutgehen. Das Leben ist zu kurz, um zu schmollen und mit den Gegebenheiten zu hadern. Vielmehr sollte man nach Lösungen und neuen Möglichkeiten suchen. In einer dieser etwas beengten Zeiten saß ich im Hotel Ritz in Paris und überlegte, wie ich es bewerkstelligen sollte, die kostbaren und kostspieligen Stoffe für eine neue Kollektion zu besorgen. Da erinnerte ich mich daran, dass meine Großmutter mir eines Tages erzählt hatte, dass sie nach dem Krieg aus der Not heraus Vorhangstoffe zu Kleidern missbraucht hatten. Als ich mir das so überlegte, betrachtete ich die Brokatgardinen im Hotel Ritz und dachte mir: „Die sollte ich abhängen und festliche Roben daraus nähen."

Und genauso oder zumindest so ähnlich sollte es dann letztendlich auch kommen.

Berlin brachte mir viele großartige Einladungen und Möglichkeiten, meine Mode zu präsentieren. Meine „Schneewittchen auf Eis"-Show in St. Moritz erreichte auch das Ritz-Carlton in Berlin und wurde als legendär befunden. Der Hoteldirektor des Fünf-Sterne-Hauses am Potsdamer Platz wünschte sich zur Eröffnung des Hotels genau so eine Show. Allerdings fehlte ihm dabei noch die Verbindung, wie man dabei auch das Hotel bewerben könne. Ich aber hatte da eine grandiose Idee. Nur Laufsteg aus Eis und Schlittschuhläuferinnen allein genügten mir nicht, das hatten wir ja bereits. Ich brauchte etwas, was das Vorherige noch übertraf.

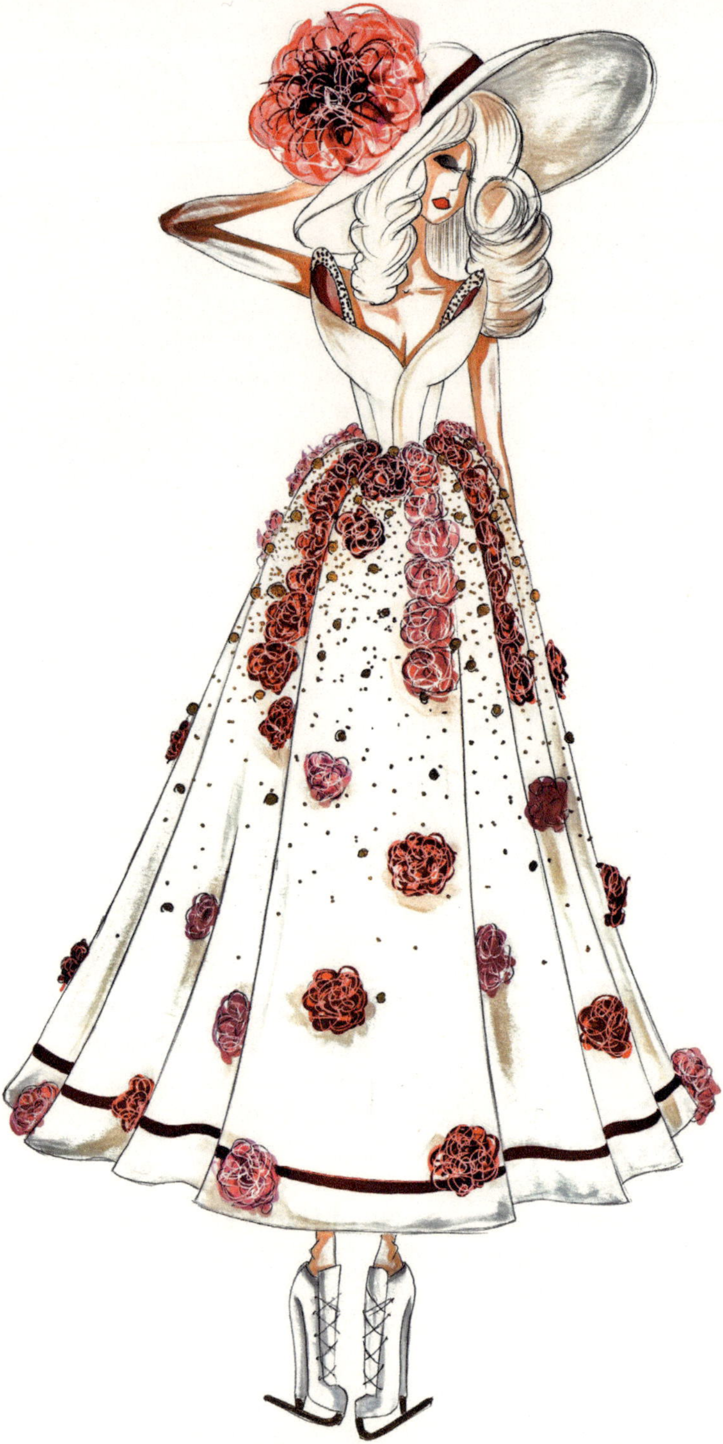

Ich erinnerte mich an meinen Aufenthalt im Hotel Ritz in Paris und meine Idee, aus Gardinen Kleider zu gestalten. Mit dieser Erinnerung kam plötzlich eine Idee: Ich wollte die Geschichte, die Zeit des Rokokos und den Luxus des Hotels aufgreifen und wie konnte ich das besser zeigen als mit Kleidern aus den grandiosen Stoffen des Ritz-Carlton? Der begeisterte Direktor ließ sofort alle Originalvorhangs-, Bezugs- und Möbelstoffe liefern, darunter auch einige aus dem Ritz in Paris und London. Meine Roben waren genauso edel und glamourös, wie das Ritz-Carlton und somit führte ich mit den Kostümen die erlesenen Ehrengäste zur Eröffnung durch die Zimmer und Suiten des Hotels. Das Hotel wünschte, dass die Show draußen stattfand. Ich bin in solchen Fällen immer etwas vorsichtig, da man nie so genau wissen kann, was Petrus vorhat. Das Hotel bestand jedoch darauf. So kooperativ die Leute vom Ritz-Carlton auch waren und mich in jeder Hinsicht unterstützten, an eine Überdachung für den Laufsteg hatte niemand gedacht, beziehungsweise man lehnte sie aus Kostengründen ab und meinte, es würde schon gut gehen. Doch der Mensch denkt und Gott lenkt. Und es kam, wie es kommen musste: Am Eröffnungstag goss es in Strömen. Als die Gäste, darunter der ehemalige Bundespräsident Walter Scheel und seine Frau Barbara, mit den Füßen knöcheltief in den Pfützen standen, sah nun auch der Hoteldirektor ein, dass eine Show im Freien nicht möglich war. Diese abzusagen war aber ebenfalls undenkbar, schließlich kamen viele Gäste und hatten nicht nur ihre Zeit geopfert, sondern auch ihre Kleidung. Die Gäste wurden schnellstmöglich ins Trockene gelotst und machten somit auch gleich unschöne Flecken auf dem noch unbenutzten edlen Teppich in der Hotellobby. Das komplette Foyer, inklusive der Treppe, war voll mit Menschen. Es musste etwas passieren, ganz schnell. Als hätte ich es geahnt, hatte ich zum Glück noch Schuhe für die Models eingepackt. Als ich aus dem Nebenzimmer Gesangsübungen hörte, kam mir eine Idee. Taco Ockerse, ein niederländischer Sänger, der durch seine Coverversion von „Puttin' On The Ritz" Erfolge feierte, machte sich für seinen Auftritt warm. Als ich ihm von meiner Idee berichtete, machte er sofort mit. Die Ton- und Lichttechniker wurden ebenso informiert, dann konnte es losgehen. In ihren edlen Roben schritten die Models die Marmortreppe hinunter und schafften sich einen freien Weg durch die Gäste, vorneweg der singende Taco. Die Veranstaltung verlief nicht wie geplant, glamourös inszeniert ist vermutlich auch etwas Anderes, aber kreativ und außergewöhnlich war sie allemal. Die Show war kurz, aber charmant, und am Ende waren alle glücklich und es wurde noch lange bis in die Nacht ausgelassen gefeiert. Für mich folgte noch so manches große Fest im Hotel Ritz-Carlton in Berlin.

Harald Glööckler Angel Award Christmas Party

Bei einer meiner legendären Angel Award Christmas Partys kam Herr Kromschröder, der Geschäftsführer von ITV Deutschland, auf mich zu und teilte mir mit, er habe Interesse, einen exklusiven Vertrag mit mir abzuschließen. Sein Ansinnen bestand dabei darin, Dokus und Fernsehproduktionen mit mir zu realisieren. Kurz danach folgte eine Reise zu ITV nach London und ich bekam meine erste Doku „Harald Glööckler: Prince of Fashion". Diese wurde sowohl in London als auch in Berlin gedreht und auf dem englischen Fernsehsender Living mit großem Erfolg ausgestrahlt. Ich hätte niemals erwartet, meine erste Doku in England umzusetzen, dennoch war es für meine Karriere bezeichnend. Mehr als einmal bedurfte es einem Anschub aus dem Ausland, damit man in Deutschland auf mich aufmerksam wurde.

In meinem Leben bin ich wohl mehr umgezogen als andere Menschen die Wäsche wechselten. In Berlin angekommen, residierten wir erst einmal sechs Monate im Hotel InterContinental in einer Suite. Dann mieteten wir über eine liebe Freundin, welche eine Immobilienvermietungsgesellschaft besitzt, eine möblierte Wohnung in der Uhlandstraße. Unser Showroom befand sich derzeit im Modecenter Berlin. Kurze Zeit später verwies sie uns auf eine wunderschöne, barock eingerichtete Wohnung in der Pfalzburger Straße, welche einer Prinzessin von Sachsen Herzogin zu Sachsen gehörte. Ich besichtigte die Räumlichkeit und ratzfatz zogen wir um. Dann verliebte ich mich in den Bezirk Dahlem und dachte so bei mir, dies sei eine hervorragende Adresse. Es kam, wie es kommen musste: Wir zogen nach Dahlem in eine wunderschöne kleine Wohnung, nur um ein Jahr später wieder in die Wohnung der Prinzessin in die Pfalzburger Straße zurückzuziehen.

Zwischenzeitlich mussten wir innerhalb des Modecenters mit unserem Laden von Haus eins ins Haus zwei umziehen. Dann bekamen wir das Angebot einer lieben Freundin: Eine prachtvolle Wohnung in der Düsseldorferstraße, mit einer grünen Marmorküche und einem großen weißen Marmorbad. Diese Wohnung war absolut luxuriös und es verkehrten Gäste wie Bonnie Tyler und der russische Gesandte, Wladimir Polenow, als meine Gäste zum Essen. Es hätte alles gut sein können, wäre nicht in der Wohnung über uns ein Wasserrohrbruch dazwischengekommen, der mir die Wohnung verleidete. Also stand ein weiterer Umzug an, diesmal in die Heerstraße in eine einmalige Maisonette-Penthouse-Wohnung mit einem fantastischen Ausblick. Diese Wohnung war die erste nicht möblierte und ich richtete sie komplett selbst ein, was mir einen großen Spaß bereitete. Der Herzpunkt der Wohnung war ein fünfzehn Meter langes, acht Meter breites und fünf Meter hohes Atrium. Nachdem wir uns also etabliert hatten, teilte uns der Vermieter mit, dass sich einen Stock tiefer eine große, sehr repräsentative Gewerbewohnung befinde. Ob das nicht interessant wäre für uns? Die Fahrerei durch die ganze Stadt kostete uns inzwischen jeden Tag nahezu zwei Stunden und so entschieden wir uns dafür, aus dem Modecenter auszuziehen in die Heerstraße. Von diesem Moment an wurde unser Domizil zu einem Hotspot.

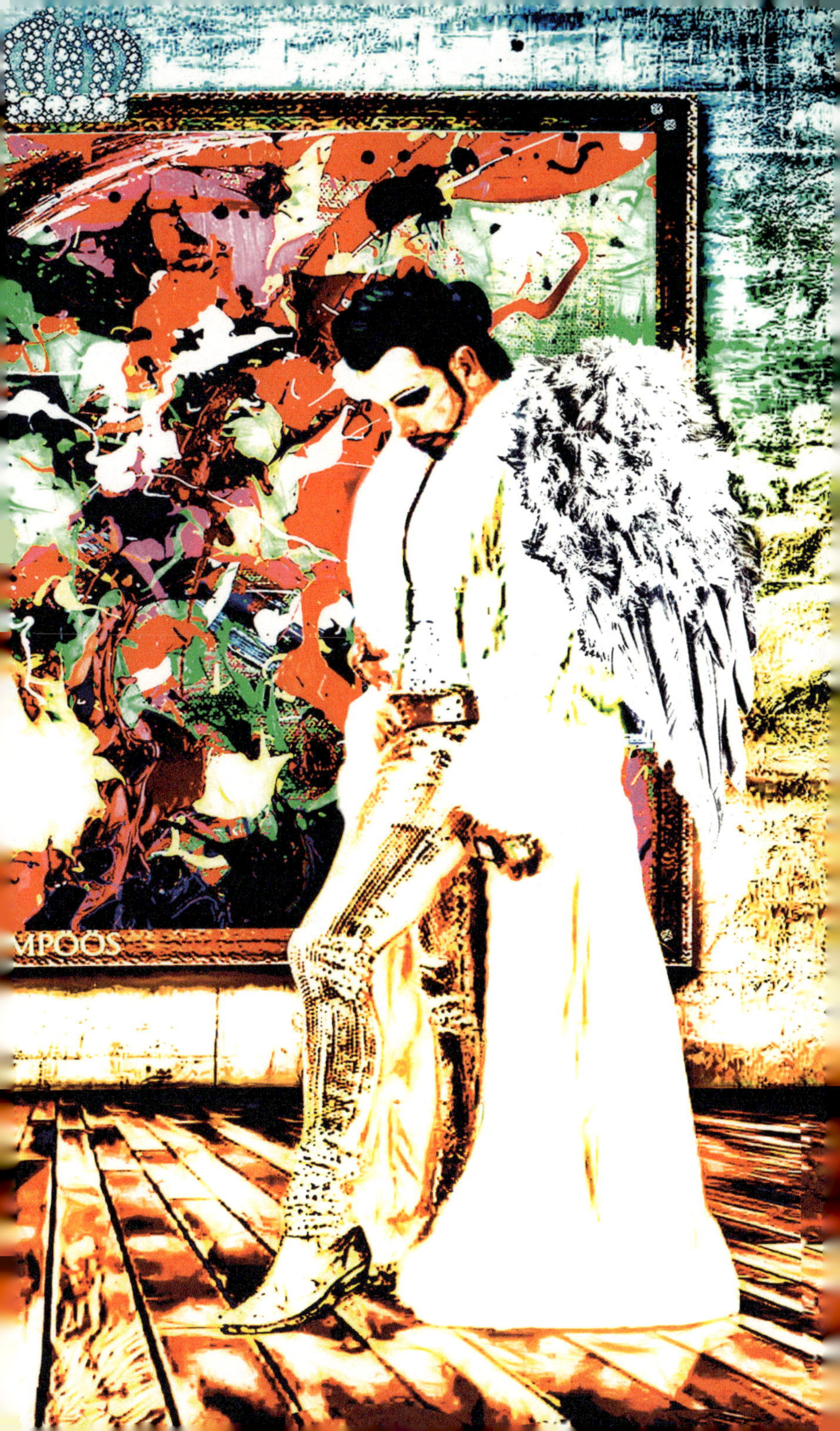
MPOOS

Besonders interessant waren unsere legendären Angel Award Charity Christmas Partys, in welchen ich Damen für besondere Leistungen und ihre Vorbildfunktion auszeichnete. Die Liste der ausgezeichneten liest sich wie eine Aufreihung der „Who is Who“. Bonnie Tyler, die The Weather Girls, Brigitte Nielsen, Nastassja Kinski, Liz Hurley und Gina Lollobrigida. Man kann durchaus sagen, dass an diesem Ort unsere Geschichte in Berlin richtig Fahrt aufnahm. Überhaupt denke ich, dass dies die beste Zeit in Berlin war. Berlin verfügte über eine magische Ausstrahlung in die ganze Welt.

Glööckler zieht um

Mit dem Umzug nach Berlin-Mitte ging eine Ära zu Ende. Ein Neuanfang ist immer etwas Wunderbares, denn schon Hermann Hesse wusste „Jedem Anfang wohnt ein Zauber inne". Nach elf Jahren Residenz in Charlottenburg, wo wir rauschende Feste feierten und viel gearbeitet hatten, gaben wir die Wohnung und den Showroom auf. Nun hieß es nicht mehr „Ab durch die Mitte", sondern „Ab nach Mitte". Dreihundert Bilder, fast hundert Sessel und Stühle, dreißig Sofas, hundert Spiegel und vierzig Kronleuchter wurden mit Hilfe von rund zwanzig Umzugshelfern verpackt. Wofür andere drei Wochen brauchten, schafften wir in drei Tagen. Besonders ist in solchen Moment jedoch auch immer, dass man sieht, wie viel man besitzt und wie viele Schätze sich in den letzten Jahren angesammelt haben. Neben dem ganzen Chaos mussten aber auch die Geschäfte an diesen Tagen weitergehen. Zudem begleitete mich für Wochen ein Fernsehteam, das eine Doku mit dem Titel „Glööckler zieht um" drehte. Es war also mal wieder ganz schön was los!

Mit diesem Umzug erfüllte ich mir einen Lebenstraum. Ein eigener Showroom plus private Wohnfläche auf über 1.400 Quadratmetern im Herzen Berlins, genauer gesagt Unter den Linden. Neben dem modernen Gebäude faszinierte mich vor allem die geschichtsträchtige Lage. Der 1905 fertiggestellte, monumentale Dom am Lustgarten brachte den Geltungsdrang des Wilhelminischen Kaiserreiches auch architektonisch zum Ausdruck. Unter den Linden war im 16. Jahrhundert ein von Kurfürst Johann Georg angelegter Reit- und Jagdweg. Achtzig Jahre später wurde der Weg befestigt und mit Nussbäumen und Linden bepflanzt. Auf der südlichen Straßenseite befindet sich der spätklassizistische Bau des Kronprinzenpalais, welcher lange dem preußischen Herrscherhaus als Stadtpalais diente. Im Prinzessinnenpalais, oder eher bekannt als Opernpalais, wohnten bis 1918 Mitglieder der königlichen Familie. Und nun wohnten wir hier. Unser neues Domizil erstreckte sich über zwei Etagen: Das Penthouse mit einem gigantischen Wintergarten, wo ich wohnte, arbeitete und meine Modelle ausstellte, darüber, auf der gegenüberliegenden Seite, ein Maisonette-Penthouse, welches als Galerie für meine Gemälde und Skulpturen diente. Ich bin zu hundert Prozent Künstler, Träumer, Illusionist, wie ich aber auch Realist und knallharter Geschäftsmann bin. Das ist es, glaube ich, was mich auszeichnet. Ich denke genauso schnell, wie ich spreche, merke mir Dinge, auch wenn ich sie nur einmal gesehen habe und finde immer eine Lösung, wenn andere nicht mehr weiterwissen. Noch bevor irgendein Möbelstück im neuen Penthouse stand, wusste ich, wo alles am Schluss stehen sollte. Jedes Detail war vor meinem inneren Auge bereits festgelegt. Alles im Wohnbereich sollte in Weiß und Gold erstrahlen. Natürlich durfte im neuen Palast ein Flügel nicht fehlen, da ich immer wieder einen Stargast empfing, der bei meinen Shows und Festen auftrat. Es war jedoch gar nicht so leicht, einen weißen Flügel zu finden. Hier wollte ich keine Ausnahme machen. Wenn Weiß in meinem Haus dominieren sollte, dann musste alles weiß sein – auch der Flügel. Da diese in Deutschland aber nur sehr selten gekauft werden und die meisten, was schreibe ich, alle Flügel, nur noch in schwarz zur Verfügung standen, war für mich wieder mal klar: Ich möchte anscheinend immer genau das Gegenteil von dem, was der Rest der Deutschen will. Es war eine Tortur.

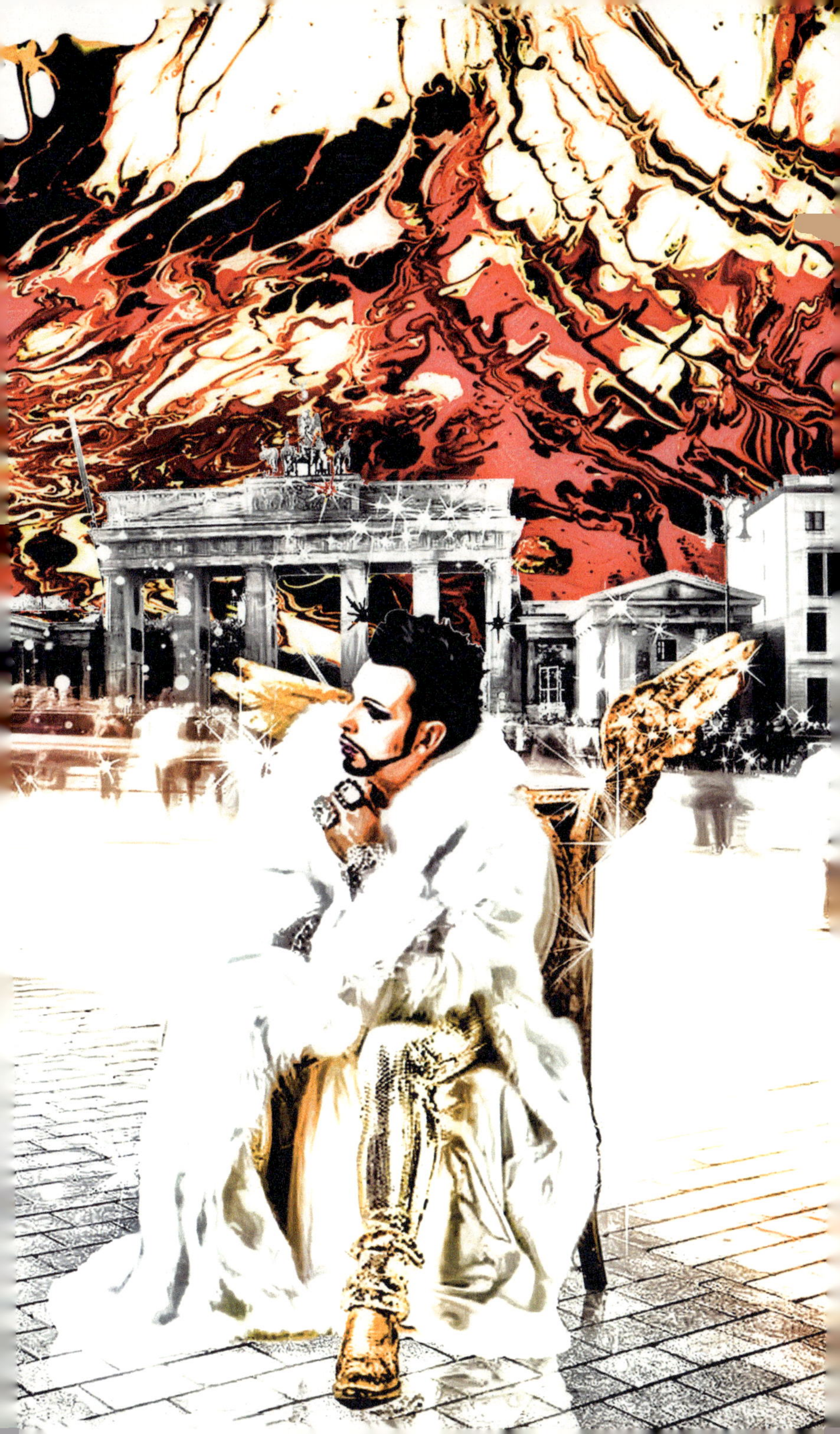

Doch wir hatten Glück. Als Dieter und ich damals den „Eurovision Song Contest“ sahen, waren wir ganz begeistert von dem weißen Flügel eines Sängers, der für Italien angetreten war. Und nun gehörte dieser weiße Flügel uns. Ein Traum von einem Flügel. Das Penthouse glänzte in einer Mischung aus Moderne und Barock. Ich liebe die Kombination aus Avantgarde und antik. Alle meine Sessel und Stühle waren nun in Weiß und Gold gehalten. Bombastische Gemälde in goldenen Rahmen zeigten mich als Ludwig XIV., einzelne Wände waren bestückt mit braunem, samtigem Kunstpelz. Englische Chesterfield-Sessel in Silber luden zum Verweilen ein. Dieter bekam sein Fußballzimmer mit einer Spielecke für Billy. Zahlreiche deckenhohe Spiegel in schwarzen und weißen barocken Rahmen zierten die Wände, Engelsfiguren, goldene Glasvitrinen, viele Kronleuchter und mehrarmige Kerzenständer schmückten die Räume. Große Engelsstatuen in Silber und Gold zierten den modernen Wintergarten. Der Ausblick von oben war gigantisch. Man blickte auf das Brandenburger Tor, auf die Friedrichstraße und Unter den Linden. In diesem Maisonette-Penthouse sowie im Showroom wirkten meine Gemälde und Skulpturen phantastisch. Als alles fertig war, stand mein Geburtstag an. Dieser sollte im engsten Kreis gebührend gefeiert werden. Zudem hatte bislang noch niemand von unseren Freunden unsere neuen Räumlichkeiten gesehen. Für rund zwanzig Freunde sollte es daher ein exzellentes Dinner geben. Doch bevor es am Abend beginnen konnte, gab es noch viel zu erledigen. Meine langjährige Freundin Laura, meine persönliche Astrologin, die ich noch aus Stuttgarter Zeiten kannte, kam, um die Zimmer zu reinigen. Sie prüfte jeden Raum einzeln auf seine Energien, sprühte hier und da etwas von ihrem Elixier in die Ecken und befreite diese von jeglichem Bösen. Die Räume haben gute Energien, ließ sie mich anschließend wissen.

Das hörte ich gerne. Ich glaube an Esoterik, schon immer. Wer viel gibt, bekommt auch viel zurück. Zum Abschluss legte sie mir außerdem meine persönlichen Karten. Nun konnte der Abend beginnen. Die Bar vor dem Wintergarten war geschmückt mit weißen Hortensien und Ranunkeln. Einundzwanzig Gläser und Champagner standen für den Empfang bereit. Eine Einladung zu meiner Eröffnungsparty zu ergattern glich einem Ritterschlag. Es ist mir wichtig, dass mich meine Freunde in entscheidenden Momenten begleiten. Es gibt nur wenige gute Freunde im Leben, mit denen man durch Dick und Dünn gehen kann. Dazu gehört für mich unter anderem Gina Lollobrigida, die an diesem Abend nicht fehlen durfte. Sie sah wie immer fantastisch aus. Als dann auch noch Brigitte Nielsen in einem bodenlangen aprikotfarbenen Kleid mit funkelnder Perlenkette erschien und den Glanz von Hollywood in meinem Zuhause verstärkte, drehten die Fotografen geradezu durch.

Zum Empfang wurden reichlich Champagner und Häppchen serviert und eine Menge Fotos gemacht. Danach ging es hinunter an die gedeckte Tafel. Ich war schon immer fasziniert von opulent gedeckten Tischen, geschmückt mit üppigen Blumensträußen, Kerzenständern und feinstem Porzellan. Gemeinsam mit der renommierten Firma Seltmann Weiden und Königlich Tettau entwickelte ich daher eine luxuriöse Porzellanserie unter dem Label POMPÖÖS designed by HARALD GLÖÖCKLER. Wie heißt es so schön: „Das Auge isst mit“. Und damit ist nicht nur das Essen gemeint, welches man geschmackvoll zubereiten sollte, sondern auch das Geschirr. Schon Anfang des 19. Jahrhunderts galt feinstes Tettau-Porzellan bei Hofe als Ausdruck vollendeter Tischkultur. Königlich Tettau ist die älteste Porzellanfabrik Bayerns und wurde 1794 unter Mitwirkung des berühmten Naturforschers

Alexander von Humboldt gegründet. Das Familienunternehmen Seltmann stammt aus dem Jahr 1910. Wilhelm Seltmann, der den Fleiß und den unternehmerischen Geist seines Vaters besaß, kaufte weitere Porzellanfabriken auf und vergrößerte sein Imperium. Seit 1957 gehört Königlich Tettau zur Firmengruppe Seltmann Weiden. Unsere pompöose Linie bestand aus großen, weißen Tellern, Tassen, Kaffee- und Teekännchen, Schalen und Vasen besetzt mit der goldenen Krone und edlen, goldenen Ornamenten am äußeren Rand, die an einen Pharaonenpalast erinnern. Aber auch farbenprächtige Tassen und Zuckerdosen mit Blumenverzierungen lassen jeden Tisch königlich glänzen. Als Schmuckstück für mein Zuhause ließ ich mir im Zuge dessen eine Statue aus Porzellan anfertigen, die mich als reitenden Napoleon auf einem Schimmel zeigt. Dieses Porzellan wollte ich meinen Gästen nicht vorenthalten. Sie sollten essen wie Prinzessinnen und Prinzen. Der Tisch war verziert mit weißen prächtigen Blumenarrangements, Kristallkerzenständern und meinem feinsten Porzellan, auf dem gefaltete Servietten und liebevoll dekorierte Tischkärtchen lagen. Die Tafel und meine Gäste strahlten um die Wette. Bevor die Gänge nacheinander serviert wurden, sang Tenor Oswald Musielski eine Arie und verzauberte uns alle. Sogar das ein oder andere feuchte Auge ließ sich nicht verheimlichen. Ein phantastischer Abend. Es wurde gelacht, getrunken und gespeist. Alle fühlten sich wohl und einige gaben an, dass ich sie gar so sehr inspirierte, dass sie nun auch ihre eigene Wohnung umgestalten wollten.

New York

Während ich dieses Buch schreibe, tobt in den USA der Wahlkampf. Diese Tatsache veranlasst mich dazu, über meine Aufenthalte und Erlebnisse in den USA nachzudenken. Ich war beruflich in Los Angeles, hatte auch zeitweilig einen Vertrag mit einer TV-Produktion in Hollywood und wurde auch in New York gepitcht. New York, das muss ich schon sagen, liegt mir nahe. Ich liebe New York.

Ich stehe am Times Square. Kamerateams, Fotografen und deutschsprachige Fans umringen mich und rufen „Harald". Das hatte ich nicht erwartet. Das deutsche Fernsehteam ist sichtlich überrascht, genauso wie ich. Einen derartig unerwarteten Hype auf einen Deutschen hatten selbst sie hier bislang nicht erlebt. Es kommen immer mehr Menschen. Schulklassen, Männer, Frauen. Die einen möchten Autogramme, die anderen Fotos machen. Die Amerikaner lieben das Außergewöhnliche, das Exzentrische. Sie lieben Stars, Glamour und stehen auf Persönlichkeiten.

Während ich da so stehe, denke ich: „Bald wird auch mein Konterfei hier auf diesen Leuchtreklamen prangen." Eigentlich bin ich schon auf allen Leuchtreklamen, allerdings nur „mein Ich" aus einem früheren Leben. Denn zurzeit gibt es hier eine Tutanchamun-Ausstellung und der ganze Times Square ist beflaggt mit dem Konterfei des Pharaos. Wer zum ersten Mal zur „Drehscheibe der Welt", wie der Times Square auch gerne genannt wird, kommt, wundert sich.

Das Ganze ist eigentlich kein Platz, sondern eine spitzwinklige Kreuzung. Hier gibt es keine Brunnen, romantische Treppen und lauschige Straßencafés. Die einzige Attraktion sind Werbeflächen. Es ist wohl gesetzlich vorgeschrieben, dass jedes Gebäude am Times Square mit Leuchtreklame versehen sein muss. Die Miete für solch eine Fassade beläuft sich auf bis zu zwei Millionen Dollar im Monat. Dafür gibt es aber auch garantierte Aufmerksamkeit. Die fünfundzwanzig Millionen Touristen, die hier jedes Jahr den Times Square besuchen, machen unendlich viele Erinnerungsbilder – immer mit der berühmten Kulisse im Hintergrund. Das Telefon klingelt laut und schrill.

„Good morning, Mr. Glööckler, this is your wake-up call!"

Ich bedanke mich, lege mich zurück und schließe die Augen. Ich hatte geträumt: Ich hatte dieses unglaubliche Erlebnis meines ersten Tages in New York nochmals in meinem Traum erlebt. Wie schön! Während ich noch mit geschlossenen Augen daliege, lasse ich meinen allerersten New York Besuch noch einmal Revue passieren. Es war ein unfassbares Erlebnis. Ich kam, um Geschäftspartner zu treffen und traf auf TV-Produktionsfirmen. Wo immer ich erschien, war ich der strahlende Mittelpunkt. Man sagte, ich brächte Glamour nach New York und sei der wieder auferstandene Liberace. Die Amerikaner lieben ihre Stars. Selbst wenn einer fällt und dann wieder aufsteht, wird er geliebt, sogar noch mehr als zuvor, weil er es erneut geschafft hat. Ich entschließe mich, meine Augen nur ganz langsam zu öffnen. Durch die schweren goldbestickten Gardinen schimmern bereits die ersten Sonnenstrahlen ins Hotelzimmer und begrüßen mich freundlich.

Ich schaue aus dem Hotelfenster und sehe eine riesige Ansammlung von fotografierenden Menschen auf der Straße. In New York gibt es zahlreiche historische Gebäude, beeindruckende Plätze und künstlerisch verzierte Fassaden, die man als Tourist einfach festhalten muss. Es ist erstaunlich, wie klein man sich fühlt, wenn man von gigantischen Wolkenkratzern umgeben wird, die Brooklyn Bridge überquert oder auch vor dem riesigen Loch steht, wo einst die Twin Towers standen. Es qualmt aus den Gullys und die Krankenwagensirenen ertönen in regelmäßigen Abständen. Schlendert man gelassen durch die Stadt, ohne Stress und weitere Verpflichtungen, bemerkt man, wie schnelllebig alles an einem vorbeizieht. Die New Yorker gehen nicht, sie laufen in einem strammen Tempo. Sie hetzen von einem Termin zum nächsten, winken nach einem Taxi oder rennen zur U-Bahn-Station. Wo man auch hinblickt, sieht man Frauen, mit oder ohne Kinderwagen, mit einem Latte Macchiato to go in der Hand und Laufschuhen an den Füßen. Viele Frauen sind hier sehr schlank und sportlich. Mir imponiert das facettenreiche Auftreten der Leute in New York. Sie tragen das, was sie möchten. Ich habe bunt, schrill und schräg gekleidete Personen unterschiedlicher Nationalitäten auf den Straßen gesehen und keiner wurde blöd angeschaut, gar öffentlich verspottet. Warum ist das in Deutschland nicht so? Da sieht man reihenweise umgedrehte Köpfe und pikierte Blicke, wenn jemand seinen modischen Vorlieben nachgeht und sich nicht kleidet wie die Masse. Das finde ich sehr schade, denn Mode ist ein Ausdruck der eigenen Persönlichkeit. Wir sind alle verschieden, haben unterschiedliche Stärken und Schwächen, andere Berufe und einen unterschiedlichen Geschmack. Warum dann also aussehen wie jeder andere? Leben und leben lassen.

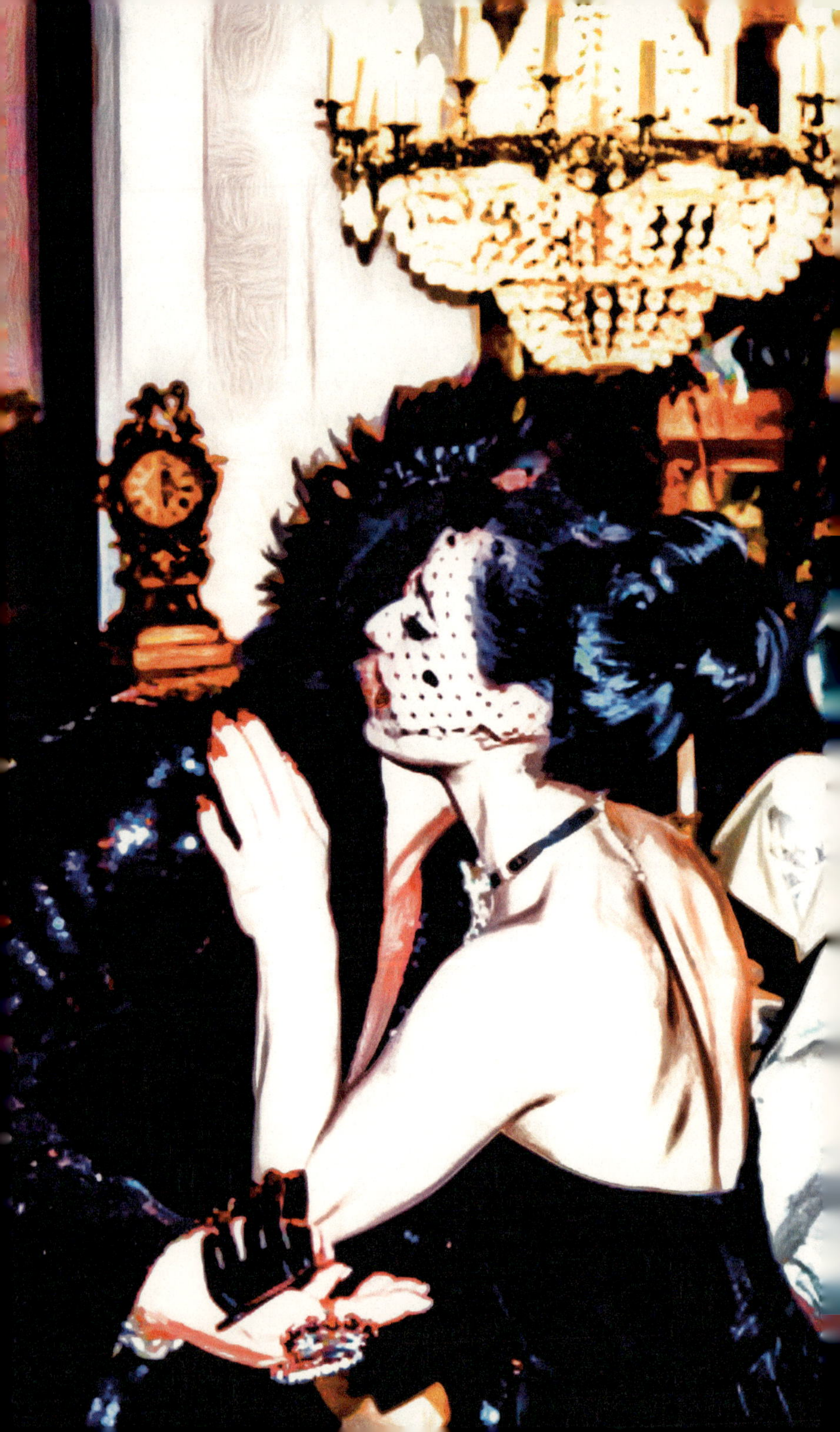

Wie stupide wäre das Stadtbild, wenn wir alle das Gleiche tragen würden, jedes Haus dem nächsten gleichen würde und wir in jedem Restaurant das Gleiche essen würden? Sehr langweilig. Mein Blick wandert durch den Raum meines Hotelzimmers. Ich sehe schwere Teppiche mit floralen Motiven und vor mir einen barocken Schrank, der den Fernseher kaschiert. Ich stehe auf, betrachte im Vorbeigehen noch den großen Kristallkronleuchter und verschwinde ins Bad. Diesen Kronleuchter würde ich gerne mitnehmen, so sehr gefällt er mir. Ohnehin habe ich schon vierzig Kronleuchter, dann wären es eben einundvierzig. Auf einen mehr oder weniger kommt es auch nicht mehr an. Ich schaute ein letztes Mal durch den Raum.

Im Februar 2012 landete ich anlässlich der New York Fashion Week auf dem Titel des New Yorker Fashion Magazins „The Daily Front Row". Neben einem Foto von mir titelte das Magazin „I am Harald Glööckler Prince of Fashion" und widmete mir einen eigenen Artikel auf einer Doppelseite mit der Überschrift „A Star is Born". Zu diesem Zeitpunkt wurde mir noch nicht bewusst, dass ich in dieser Stadt noch zu einem Mythos, einer Ikone erhoben werden sollte und dabei war dies nur fünf Jahre später. Udo Spreitzenbarth ist ein in Deutschland geborener und in New York lebender Starfotograf. Wir lernten uns 2017 bei einer Gala kennen und schätzten uns gegenseitig vom ersten Moment an. Udo Spreitzenbarth sah mich als eine Ikone und er wollte mit Hilfe seiner Kamera dem Mythos dieser ikonischen Persönlichkeit auf den Grund gehen. Er plante ein gigantisches Projekt. Die Idee war eine Ausstellung mit überlebensgroßen Fotos von mir in verschiedenen Posen und Situationen. Wir fotografierten über zwei Wochen in New York und Wien an verschiedenen Plätzen. Das Ganze wurde ein gigantischer Erfolg. Es gab Ausstellungen in verschiedenen Städten, so auch in Frankfurt, Mannheim, Mühlacker und Stuttgart, begleitet von einem fulminanten Bildband mit dem Titel „Harald Glööckler Myth of an Icon". Eines Tages klingelte in meinem Berliner Wohnung das Telefon und eine andere Ikone meldete sich an. Dita von Teese sei in Berlin, so sagte man mir und würde mich gerne kennen lernen und in meinem Penthouse besuchen. Ich freute mich sehr, denn Dita von Teese inspirierte mich seit je her. Sie erschien mit einer Entourage von zehn Personen und was soll ich sagen, live ist sie noch viel faszinierender, schöner und bezaubernder als auf den Fotos. Wir tranken Champagner, unsere Seelen begegneten sich und wir hatten eine großartige Zeit. Als sie zurück nach Los Angeles flog, twitterte sie: „Amazing I met the German Liberace".

Ein Modezar in Moskau

Eines Tages sagte die Fürstin von Urach Gräfin von Württemberg zu mir: „Du bist völlig unterbewertet und fehl am Platz hier in Deutschland. Ich denke, du solltest deine Kunst in Russland ausstellen. In Russland werden Modemacher verehrt und die russische Seele versteht deine Art, dich auszudrücken. Da schätzt und liebt man Opulenz und Prachtentfaltung und steht dazu." Die Fürstin war sehr oft in Russland. Sie hatte Verwandte in St. Petersburg und unter ihren Vorfahren befanden sich russische Großfürstinnen. Sie schwärmte immer wieder von Moskau und St. Petersburg.

„Da musst du hin, da passt du mit deiner Opulenz einfach hin." Ich schien überall hinzupassen, nur nicht nach Deutschland.

Auch der russische Gesandte, Wladimir Polenow, war so sehr von meiner Kunst begeistert, dass er mich kurzerhand in die russische Botschaft einlud. Seine Idee war, die Mode auch in seinen Räumen zur Kunst zu erheben. Zuerst gab es eine Vernissage meiner Gemälde mit Champagnerempfang im Atrium der Botschaft. Die russische Botschaft ist die größte in Europa. Sie ist sehr geschichtsträchtig, wurde immer wieder neu auf- und umgebaut und war schon früher mit ihrem besonderen Baustil wegweisend. Nachdem das Russische Reich ein zweigeschossiges Rokokopalais erwarb, wurde es umgebaut, sodass das Gebäude auf drei Etagen aufgestockt und um Diplomatenwohnungen, Kanzleien, Festsäle sowie eine Wohnung für den Zaren erweitert wurde.

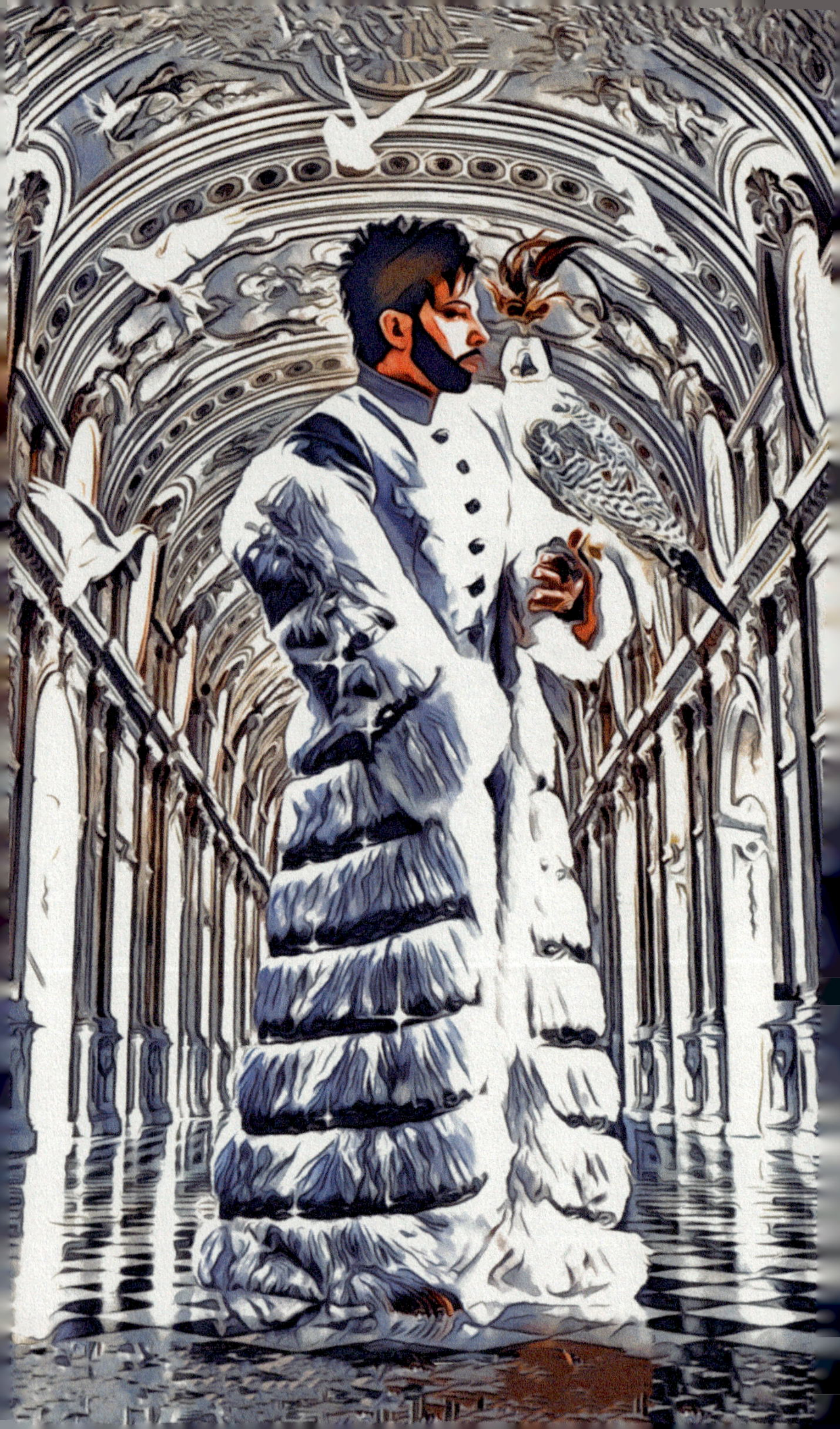

Als es jedoch während des Zweiten Weltkrieges völlig zerstört wurde, beauftragte die Sowjetunion den Architekten Anatoli Strischewski, auf dem gleichen Grundstück ein neues Botschaftsgebäude zu errichten. Mit Elementen des Berliner Klassizismus entstand ein Botschaftshauptgebäude im Stil des so genannten Sozialistischen Klassizismus. Das Gebäudeinnere ist sehr prunkvoll ausgestattet. Der Kuppelsaal ist reichlich dekoriert und mit bunten Glasmosaiken bestückt. Polenow schickte mir vorab den surrealistischen Film „The Russian Ark" des Regisseurs Alexander Sokurow zu. Eine Szene zeigte Katharina die Große, wie sie als alte Dame durch den Winterpalast der St. Petersburger Eremitage spazierte. Dieser Ausschnitt sollte auch am Abend den Gästen anhand einer großen Projektion gezeigt werden. Der Film weckte sofort meine Fantasie, nicht zuletzt wegen der kunstvollen Inszenierung. Auch war mir bewusst, warum Polenow mir Regisseur Sokurows Meisterwerk zugeschickt hatte. Die Eremitage ist eines der größten Kunstmuseen der Welt. Die Räume sind glanzvoll eingerichtet, ausgestattet mit Meisterwerken von Leonardo da Vinci und anderen sowie kostbaren Gemälden von Rembrandt und Rubens. Es war eine tolle Inspirationsquelle. Mit einer Ladung an Ruinart Brut Rosé Champagner, den Dieter und ich extra für den großen Empfang organisierten, war es dann endlich so weit. Gut gelaunt, mit einem Glas Champagner in der Hand, trudelten dann achthundert Gäste nach dem Empfang in den prächtigen Ballsaal ein. Doch es gab dieses Mal keinen gewöhnlichen Laufsteg, sondern einen mit Kordeln abgesperrten Korridor vor dem Zugang des Treppenhauses. Oberhalb der Tür zum Treppenhaus lief der Filmausschnitt und zeigte den Ballsaal des Winterpalasts, welcher dem russischen Palais in Berlin detailgetreu nachgebaut war. So hatte man das Gefühl, man sei Teil des Films und befände sich selbst in diesem imposanten Gebäude. Die Gäste suchten so gut es ging freie Plätze, um alles vom Film mitzubekommen. Als letzte Szene erschien Katharina die Große als alte Dame auf der Bildfläche, wie sie die Flügeltüren zum Treppenhaus im Winterpalast schließt. Das war unser Zeichen. Das Licht ging an, die Musik wurde aufgedreht und unser erstes Model alias Katharina die Große in jung öffnete die Flügeltür und betrat in einer roten prunkvollen Abendrobe mit tiefem Dekolletee und funkelndem Geschmeide den Saal. Wow! Mit solch einer Inszenierung hatte wohl keiner gerechnet. Die zahlreichen Gäste waren sichtlich überrascht und applaudierten begeistert. Wie immer hatte ich auch prominente Models für meine Show: Maja Prinzessin von Hohenzollern zeigte sich als russische Edelfrau, aber auch Gracia Baur und Sängerin Nathalie Kollo, Tochter von Opernstar René Kollo, präsentierten meine besonders prunkvollen und vom Zarenhof inspirierten Roben mit Hingabe und Spaß. Meine Kreationen waren vorwiegend in Rottönen und edlen Cremefarben mit großzügigem Ausschnitt. Selbst das Haar und Make-up der weiblichen Models erinnerten an die damalige Zeit: Sie trugen aufwendige Frisuren mit vielen Korkenzieherlöckchen, Schleifen und ein Make-up, welches Starvisagist René Koch nach meinem Wunsch umgesetzt hatte.

Als der russische Botschafter nach der Show von einer Journalistin gefragt wurde, warum er denn keinen russischen Designer beauftragt hatte, sondern mich, antwortete er ganz nüchtern, dass der Abend ein Zeichen setzen sollte für das Zusammenwachsen der Nationen und es außerdem leider keinen Modeschöpfer in Russland gäbe, der so opulent sei wie Harald Glööckler. 1:0 für den Herrn Botschafter. Die russische Geschichte und vor allem das russische Zarenreich hatten schon immer meine Vorstellungen angeregt. Immer mehr hegte ich den Wunsch, dieses große russische Reich zu besuchen. Eines Tages war es dann endlich soweit. Ich wurde zwar nicht als Zar, aber zumindest als Modezar nach Moskau eingeladen. Allerdings auf einem ganz anderen Weg, als ich je gedacht hätte. Aber wie ich ja bereits erwähnte, erfüllt der Kosmos alle Wünsche. Man muss nur offen sein und den Moment erkennen, wann und auf welchem Wege die Lieferung ankommt. So auch hier. Bei einem Abendessen lernten wir die Besitzer einer Tapetenfabrik kennen. Diese zählt zu den ältesten Tapetenherstellern Europas. 1845 eröffnet wird sie nun schon in der fünften Generation geführt und besticht vor allem durch hohe Qualität und Innovation. Es war Sympathie auf den ersten Blick. Es mag altmodisch sein, aber für mich spielt der menschliche Aspekt eine sehr wichtige Rolle. Deshalb ist es mir auch wichtig, alle neuen möglichen Geschäftspartner erst einmal in einem persönlichen Gespräch kennen zu lernen. Dabei geht es mir hauptsächlich um die Ausstrahlung der Person: Was vermittelt mein Gegenüber? Welche Aura begegnet mir? Und wie spiegelt sich seine Seele? In diesen Momenten verlasse ich mich stets auf die Stimme meines Herzens. Stimmt die Chemie, können wir über das Business reden. Wenn nicht, gibt es kein gemeinsames Geschäft. Für mich ist der eigentliche Reichtum eines Menschen, die Möglichkeit zu haben, „Nein“ sagen zu können. Dass man Angebote ablehnen kann. Um an diesen Punkt zu gelangen, musste ich in den letzten fünfundzwanzig Jahren meiner Selbstständigkeit durchaus viele Opfer bringen. Das alles hat mich wachsen lassen. Immer unter dem Motto: „Jetzt erst recht“. Und ich habe es geschafft. Es ist also sehr wichtig, dass Sie darauf achten, mit wem Sie sich umgeben. Ich mache jeden Monat eine Liste, auf der alle Namen derjenigen Menschen stehen, die ich kenne.

Es gibt eine Plus- und eine Minus-Seite und wer längere Zeit auf der Minus-Seite steht, wird über kurz oder lang von der Liste und aus meinem Leben gestrichen. Auch das ist sehr wichtig, denn wer nicht für Sie ist, ist gegen Sie. Merken Sie sich das gut. Und jemand, der Ihnen nicht wohl gesonnen ist, vergiftet Sie und Ihre Seele langsam, aber sicher, wie ein fauler Apfel, der anschließend den ganzen Obstkorb damit ansteckt. Deshalb: Weg damit. Wir leben mit Menschen und wir machen Business mit Menschen. Man muss nicht immer einer Meinung sein, aber man sollte sich achten, respektieren und ein gemeinsames Ziel verfolgen. Und eben diese geteilten Ambitionen hatten die Tapetenfabrik und ich. Wir wollten die außergewöhnlichsten und pompöösesten Tapeten aller Zeiten realisieren. Tapeten, die eine kleine Plattenbau-Wohnung genauso erstrahlen lassen wie ein russisches Schloss. Russland, genauer gesagt Moskau, wurde auch die erste Station unseres Tapeten-Eroberungsfeldzuges durch die Welt. Denn am Ende sollten die Tapeten in über achtzig Ländern auf der Welt erhältlich sein. Die Zusammenarbeit zwischen Kreativdirektor samt Mitarbeiter, meinem Team und mir war großartig. Alles klappte wie am Schnürchen. Wir freuten uns auf die neuen Tapeten als bekämen wir ein Kind. Im Grunde genommen war es das auch – ein neues Baby, das die Welt des HARALD GLÖÖCKLER bereicherte. Ob in meiner Kindheit, meiner Fantasie, auf Gemälden, meinem früheren Leben oder auf meinen Reisen – prachtvolle Wandmalereien und vergoldete Tapeten haben mich schon immer in ihren Bann gezogen. Sie lassen den Raum majestätisch wirken, auch ohne Möbel. Wie ich Ihnen ja bereits beschrieben habe, ist es mein Wunsch, dass Sie in jeder Hinsicht wie eine Prinzessin leben. Es soll Ihnen an nichts fehlen. Und so kreierte ich Tapeten, eine prachtvoller als die andere.

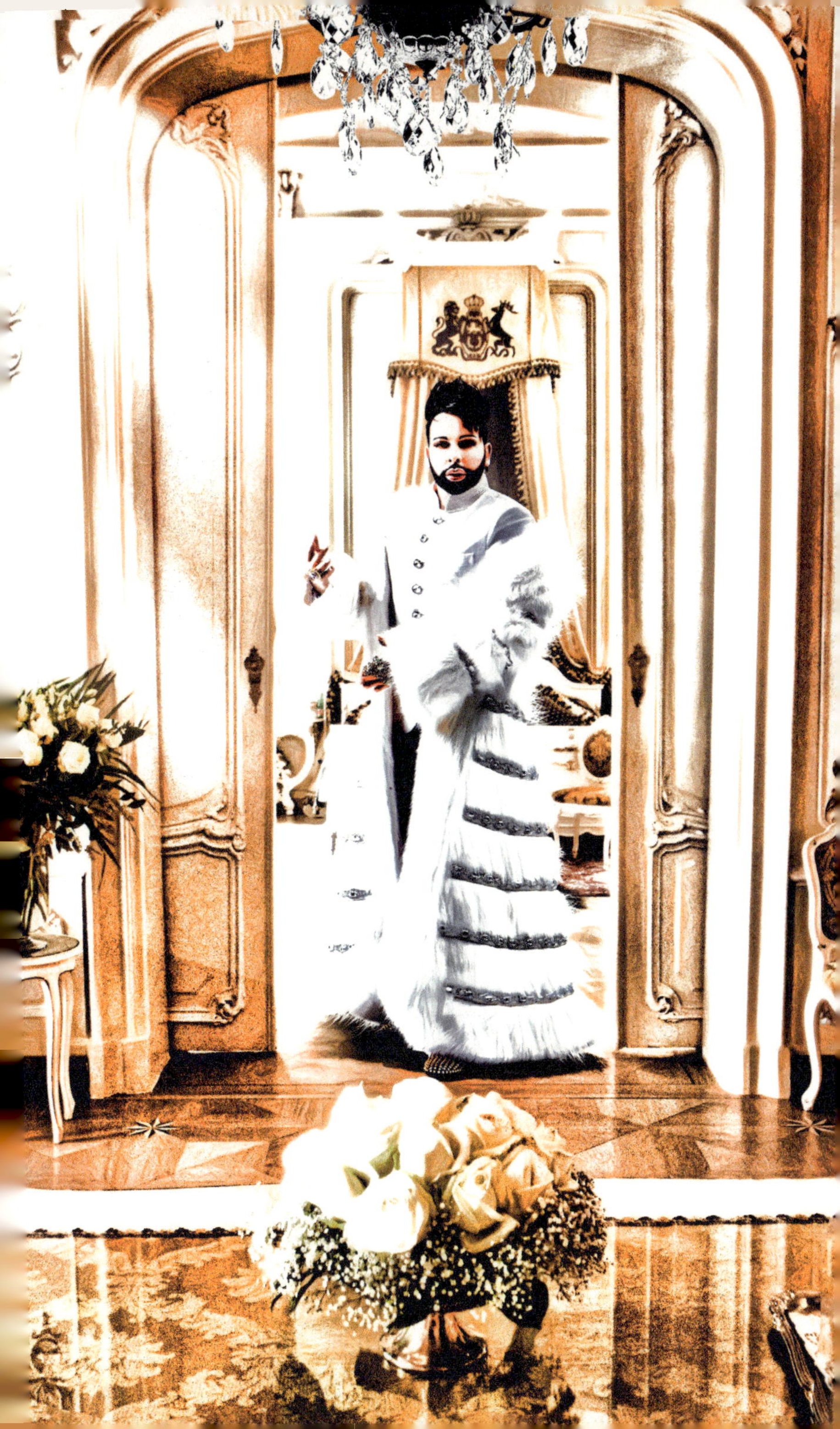

Unsere Linie hatte royalblaue Tapeten mit kreisförmigen Anmutungen oder goldenen Applikationen, rote Tapeten verziert mit Strasssteinen und der funkelnden POMPÖÖS-Krone, aber auch schwarze mit glitzernden Steinen, die ein schwarzer barocker Rahmen schmückt. Tapeten in schwarzer Leopardenoptik mit goldenen Schleifen und silbernen Engelsflügeln, die aus mehreren Kronen emporschweben, weiße Tapeten mit filigranen silbernen Applikationen und Quasten oder reine, goldfarbene Tapeten mit und ohne barocke Details. Diese Tapeten sollen Ihr Zuhause verschönern und es zu einem Palast machen, wie Sie es sich vielleicht schon immer gewünscht oder nie zu träumen gewagt haben. Der Tag der Präsentation nahte und ich machte mich auf meine erste Reise nach Russland, genauer gesagt nach Moskau. In meiner Begleitung waren Dieter, ein Fernsehteam, Hairdresser und Visagistin. Wir flogen in der Business Class von Berlin nach Moskau, darauf folgte freundlicherweise ein VIP-Service, eigens für uns organisiert. Diesen kann man am Moskauer Flughafen nicht wie in vielen anderen Städten einfach so dazu buchen. Ein solcher muss von höherer Stelle genehmigt werden. Nach unserer Ankunft wurden wir direkt in eine große Lounge geführt, wo bereits vier bewaffnete Bodyguards auf uns warteten.

Das Gepäck war verladen und die Security signalisierte, wir könnten nun, wenn wir wollten, das Flughafengebäude verlassen. Vor dem Flughafen war es wie auf dem Rummelplatz, ein wildes Treiben und unzählige Menschen eilten hin und her, kreuz und quer. Wir nahmen in einer Limousine Platz. Ein Bodyguard saß bei uns im Wagen und drei in einem uns folgenden Range Rover. Wir fuhren auf direktem Weg zum Hotel Baltschug Kempinski Moskau, wo wir eine große Suite mit direktem Blick zum Kreml bezogen.

Wir richteten uns ein und fragten nach unserem Gastgeber für das Dinner im Restaurant des Hotels, denn es war bereits Abendessenzeit. Das Hotel war in der Tat sehr pompöös und man ist ja auf Diskretion bedacht. In der Hotelhalle und im Restaurant versuchten Fans, mich zu erreichen, zu fotografieren. Sie wurden jedoch sofort vom Personal des Hotels zurückgewiesen. Wir hatten ein köstliches Dinner, natürlich mit Blinis und Kaviar. Das durfte schließlich nicht fehlen. Zu guter Letzt begaben wir uns in unser komfortables Bett, vor unserer Suite standen zwei Sessel, in welchen zwei unserer Bodyguards mit ihren Kalaschnikows Platz nahmen. Sie reihten sich damit perfekt in das Bild der auf dem Flur vor den anderen Suiten platzierten Bodyguards ein.

Am anderen Tag war eine Stadtrundfahrt geplant. Man zeigte mir den Kreml und einige russische Damen, unter anderem eine Dolmetscherin, bedankten sich bei mir für meine wundervolle Mode, welche sie über bonprix auch in Russland kaufen konnten. Am Abend gingen wir in ein Restaurant, was mich in der Tat faszinierte. Inmitten dieses Restaurants waren, hinter Scheiben versteckt, Kühe, Enten, Ziegen und eine Bäuerin zu finden. Man sitzt also in Moskau zum Dinieren mit Blick auf einem kleinen Bauernhof.

Und dann kam der große Tag. Wir standen sehr früh auf, ich begab mich in die Maske, hatte ein leckeres Frühstück und danach gab ich, von oben bis unten glitzernd, eine Pressekonferenz. Mein Gesicht war übersät mit Swarovski-Steinen, ich trug einen silbernen Pailletten Overall und einen weißen, unechten Pelzmantel, welcher ebenso über und über mit Swarovski-Steinen übersät war. Die Pressekonferenz wurde gut besucht, danach bahnten wir uns mit Hilfe meiner Bodyguards unseren Weg durch die Messehallen zu dem Stand der Tapetenfabrik. Dort war bereits ein Laufsteg aufgebaut und zwölf russische Models warteten in Kleidern aus Tapeten, welche ich extra für diesen Anlass entworfen hatte. Die Präsentation war dermaßen außergewöhnlich, wir wurden frenetisch gefeiert und ich habe noch stundenlang Autogramme geschrieben und Fotos gemacht. Mein erster Besuch in Moskau war also ein grandioser Erfolg.

Ein Schloss mit Park

Meine Großmutter hatte einen Märchengarten hinter ihrem Fachwerkhaus. Das Haus war nicht groß, wirkte aber wie eines dieser kleinen verwunschenen Tudorschlösser, die zu Zeiten der Romantik gebaut wurden. In Wirklichkeit war dieses kleine Häuschen schon einige hundert Jahre alt, aber, da meine Großmutter sich stets kümmerte, bestens in Schuss. Wenn man das Haus betrat, gelangte man über eine lange majestätische Treppe direkt in den ersten Stock. Die Räume waren klein, aber gemütlich, und durch die vielen Butzenscheibenfenster mutete es an wie der Turm von Rapunzel. Zur Straßenseite wurde das Haus von zwei riesigen Kastanienbäumen bewacht, deren Kronen prächtig Richtung Himmel strebten. Ich mochte die Bäume, doch die Rosen waren mir am liebsten. In Großmutters Garten wuchsen alle möglichen Sorten. Langstielige und kürzere, knallrote und pinkfarbene, weiße und sogar welche in Schwarz. Ich näherte mich ihnen vorsichtig und atmete ganz tief den schweren, verführerischen Duft ein.

Meine Großmutter erzählte mir, die Tautropfen seien von den Elfen, diese würden frühmorgens liebevoll die Rosen beträufeln.

„Und die großen Wassertropfen“, fragte ich, „woher kommen die?“

Großmutter entgegnete, dies seien die Tränen, die die Elfen vergießen, weil die Menschen die Welt langsam, aber sicher zerstören würden.

„Aber zum Glück gibt es die Engel, die die Menschen beschützen", sagte ich.

Meine Großmutter nickte.

Im Garten brachte sie mir bei, dass nichts selbstverständlich ist. Alles besteht aus Ursache und Wirkung. Großmutters Rosen hatten einen betörenden Duft. Heute haben viele Rosen gar keinen Duft mehr. Man hat ihnen den Duft geraubt, sie ihrer Seele beraubt. Ich frage mich oft, ob das wirklich echte Blumen sind. Damals wünschte ich mir einen eigenen Rosenstrauch.

Sie sagte: „Den sollst du bekommen. Aber zuerst musst du dir genau überlegen, was für eine Rose du willst. Wie soll sie aussehen? Willst du eine Heckenrose, eine Stilrose, eine Buschrose, welche Farbe? Und du musst wissen, dass du dadurch eine Verantwortung übernimmst, du musst dich um die Rose kümmern, wie du dich auch um alles andere im Leben kümmern musst. Nimm diese Rose als Beispiel für dein Leben. Wenn du dich gut um die Rose kümmerst, wird sie blühen und dein Herz erfreuen. Wenn du sie vernachlässigst, wird sie eingehen. Von nichts kommt nichts, alles besteht aus Ursache und Wirkung."

So habe ich gelernt, dass es das Allerwichtigste ist, dass man eine präzise Vorstellung von dem haben muss, was man im Leben erreichen und schaffen will. Zwischenzeitlich ist viel geschehen und ich lebte in einem 2.000 Quadratmeter großen Penthouse Palast inmitten der besten Lage Berlins mit direktem Blick auf das Brandenburger Tor. Doch meine Seele wollte es anders. Die Seele ist der Schlüssel aller Geheimnisse – sie ist allwissend. Im Urgermanischen wird das Wort Seele von „saiwaz", dem See, abgeleitet.

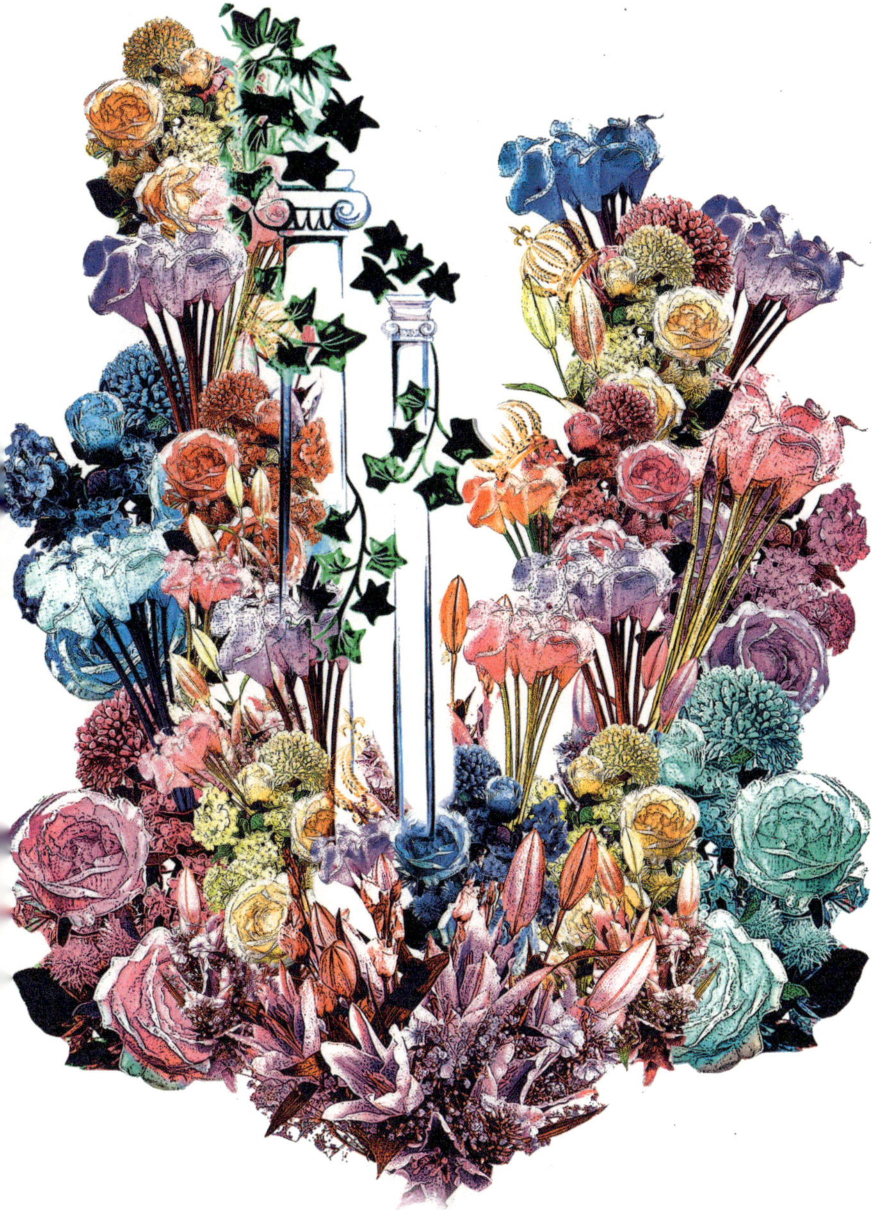

Ich stelle mir vor, jede Seele sei als ein kleiner Wassertropfen aus diesem großen, universellen See entsprungen. Zwar getrennt vom großen Ganzen, enthält er dennoch dessen ganzes Wissen, dessen DNA sozusagen. Dies bedeutet, dass wir, wenn der See Gott ist oder die Schöpfung, die allwissende Macht, dessen DNA in uns tragen und ebenso unwissentlich allwissend sind. Wir sind verbunden mit der göttlichen Macht. In einer Zeit, in der die Körperlichkeit einen vorrangigen Stellenwert besitzt, haben die meisten leider verlernt, auf die Seele zu hören. Sie ist unser Stiefkind geworden. Dabei ist sie das Wichtigste, schließlich erweckt sie den Körper zum Leben, denn ohne Seele ist unsere Hülle wie eine Oper ohne Musik.

Beginnen Sie gemeinsam mit mir, wieder auf die Stimme Ihrer Seele zu hören. Dies bedarf einiger Übung und Geduld, aber es lohnt sich allemal. Sie werden eine wundervolle Reise zu Ihrem eigenen Ich machen. Die Stimme Ihrer Seele ist eine sehr leise Empfindung, wie eine Katze auf samtenen Pfoten. Sie ist kaum zu hören, weil sie von vielen anderen lauten Stimmen unterdrückt wird. Wir denken, wenn etwas dezent ist, ist es automatisch unbedeutsam. Das stimmt nicht. Es kann sehr viel Kraft in der Ruhe liegen, wir müssen sie nur erleben. Denken Sie an die Shaolin-Mönche, die sagen: „Man muss nicht kämpfen, um zu siegen.“ Sie modifizieren sich mit der Kraft des Denkens zu Ruhe, Klarheit und innerer Stärke und dazu gehört auch Gelassenheit. Seien Sie gelassen!

Und genau das fehlte mir dort in der großen Stadt: Gelassenheit und Ruhe. Meine immense Bekanntheit hatte auch ihre Schattenseiten. Sowie ich mich in der Öffentlichkeit zeigte, wurde ich belagert von Fans und teilweise auch Paparazzi.

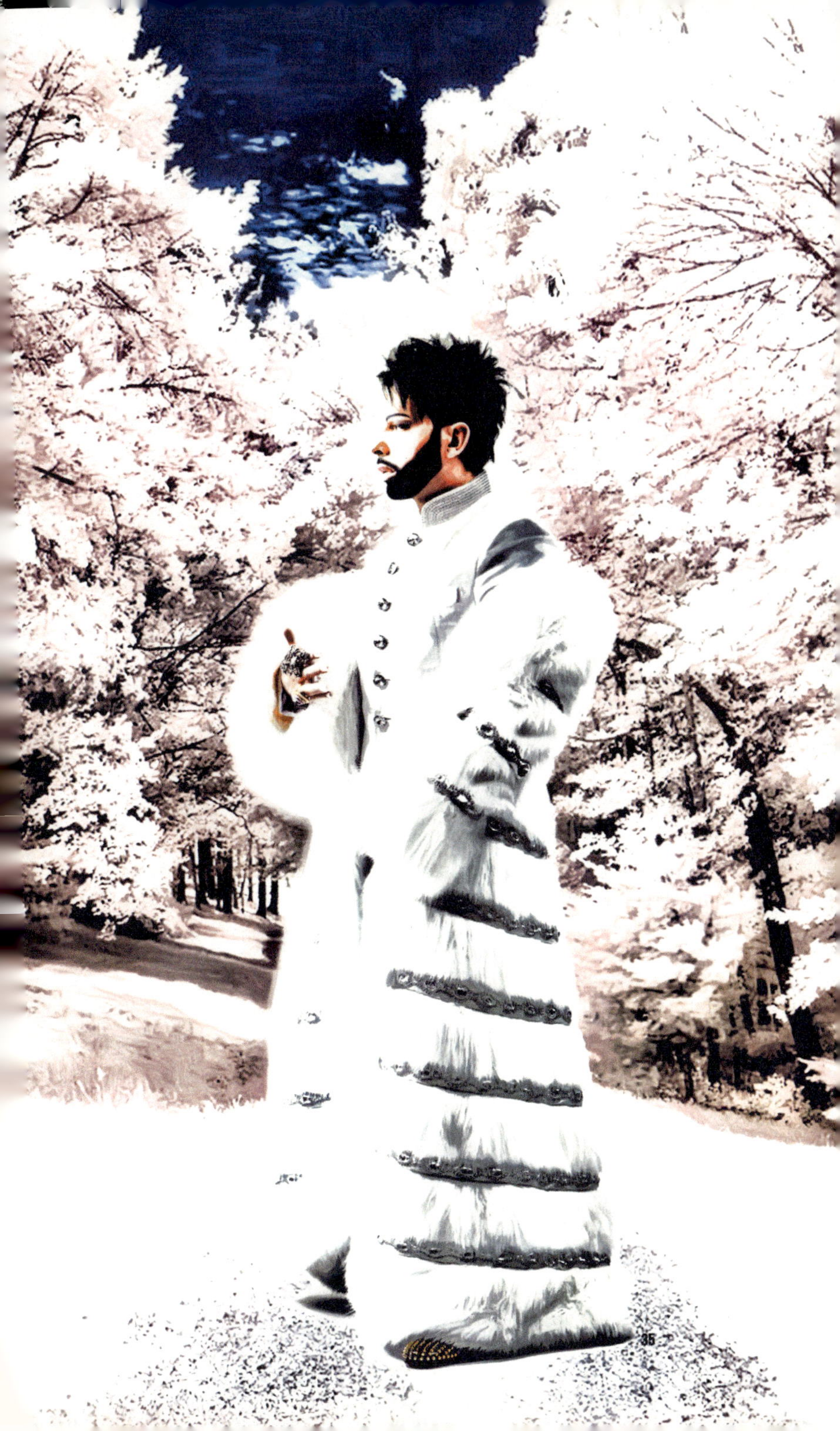

Sich einfach in einen Park oder Café zu setzen und die Seele baumeln zu lassen: Fehlanzeige. Auch für Billy King wurde die Stadt mehr und mehr zu einer Gefahr. Ich wollte wieder zurück in die Natur und so begab ich mich auf die Suche nach dem passenden Domizil. Ich suchte ein Refugium, das vor allem nicht einsehbar war, am liebsten inmitten eines großen Gartens oder einem kleinen Park. Doch diese Wunschvorstellung sollte sich als gar nicht so einfach herausstellen. Denn die meisten Villen waren entweder direkt an einer Straße gelegen, zu groß oder zu klein, oder entsprachen einfach nicht meiner Vorstellung. Eines Tages, ich war schon leicht frustriert über meine erfolglose Suche und gab inzwischen nur noch Villa mit Garten in Deutschland in das Suchfeld ein, da poppte ein Fenster auf und ich sah eine bezaubernde, wunderschöne Villa mit grünen Fensterläden, ein kleines barockes Schlösschen, und dachte: „Wow, genau das ist es!" Ich schaute nach, wo es sich befand: Kirchheim an der Weinstraße. Aber wo war dieses Kirchheim an der Weinstraße? Bislang kannte ich nur Kirchheim Teck. Ich googelte erneut und stellte fest, dass es nur zehn Minuten von Worms entfernt liegt, dem Geburtsort meines Mannes Dieter. Ich rief den Kontakt an und machte einen Besichtigungstermin aus. Der Tag nahte und bereits als ich von der Autobahn abgefahren war, wähnte ich mich nicht mehr in Deutschland, sondern in Italien. Ich war tatsächlich überzeugt davon, ich sei in der Toskana gelandet. Das Haus war genauso bezaubernd, wie ich es mir vorgestellt hatte, allerdings in einem sehr maroden Zustand und der Park fast schon verwildert. Zum Glück war mein Mann nicht dabei, denn ansonsten hätten wir das Haus niemals gekauft, das hätte er nämlich niemals zugelassen. Es war unglaublich viel zu bewerkstelligen und ich glaube, wenige Menschen hätten die Vorstellungskraft und Vision gehabt, was für ein Kleinod am Ende aus diesem doch etwas in die Jahre gekommenen Haus und sehr urwüchsigen Garten entstehen könnte. Wir wurden handelseinig. Ich organisierte einen Architekten und dreißig Handwerker. Gemeinsam zerlegten wir das Haus in drei Wochen in sämtliche Einzelteile. Man könnte sagen: „Aus alt mach neu." Wir modernisierten alles, jedoch immer mit dem Fokus, dem Haus den Charme nicht zu nehmen. Die Herrichtung des Gartens dauerte über ein Jahr. Ich bestellte Skulpturen in London, wir ließen Bäume aus der Toskana kommen und eine barocke Gartenanlage aus Buchs erstellen. Der Garten ist inzwischen ein wahres Paradies, ein Refugium, ein Ressort für allerlei Getier, Vögel und Insekten. Wir wurden sehr herzlich in der schönen Pfalz aufgenommen und die Ministerpräsidentin Frau Dreyer lud mich zum größten Event des Jahres, der Fernsehaufzeichnung „Mainz wie es singt und lacht" ein. Mein Tischherr an diesem Abend war unser Bundespräsident Herr Steinmeier. Es war ein wundervoller, bezaubernder Abend, an den ich mich noch immer gerne erinnere.

Eines Tages besuchte uns in der Villa Herr Baldauf in Begleitung von Frau Julia Klöckner. Auch sie lud mich zu derselben Veranstaltung ein und ich wurde im darauffolgenden Jahr zusammen mit dem Bundesminister Herrn Peter Altmaier und dem Ministerpräsidenten von Hessen, Herrn Volker Bouffier, ihr Gast. Mit Julia Klöckner verbindet mich eine tiefe Freundschaft und wir erlebten bereits viele schöne Momente. Besonders schön sind auch ihre Geburtstagfeiern, denn hier trifft man immer wieder sehr interessante Menschen, Künstler und Politiker, wie zum Beispiel den Bundesminister Jens Spahn. Nur eineinhalb Stunden entfernt ist Baden-Baden, eine der schönsten Städte der Welt.

Eine weitere wunderbare Erinnerung: Meine Freundin Erina Prinzessin von Sachsen Herzogin zu Sachsen war wie ich eine große Pferdenärrin und so war es naheliegend, dass wir einer Einladung zum Pferderennen folgten. Oh, das Pferderennen ist mit Sicherheit der gesellschaftliche Höhepunkt Baden-Badens! Man trifft auf edle Pferde, einflussreiche Männer und bezaubernde Damen mit den skurrilsten, exzentrischsten Hüten, die man sich erdenken kann. Immer wieder begegnet man hier sehr außergewöhnlichen Persönlichkeiten. Besonders in Erinnerung blieb mir das Zusammentreffen mit dem Baron von Finck und Lillyclaire Berghaus-Saran aus der Budweiser Dynastie, einer hinreißend schönen, außergewöhnlichen Dame.

Eine Party wie im alten Rom

Eines Tages bekamen wir eine Anfrage von Dandy Diary, einem deutschen Blog, dessen Köpfe David Kurt, Karl Roth und Carl Jakob hauptsächlich durch ihre künstlerischen, exzentrischen Projekte rund um Mode und die Fashion Week bekannt waren. Und eben genau darum ging es. Die beiden hatten sich in den Kopf gesetzt, zum Auftakt der Fashion Week eine pompööse Party im Stile Ludwig XIV. zu organisieren. Zwei Jahre versuchten sie mich für diese Idee zu gewinnen und ließen nicht locker. Letztendlich imponierte mir ihre Hartnäckigkeit und ich fand die Idee ebenso gut, hatte mir aber auserbeten, dass die beiden Herren vorab zu mir in mein Chateau in die Pfalz kommen mögen, damit wir uns erst einmal beschnuppern und kennen lernen konnten, um festzustellen, ob wir auch energetisch zusammenpassten. Die beiden kamen also ins Chateau Pompöös. Es wurde ein absolut vergnüglicher Nachmittag, wir verstanden uns sehr gut und auch die beiden waren offensichtlich sehr angetan. Die Idee bestand darin, auf der Insel der Jugend in der Spree ein grandioses Fest wie zu Zeiten Ludwig XIV. zu gestalten. Sie argumentierten, Harald Glööckler, der Prince of Pompöös, halte sich für Ludwig den Sonnenkönig und somit müsse man ihn auch so behandeln. Es wurde wohl die dekadenteste und ausschweifendste Party, welche die Berliner Fashion Week jemals gesehen hatte. Der rote Teppich war endlos lang, über eine Brücke gelangte man auf die Insel, auf welcher eine gigantische Bühne mit viel barocken Tand und ein Thron aufgebaut war.

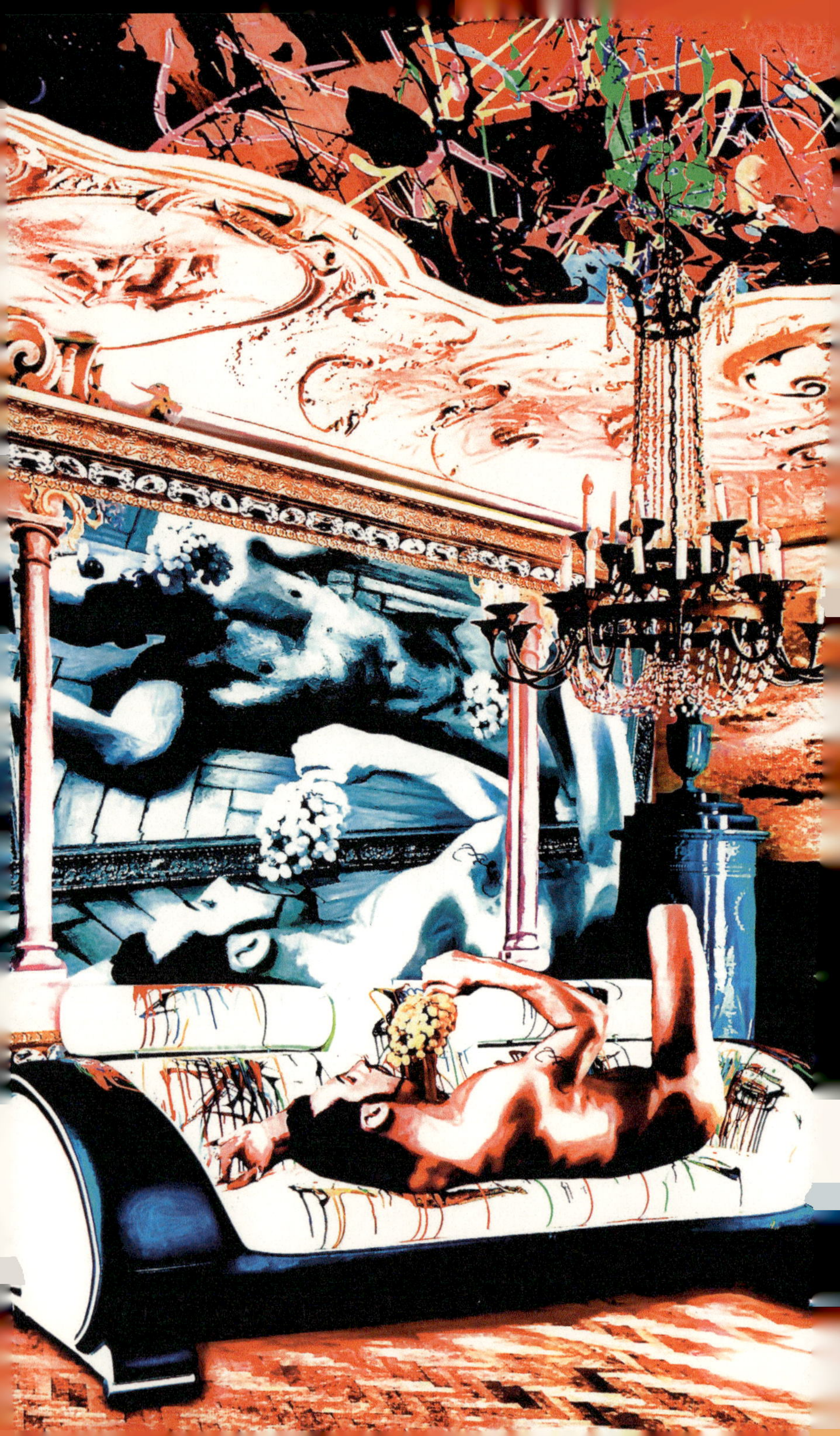

Daneben fanden sich direkt am Wasser im Grünen barocke, von mir designte Betten mit Krone, auf welchen sich die Gäste niederlassen konnten. Es gab eine Botoxbar, einen Vodkabrunnen und vieles mehr. Kurzum: Es war wie im Schlaraffenland. Irgendwie wirkte es wie eine Mischung aus Rokoko und altem Rom. Die Gäste kamen fast ausschließlich im Stil des Rokokos verkleidet. Der Dresscode war „Mehr ist mehr", und ich wurde bei meiner Ankunft frenetisch gefeiert. Es war in der Tat wie am Hofe Ludwig XIV. Das ganze Fest war ein gewaltiger Kitschtraum mit Kastraten, Schwänen, Zwergpferden als Einhörnern und tanzenden Barockkleidern. Auf der Bühne thronte der Gastgeber samt ausgewählter Begleitung und wurde von einer prominenten Menschenmasse umlagert. Tausende Handys blitzten in den dunklen Nachthimmel. Danach brachte man mich in eine abgesperrte Loge und dort feierten wir bis in die frühen Morgenstunden. Es war eine rauschende Ballnacht wie im Märchen.

Greta Garbo – die zertanzten Schuhe

Von Kindheit an inspirierten mich Hollywood-Filme. Neben Marlene Dietrich gehörte Greta Garbo zu meinen meistgeliebten Darstellerinnen. Man nannte sie auch „Die Göttliche" und „Die schwedische Sphinx". Sie war eine der wenigen Stars, denen es gelang, vom Stummfilm zum Tonfilm zu wechseln. Sie war vierzehn Jahre alt, als ihr Vater starb und ich dreizehn, als meine Mutter mich verließ, das brachte sie mir näher. Ihre kühle, vornehme Art faszinierte mich sehr, ganz besonders gefiel mir der Film „Mata Hari". Hier glänzte sie nicht nur durch exzellente Tanzeinlagen, sondern trug die schönsten indisch angehauchten Roben, die ich jemals gesehen hatte. Aber noch faszinierender fand ich den Film „Die Kameliendame", ein wunderbarer Film nach dem überaus erfolgreichen Roman des französischen Autors Alexandre Dumas, welcher 1948 in Paris erschien. Die Handlung spielt in Paris und erzählt von einem Mann namens Armand Duva, welcher aus den besten Kreisen der Pariser Gesellschaft stammt und die Kurtisane Marguerite Gautier kennenlernt und sich hoffnungslos in sie verliebt. Das Motiv des Films: Die einzigen Blumen, die seine Verehrte als Geschenk akzeptiert, sind Kamelien. Der ganze Film wirkt sehr melancholisch, prächtig, doch am Ende stirbt die Kameliendame an einer Lungenkrankheit, es gibt kein Happy End. Niemand konnte diese Rolle besser verkörpern als Greta Garbo.

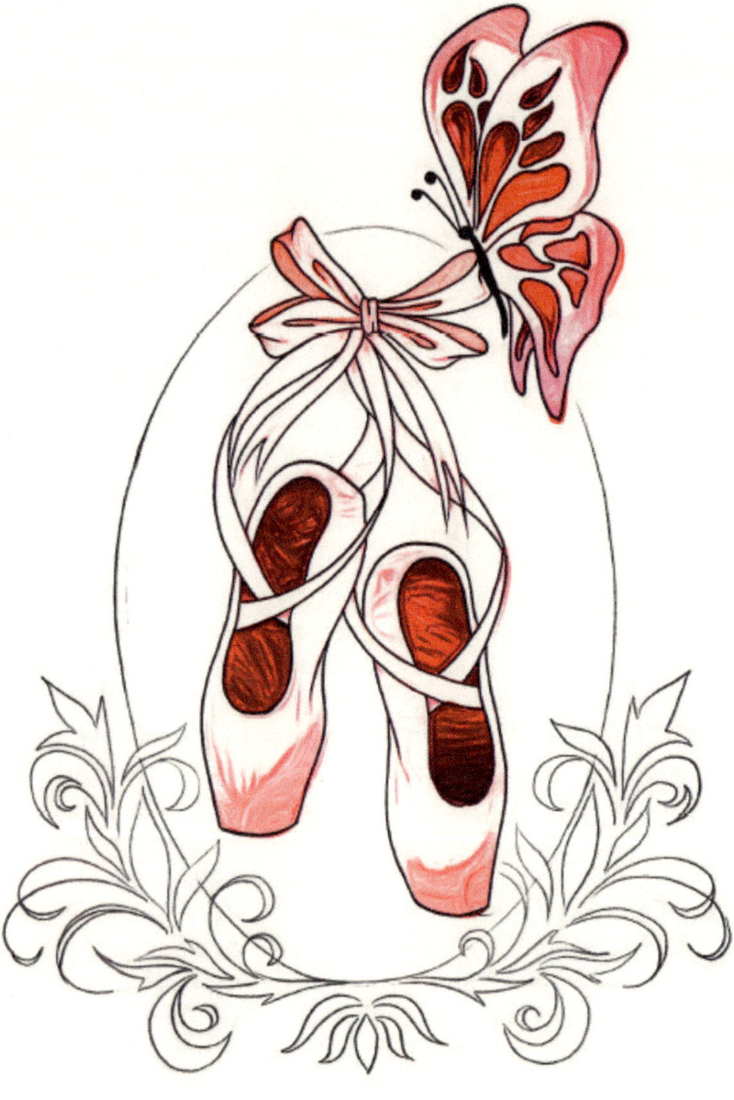

Ich schaute mir diesen Film, wie übrigens auch „Mata Hari", immer und immer wieder an und beschloss, eines Tages, so sagte ich mir, mache ich eine Modenschau zu Ehren von Greta Garbo. Wie so oft im Leben gerät so einiges dann in Vergessenheit, bis es mir eines Tages ganz plötzlich wieder einfiel.

Es war vier Wochen vor Beginn der Fashion Week und ich hatte eigentlich bis dato nicht vor, daran teilzunehmen. Doch dann dachte ich: „Wieso eigentlich nicht?" Der Prince of Pompöös sollte doch dringend eine rauschende Ballnacht kreieren.

Gesagt, getan, ich stellte innerhalb von vier Wochen eine Show auf die Beine, die sich im wahrsten Sinne des Wortes sehen lassen konnte. Die Kollektion und die Show sowie die zertanzten Schuhe: Alles in Anlehnung an das Märchen. In Wirklichkeit jedoch waren eben diese unzähligen Filme, welche ich in der Kindheit mit Greta Garbo gesehen hatte, der Auslöser für diese Kollektion. Die Roben waren absolut pompöös und wurden fast ausschließlich an prominenten Models, Schauspielerinnen, Sängerinnen und Prinzessinnen präsentiert. Als bekannt wurde, dass ich zwei Tage vor der Fashion Week eine Show plante, überschlugen sich die Anfragen für die Einladungen, sowohl von Seiten der Gäste als auch der Presse. Ich buchte den Ballsaal des Rocco for the Hotels in Berlin und aus Platzgründen gleichzeitig den Ballsaal des gegenüberliegenden Hotel Titanic für die Anproben und das Make-Up. Des Weiteren reservierte ich das Restaurant des Hotels Titanic für ein anschließendes Dinner nach der Show. Der Abend wurde ein grandioser Erfolg und ich bekam sogar Anrufe aus New York und Paris, soweit hatte diese gigantische Inszenierung Wellen geschlagen.

Elisabeth I.

Elizabeth I., auch die jungfräuliche Königin genannt, faszinierte mich seit meiner Kindheit aufs Äußerste. Auch sie war eine dieser Figuren, welche ursprünglich nicht dazu auserwählt war, in der ersten Reihe zu stehen. Und dennoch wurde sie letztendlich eine der großartigsten Charaktere der Weltgeschichte. Wie kam es dazu? Was hatte sie, was andere nicht haben? Wie schaffte sie es, an der Macht zu bleiben? Wie konnte sie zu einem Ideal werden, obwohl sie eigentlich von eher mittelmäßiger Schönheit war? Sie war die Tochter von Heinrich VIII. und Anne Boleyn. Ihre Mutter wurde auf Geheiß ihres Vaters, als Elizabeth zwei Jahre alt war, hingerichtet. Auch sie hatte einen jähzornigen unberechenbaren Vater. Nach der Hinrichtung ihrer Mutter wurde Elizabeth plötzlich für illegitim erklärt und somit waren sie und ihre ältere Halbschwester Maria (ihre Mutter war Katharina von Aragon) von der Thronfolge ausgeschlossen. Der Grund war wohl, dass Heinrich VIII. einen Sohn als Nachfolger sehen wollte. Es dauerte lange, bis sich Elisabeth I. dann endlich unter dem Einfluss von Heinrichs sechster und letzter Frau, Catherine Parrman, durch einen Parlamentsbeschluss 1544 wieder in die Thronfolge einreihte. Heinrichs Sohn und Thronfolger Eduard VI. erlitt im Alter von fünfzehn Jahren einen sehr raschen Tod. Ihm folgte Jane Grey auf den Thron, welche er noch auf dem Sterbebett zur Nachfolgerin bestimmt und gleichzeitig verfügt hatte, dass seine katholische Halbschwester Maria sowie auch Elisabeth testamentarisch von der Thronfolge ausgeschlossen seien. Sein Ziel war es, die protestantische Thronfolge zu sichern.

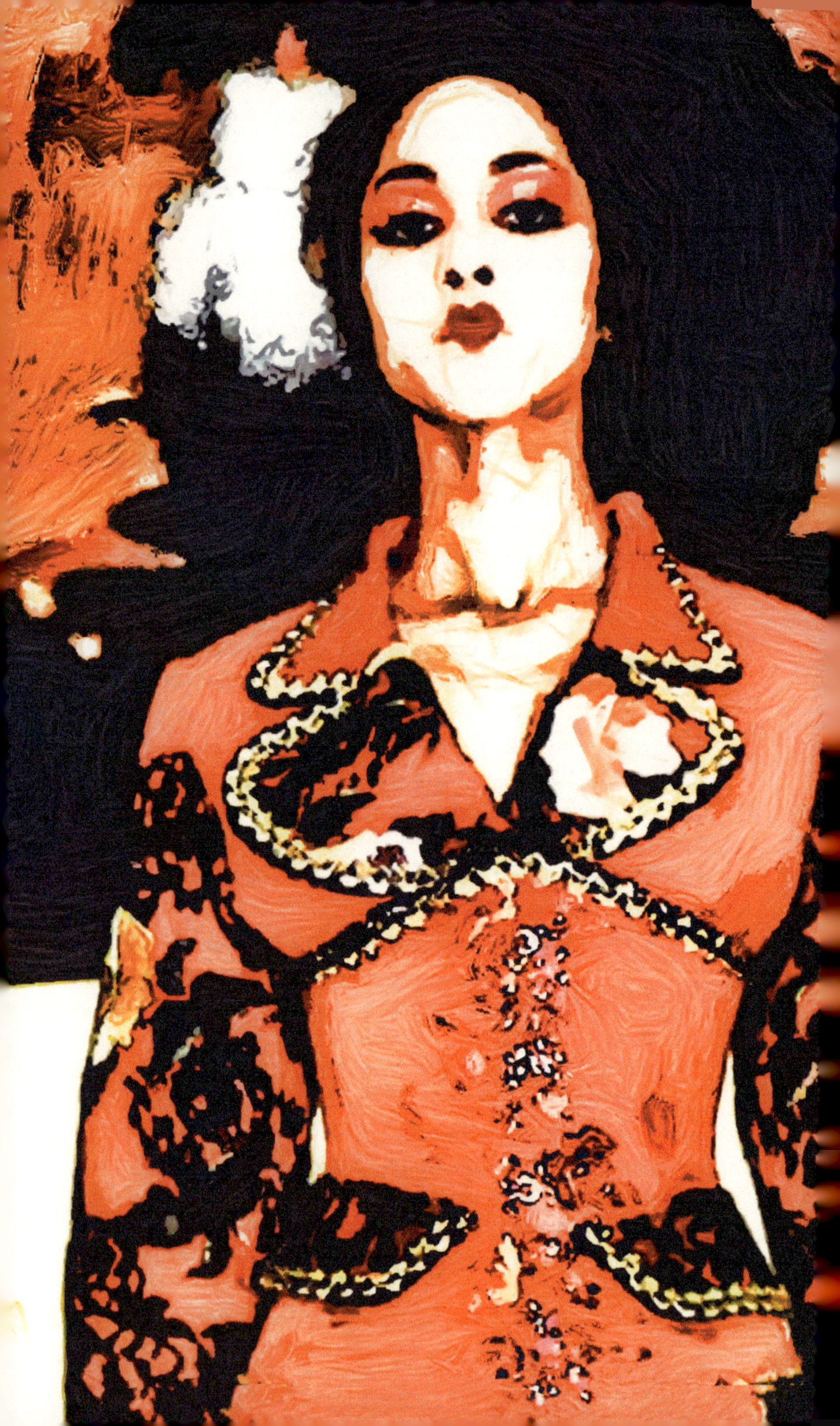

Doch es kam anders, denn in einer Zeitspanne von nur neun Tagen konnte Maria ihren rechtmäßigen Anspruch auf den englischen Thron durchsetzen. Am 3. August 1553 erreichte Elisabeth London. Es kam zum Streit zwischen den beiden. Die Nachricht vom Tode ihrer Halbschwester wurde Elisabeth I. am 17. November 1558 überbracht und so wurde sie am 15. Januar 1559 im Alter von fünfundzwanzig Jahren in der Westminster Abbey endlich zur Königin von England und Irland gekrönt.

Sie regierte ihr Land mit sehr viel Klugheit, Mut und Geschick. Einer Heirat wich sie zeitlebens aus, wenn man die Erfahrungen ihrer Kindheit bedenkt, wie ihr Vater sich gegenüber seinen sechs Ehefrauen verhielt und sich ihrer entledigte, verwundert dies jedoch nicht im Geringsten. Sie wollte nicht, dass ein Mann Macht über sie erhielt. Sie selbst hielt ihren Feinden mannhaft stand und führte England in ihrer vierundvierzigjährigen Regentschaft in blühende Zeiten. Elisabeth war sehr gebildet, sprach sechs Sprachen fließend, musizierte, förderte Musik, bildende Kunst und Literatur und übersetzte zudem antike Philosophen. Wie keine andere, wie niemand anderer, verstand Elisabeth es, sich bestens zu vermarkten und verkaufen: Es blieb keine gute Tat, absolut gar nichts ihrer Performance, unbenannt und somit wurde all ihr Wirken in Schriften, Flugblättern und Pamphleten publiziert. Schon früh sprach sie von sich als der königlichen Jungfrau, die nur mit England allein und sonst niemandem verheiratet sei. Sie sah es als ihre Lebensaufgabe an, sich mit Leib und Seele für ihr Volk, ihre Kinder, einzusetzen. Der Mutter Gottes gleich schminkte sie sich weiß und durch ihr eher unscheinbares und blasses Äußeres erhob sie sich damit als wahre Lichtgestalt aus der gleichmäßigen Masse. Man munkelt, Elizabeth I. brauchte für ihr Make-up und

Outfit länger als jeder andere Monarch. Sie war überaus reinlich und von jeher auf ihr Aussehen bedacht. Als sie dann älter wurde, sprengte das morgendliche Ritual, die Königin anzukleiden und zu schminken, zu Elizabeth I. zu werden, absolut jeden Rahmen. Ganze vier Stunden täglich verbrachten ihre Damen angeblich mit dem Zurechtmachen Elisabeths am Morgen und dem Entkleiden und Abschminken am Abend. Um ihrem Alter entgegen zu treten und alterslos zu wirken, trug Elizabeth Perücken in ihrer ursprünglichen roten Haarfarbe. Ihre Augen wurden tiefschwarz umrahmt und ihre Lippen mit einer Mischung aus Bienenwachs und pflanzlicher Farbe rot geschminkt. Ihr Gesicht, ihr Hals und ihre Hände wurden mit einer gefährlichen Mixtur aus Essig und Blei stets weiß geschminkt. Mit der Zeit wurde es notwendig immer mehr Schichten aufzutragen, doch dieses Make-up schadete der Haut wohl viel mehr als das Alter es je konnte. Elizabeth ließ von der Benutzung dieser gefährlichen Kosmetik jedoch nicht ab, und niemand außer ihrer zuverlässigsten Hofdamen konnten sehen, wie Elisabeth I. ohne Make-up aussah.

Dieser Gedanke, via Make-up in eine andere Identität zu schlüpfen, unantastbar und wie ein außerirdisches Wesen zu werden, begeisterte mich. Ich beschloss, dies zu übernehmen und mich selbst neu zu erfinden, zu kreieren. Auch der Gedanke, dem Alter ein Schnippchen zu schlagen, es wenigstens anzuhalten, regte meine Fantasie aufs Höchste an.

Eine weitere Persönlichkeit, welche mich sehr an Elisabeth I. erinnerte und mich beeindruckte, war Michael Jackson. Auch er hatte sich zu einer märchenhaften Figur stilisiert und war stets blass geschminkt, mit schwarz ummalten Augen und roten Lippen. Ich wollte den beiden nacheifern.

Schönheitsideale

Wenn wir unseren Körper betrachten, wie er in Wirklichkeit ist, so sehen wir tatsächlich, was schon der griechische Philosoph Heraklit sagte: „Unser Körper ist nicht etwa eine erstarrte Skulptur, sondern vielmehr vergleichbar mit einem Fluss."

Ein Fluss ist unergründlich. Er kann wild sein, aber auch sanft. In seinen Tiefen birgt er ungeahnte Geheimnisse. Wie auch wir. Wenn wir ihn betrachten, so sieht er zu verschiedenen Zeiten immer gleich aus, wobei er doch in Wirklichkeit immer anders ist.

Heraklit sprach: „Man kann nicht zweimal in denselben Fluss steigen."

So wie dem Fluss geht es auch unserem Körper. Er wird in jeder Sekunde unseres Daseins erneuert. Wir wechseln unseren Körper im Grunde schneller als unsere Kleider. Wenn man sich dieser Tatsache bewusst ist, fällt einem vieles leichter im Leben. Man erlangt ein anderes Verständnis. Das ist es, was wir brauchen. Verständnis für unseren Körper. Unser Körper ist das Haus unserer Seele. Und so wie ein Haus sollten wir auch unseren Körper hegen und pflegen.

Schon damals, als wir im Sommer 2011 von Charlottenburg nach Berlin-Mitte umzogen, verspürte ich den dringenden Wunsch nach Veränderung. Das ganze Leben ist Veränderung. Es ist kein langsam fließender, gleichmäßiger Fluss. Es ist ein ständiges Auf und Ab. Alles ist in Bewegung, nichts bleibt, wie es ist. Nicht nur unsere Umwelt verändert sich unentwegt, auch wir erneuern uns ständig. Mit sechsundvierzig Jahren bin ich an einem Punkt angelangt, an dem ich gravierende Veränderungen an meinem Körper wahrnahm. Obgleich ich mich sehr pflege, meinen Körper gut behandle, gesund und bewusst esse und viel Sport treibe, geriet mein Körper etwas aus der Form.

Es war ein schleichender, langsamer Prozess, den ich lange vor der Öffentlichkeit kaschierte. Eines Tages ging es nicht mehr. Nicht nur, dass mir trotz meiner figurformenden Unterwäsche nur noch drei von hundert Jacketts passten, auch konnte ich keine engen Shirts mehr tragen. Ich stand eines Tages vor dem Spiegel und meine Seele sagte „Stopp". Das ist nicht mehr der Körper, in dem ich leben möchte.
Ich bin jemand, der Dinge nicht einfach so hinnimmt. Ich bin ein Kämpfer. Ich war bereit, Opfer zu bringen. Dass sich der Körper mit den Jahren verändert, ist keine Frage. Aber deshalb muss man sich dieser Tatsache trotzdem nicht beugen. Ich war wieder einmal bereit für eine Erneuerung. Die Seele und der Körper sollen eins sein. In meinem Fall spürte ich deutlich, dass sie dies nicht mehr waren. In solchen Situationen des Lebens gibt es immer zwei Möglichkeiten. Die eine ist es, sie zu akzeptieren und zu resignieren, und die andere bedeutet, etwas zu unternehmen. Da ich niemals aufgebe, habe ich beschlossen, zum Angriff überzugehen. Ich konsultierte Dr. Gerhard Sattler aus der Rosenparkklinik in Darmstadt, eine Koryphäe in Sachen Liposuktion. Er bestätigte mir, was ich schon wusste. Ab vierzig verlangsamt sich der Stoffwechsel. Männer produzieren oft weniger Testosteron, dafür nehmen die Östrogene zu. Saugt man jedoch die Fettzellen ab, sind sie für alle Zeit beseitigt und kommen an dieser Stelle nicht mehr nach. Für mich war es wie ein neues Leben. Direkt nach der Operation fühlte ich mich wie ein völlig neuer Mensch.

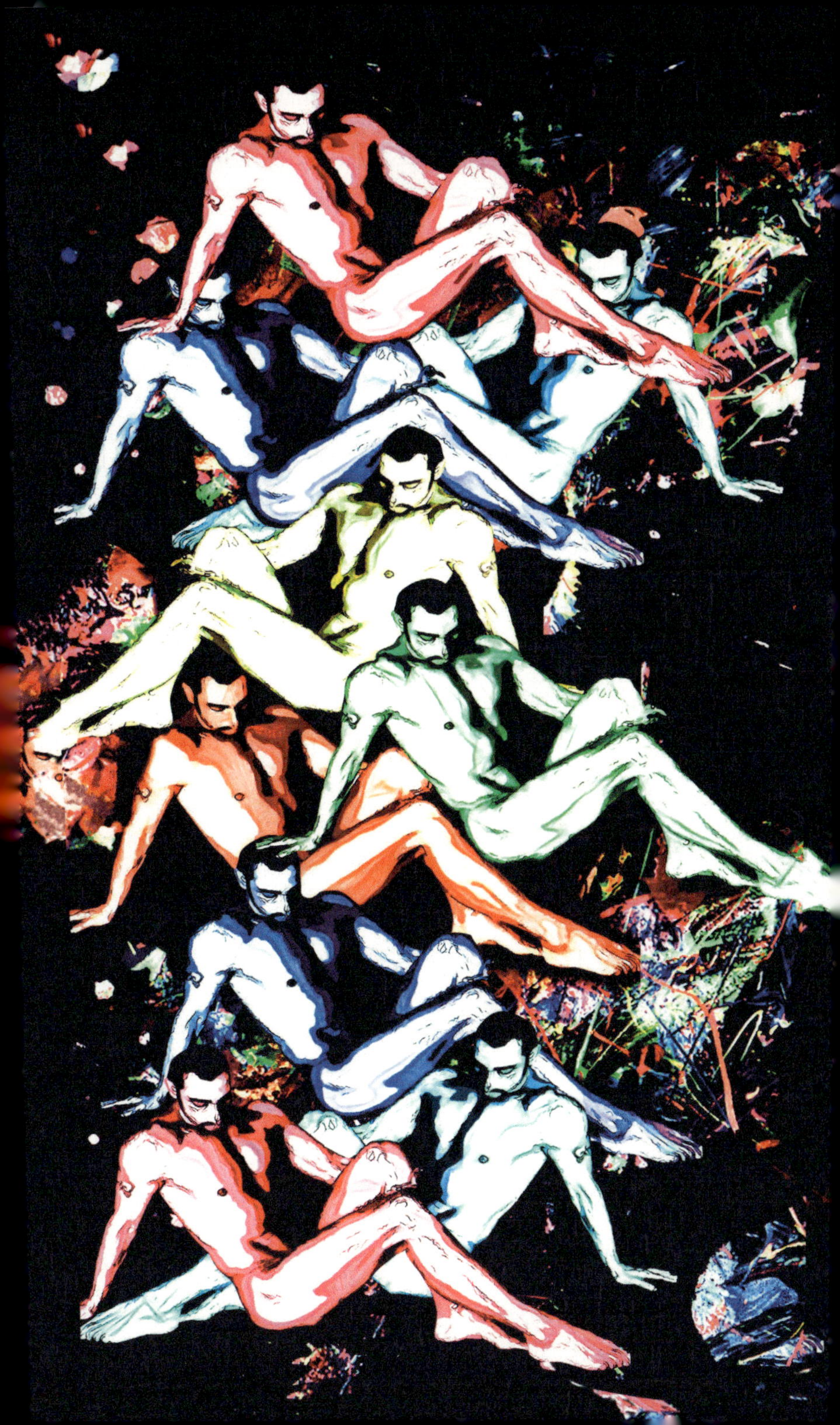

Ich hatte auf der Stelle sechzehn Zentimeter weniger Taillenumfang. Ich fühlte mich wie neu geboren. Doch damit nicht genug. Wenige Kilometer von der Rosenparkklinik entfernt befindet sich eine der modernsten Zahnkliniken der Welt. Meine Zähne sollten als nächstes drankommen. Obwohl ich diese immer gut pflegte, entsprachen sie nicht mehr dem Schönheitsideal, das ich hatte. Ja, ich gebe es zu, ich stehe auf weiße Zähne, die wie luxuriöse Perlen aneinandergereiht sind. Genau solche wollte ich haben. Natürlich hatte ich fürchterlichen Respekt vor der Operation, die immerhin fünf Stunden dauerte. Aber ich wusste mich in besten Händen. Meine größte Angst war allerdings, nicht mehr aus der Narkose aufzuwachen. Doch diese Bedenken schaffte der Narkosearzt gekonnt beiseite. Ich war geradezu überwältigt über das fantastische Resultat. Auch hier war es erneut der menschliche Aspekt, der mich überzeugte, die Operation dort zu machen. Sowohl Herr Dr. Andreas Jung als auch seine Frau Nadja haben sich sensationell um mich gekümmert. Wir wurden Freunde. Veränderungen machen sich aber auch oft im Vorfeld in unserer Umgebung bemerkbar. So auch bei mir. Wie ich bereits berichtete, stand ein erneuter Umzug an, ich brauchte ein neues Zuhause. Kennen Sie nicht auch diesen unbändigen Wunsch nach Veränderung?

Ich wundere mich immer wieder, dass Schönheitskorrekturen heute noch immer derartige Reaktionen hervorrufen können. Schon in alten Hochkulturen in Indien und Ägypten, wo Schönheit und Körperpflege einen weitaus größeren Raum im täglichen Leben einnahmen als in unserer heutigen Gesellschaft, gab es die ersten Schönheitsoperationen. Dies lässt sich unter anderem an mehr als 3.000 Jahre alten ägyptischen Mumien entdecken, denn schon damals gab es angenähte Ohren.

In seinem umfangreichen Operationskatalog listet auch der indische Chirurg Sushruta, der vermutlich im frühen 6. Jahrhundert vor Christus lebte, eine Art der Hauttransplantation auf, zudem Nasenkorrekturen. Angeblich soll Sushruta Stirnhaut benutzt haben, um Nasen zu rekonstruieren. Die Inder galten grundsätzlich schon lange als die besten Nasenoperateure schlechthin, selbst im 18. Jahrhundert reisten britische Chirurgen in das ferne Land, um sich dort weiterzubilden.

Auch die Körperpflege in Ägypten schloss immer dekorative Kosmetik ein. Kajal, Lidschatten, Rouge und Lippenstift waren im alten Ägypten von größter Bedeutung. Und das war nicht nur bei Frauen der Fall: Körperpflege und Kosmetik war eine Angelegenheit beider Geschlechter. Auch Männer trugen ganz selbstverständlich regelmäßig Make-up, oftmals sogar noch intensiver als ihre Frauen. Außerdem hatte das Schminken wohl durchaus hygienische und medizinische Gründe und diente unter anderem zum Schutz vor Insekten, Sandreiz und allzu hellen Sonnenstrahlen. Die Schönheit der Königin Cleopatra war legendär.

Eines Tages in St. Moritz betrat ich den Fahrstuhl und ich dachte, ich hätte versehentlich einen Monumental Film betreten. Vor mir stand Cher mit einem wundervollen Outfit samt Kopfputz und vollendetem Cleopatra-Make-up. Sie machte den Eindruck einer Pharaonin, allerdings mit einer bezaubernden Freundlichkeit, die aus ihren Augen strahlte. Eine wundervolle Begegnung mit einem großartigen Menschen.

Gina Lollobrigida

Eines Abends, wir saßen mit der Fürstin von Urach zum Dinner, da bemerkte diese plötzlich: „Ich muss euch etwas sagen: Gina hat sich über euch beschwert!“

„Sie hat sich über uns bei dir beschwert? Inwiefern?“, fragte ich sie.

„Nichts Schlimmes“, beruhigte sie mich, „aber irgendwie ist Gina enttäuscht, sie hat euch so oft zu Besuch eingeladen, ihr habt es immer wieder versprochen, aber nie eingehalten. Ihr solltet dies dringend nachholen.“

Ich hatte die Einladungen stets als Höflichkeitsfloskel einer Hollywood Diva interpretiert, doch Manuela verriet mir: „Mein Lieber, Gina ist in erster Linie Italienerin. Und wenn eine Römerin dich einlädt, dann ist das immer ernst gemeint! Also bitte tut mir den Gefallen, fahrt so schnell wie möglich hin.“

Und genau das taten wir dann auch.

Wir waren voller Vorfreude, als wir mit der Limousine in Richtung Via Appia Antica, auch die „Königin der Straßen“ genannt, anreisten. Die Via Appia Antica gehörte übrigens zu den wichtigsten Handelsstraßen des Römischen Reiches und gilt noch heute aufgrund der vielen historischen Bauten als das längste Museum der Welt. Auf dieser „Königin der Straße“ wohnten stets reiche Leute, das konnte man an den eleganten Villen erkennen, aber auch an den zahlreichen

Überwachungskameras und den Stacheldrähten. Hier wohnte unsere Königin, Gina Lollobrigida, versteckt hinter einem riesigen Tor, die uns schon sehnsüchtig in ihrer märchenhaften Villa erwartete. Wir fuhren mit dem Wagen durch das Tor die endlos erscheinende Einfahrt entlang, auf leicht steinigem Weg durch den Vorgarten ihrer Villa. Prachtvolle Blumenbeete und üppige Palmen und Zypressen schmückten den Park. Man roch den Duft der vielen farbenprächtigen Blumen, die so schön in der Sonne anzuschauen waren. Überall standen Skulpturen. Eine sah aus wie von Salvatore Dali geschaffen. Unzählige weiße Tauben flatterten um die Wette. Plötzlich sah ich viele Pfauen, weiße und grüne, die graziös über die grüne Wiese, zwischen all den Bäumen und Blumen stolzierten. Ein weißer Pfau schlug gerade ein gigantisches Rad mit seinen Schwanzfedern. Sie vollendeten den majestätischen Anblick des ganzen Areals. In weiter Ferne erblickte ich ein märchenhaftes, kleines, rosa Schlösschen, welches beim Näherkommen immer grösser wurde. Gina stand bereits mit weit geöffneten Armen am Eingang ihrer gigantischen Villa und begrüßte uns überschwänglich. Sie sah traumhaft aus. So elegant wie eine Grande Dame. Beim Betreten ihres Anwesens war ich von der ersten Minute an gefesselt. Ich bestaunte all die wunderbaren Kostbarkeiten, erlesene antike Möbel mit kostbaren Brokatbezügen, man versank in riesigen Teppichen, antike Ikonen und Skulpturen schmückten die Wände, funkelnde schwere Kronleuchter und römische Tierköpfe warteten uns auf. Kaum waren wir angekommen, empfing uns ein Aperitif zur Begrüßung, der uns gleich etwas ansäuselte, da Dieter und ich den ganzen Tag noch nichts gegessen hatten. Gina kennt mich und weiß, wofür mein Herz, neben ihren antiken Möbeln, schmachtet. Kleider. Natürlich. Ohne, dass ich danach fragen musste, was ich mich vermutlich auch nie getraut hätte, brachte sie uns über die große, majestätische Freitreppe in das obere Stockwerk ihrer Villa und offenbarte uns Einblicke in ihr imposantes Ankleidezimmer. Hunderte von glitzernden und prächtigen Kleidern, sorgfältig verpackt in durchsichtiger Folie, mit den passenden Schuhen und Gürteln strahlten mich an. Es war ein Traum, schaue ich doch so gerne in die Kleiderschränke der Frauen. Ich war wie in Trance beim Anblick all dieser Schätze, da ertönte plötzlich ein Klingeln und Gina klatschte in die Hände. Es war Zeit für das Essen. Auf feinstem Porzellan aßen wir Pasta mit Tomatensoße und tranken dazu Wein. Nach dem reichlichen Essen gingen wir hinaus auf die Terrasse und sahen den wunderschönen Garten noch einmal aus einer anderen Perspektive. Nun konnte ich auch ihre Skulptur, wie sie so schön sagte, sehen. Sie hatte es nicht übers Herz gebracht, ihren alten Rolls-Royce, mit dem sie vor einigen Jahren einen Autounfall hatte, wegzugeben. So beschloss sie, ihn als Skulptur in ihren Garten zu stellen, wo er allmählich vor sich hin rostete. Nach nur wenigen Minuten sah ich auch die vielen Pfauen wieder. Sie kamen scharenweise auf die Terrasse zugelaufen, von wo aus Gina ihnen die Reste unseres Essens zuwarf. Diese Pfauen weckten tiefe Gefühle in mir. Meine Mutter liebte, ja, verehrte Pfauen. Kurz vor ihrem Tode nahm sie meine beiden Hände und sagte „Sorge dich nicht. Ich werde immer bei dir sein, dich beschützen und begleiten, auf all deinen Wegen. Ich werde dir Zeichen senden.“ Sie drückte mir eine Pfauenfeder in die Hand und schlief für immer ein. Einige Jahre nach meiner Mutter starb auch meine geliebte Großmutter. Es gab in der Friedhofskapelle in Illingen, in der Großmutters Leichnam vor der Beerdigung aufgebahrt war, hinter dem Altar ein Fenster. Ich lauschte den Worten des Pfarrers, als ich plötzlich sah, wie sich hinter der großen Scheibe etwas näherte.

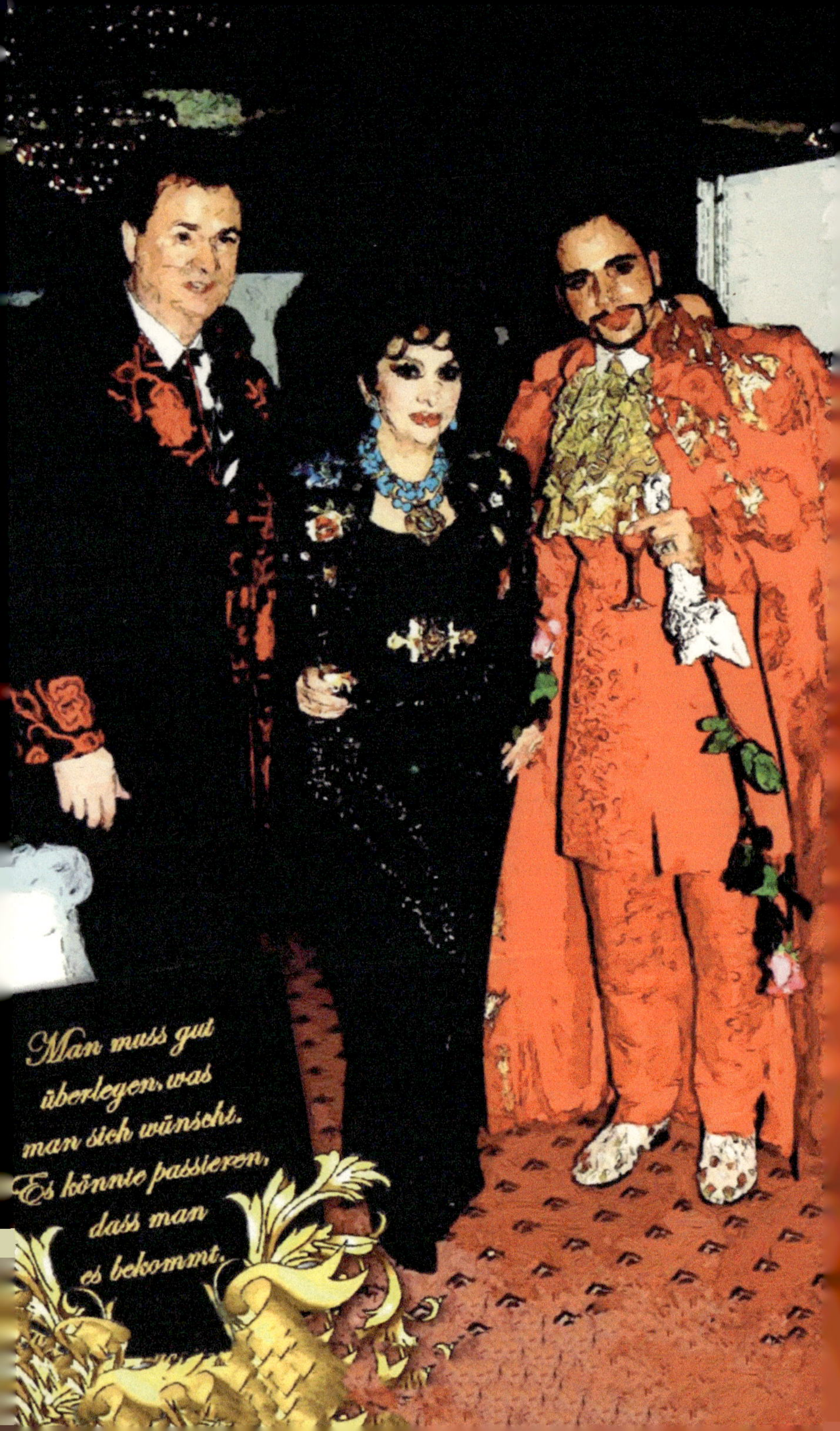
Man muss gut
überlegen, was
man sich wünscht.
Es könnte passieren,
dass man
es bekommt.

Ich dachte, ich hätte eine Halluzination. Vor dem Fenster stand ein Pfau, das Lieblingstier meiner Mutter. Ein Pfau, obwohl es weit und breit keinen Tierpark gab. Das Tier platzierte sich direkt vor der Scheibe und betrachtete, was im Inneren des Gebäudes vor sich ging. Und genau in dem Moment, als der Pfarrer den Segen sprach, machte er einen Knicks, schlug ein Rad und senkte den Kopf, als verneige er sich vor meiner Großmutter. In diesem Augenblick war ich mir sicher, dass dieser wunderschöne Pfau da draußen meine Mama war. Als mir später am Grab die Trauergäste ihr Beileid aussprachen, sagten zwei Nachbarinnen meiner Großmutter unabhängig voneinander zu mir: „Bub, hast du den Pfau gesehen? Das war deine Mutter." Als nächstes zeigte Gina ihre Schätze in ihrem selbst fein säuberlich angelegten Museum im Keller ihrer Villa. Da wimmelte es nur so von internationalen Magazinen und Titelseiten, die in den letzten Jahrzehnten über sie berichtet hatten. Ihr Gesicht schmückte über 5.000 Cover. Eine absolut atemberaubende Frau. Gina hatte uns angeboten, bei ihr zu wohnen, aber wir wollten nicht zur Last fallen und logierten deshalb in einem Hotel in Rom. Am Abend lud sie uns und einige ihrer Freunde zu einem Dinner ein. Es war ein unvergesslicher Abend. Sie erzählte uns von Begegnungen mit Fidel Castro, dem Schah von Persien, Frank Sinatra, Yul Brynner, Maria Callas, Marlene Dietrich, Arndt von Bohlen und Halbach. Es war unglaublich zu hören, was sie schon alles erlebt hatte. Ich fragte sie, ob sie denn nun keine Lust mehr habe, Filme zu machen. Daraufhin gab sie zu bedenken, dass mittlerweile alles anders sei: Das Hollywood, das sie kannte, existiere nicht mehr. Es gäbe keine Stars mehr wie Elizabeth Taylor oder Ingrid Bergmann, auch kaum noch gute Regisseure. Der Abend verging viel zu schnell und bereits am nächsten Tag waren wir wieder in die Villa eingeladen. Doch bevor wir eintraten, führte sie uns auf die andere Seite des Hauses in ein schnuckeliges kleines Gartenhaus, das sich als ihr Atelier herausstellte. Schon vor ihrer Filmkarriere studierte sie Malerei, bis sie dann später, im Alter von dreiundsechzig Jahren, zur Bildhauerei kam, ihrer Leidenschaft. Am Anfang habe man sie wohl niedergemacht und gesagt, sie solle doch bei der Schauspielerei bleiben. Doch das störte sie nicht und sie machte trotzdem weiter, um ihre Talente und Leidenschaften auszuleben. Ich konnte mich in diesem Moment sehr gut in sie hineinversetzen. Mir ging es nicht anders. Auch ihr war es egal, was andere Leute über sie dachten und ob man sie nun mochte oder nicht. Eine Skulptur von ihr aus einem Zeitungsartikel, den sie uns zeigte, fiel mir besonders auf. Es war die Abbildung eines Kindes, das auf einem Adler ritt. Ich sah sofort Gina in diesem Motiv. Gina als kleines Mädchen, das keine Angst vor extremer Höhe hatte und voller Neugier alles Mögliche beschritt. Nun führte sie uns in ihre Bibliothek, wo sie mit vielen anderen berühmten Persönlichkeiten wie Marilyn Monroe, Richard Nixon, Queen Elizabeth II., Burt Lancaster, Vladimir Putin oder Michael Jackson auf Bildern zu sehen war. Auch standen in den Regalen dort unzählige Bücher und Fotobände, die sie zum Teil selbst fotografiert hatte. Einige von ihren Büchern wurden zu Bestsellern. In ihrer Fotografielaufbahn hatte sie unter anderem Fidel Castro, Salvador Dalí, Paul Newman, Ronald Reagan und Fußballstar Pelé abgelichtet. Als Letztes zeigte sie uns etwas, auf das sie besonders stolz zu sein schien. Sie überreichte uns einen Rahmen mit einer italienischen Briefmarke darin, welche ein Gemälde von Mutter Theresa zeigte. „Die habe ich gemalt und man hat sie tatsächlich gedruckt", sagte sie. Wir hätten noch wochenlang in Rom bleiben können, aber leider gab es da ja noch unsere Verpflichtungen.

Als ich versteigert wurde

Als ich meine Biographie „Harald Glööckler" präsentierte, lud mich der Verleger zu einem Dinner im Hotel Steigenberger Frankfurt ein. Bei mir am Tisch saßen außerdem Herr Dr. Asfa-Wossen Asserate, Bestsellerautor und Großneffe des letzten äthiopischen Kaisers Haile Selassie, und Frau Dr. Auma Obama, Halbschwester des ehemaligen amerikanischen Präsidenten Barack Obama. Frau Dr. Obama und ich verstanden uns auf Anhieb und sie berichtete mir von ihrer Auma Obama Foundation Sauti Kuu. Sauti Kuu – Kisuaheli für „Starke Stimmen" – ist eine Stiftung, die Kindern in aller Welt Perspektiven geben will.

Das Hauptziel von Sauti Kuu besteht darin, ein Umfeld zu schaffen, das ein ganzheitliches Wachstum sowie eine ganzheitliche Entwicklung der Kinder und Jugendlichen ermöglicht. Einige Jahre später kontaktierte mich der Kiwanis Club Stuttgart mit der Bitte, doch als Ehrengast anlässlich der Gala ihrer Zwanzig-Jahr-Feier zu erscheinen. Ich sagte gerne zu, zumal es eine gelungene Gelegenheit darstellte, einen Abend mit meiner Freundin, Manuela Fürstin von Urach, und Frau Dr. Auma Obama zu verbringen. Es wurde ein wundervoller Abend mit einem schönen Dinner und einer Verlosung, die möglichst viel Geld für die Stiftung einbringen sollte. Doch wie so oft stellte sich die Auktion leider als sehr zäh dar und brachte nur wenig ein. Plötzlich kam jemand auf die Idee, ich könnte mich doch als Gast für ein Dinner, also einen Abend mit Harald Glööckler, versteigern lassen. Ich hielt dies in Anbetracht der sehr mühseligen Auktion, die sich vor meinen Augen abspielte, zunächst für keine gute Idee. Frau Dr. Obama sagte, sie würde mich auch begleiten und nach langem Zureden erklärte ich mich bereit, allerdings unter der Bedingung, dass ich mich selbst versteigerte. Wir gingen also auf die Bühne und ich erklärte den anwesenden Damen und Herren, dass meine Tagesgage normalerweise 25.000 Euro betrage und ich doch sehr hoffe, dass nun eine ansehnliche Summe zustande komme. Ich hätte schon in der Vergangenheit meine Erfahrungen mit Auktionen in Stuttgart gemacht und es wären nicht die besten, das sage ich Ihnen. Also erklärte ich den Damen und Herren weiter, dass sie nicht hier seien, um einen schönen Abend zu verbringen, sondern um Menschen, insbesondere Kindern, in schwierigen, sozial benachteiligten Verhältnissen zu helfen. Der Auktionator startete mit dreihundert Euro, worauf hin ich erwiderte: „Mit dreihundert Euro starten wir definitiv nicht. Ich selbst biete 3.000 Euro."

Und wenn das keiner überbiete, gehe ich mit Frau Dr. Obama alleine essen, das sei auch gut. Aber ich hoffte doch sehr, dass uns diese Peinlichkeit erspart bleibt, denn dies wäre ja wohl ein Armutszeugnis der geladenen Gäste. Ich mache es kurz, ich schaffte es, innerhalb von zehn Minuten 10.000 Euro für die Stiftung von Frau Dr. Obama zu generieren, der Zuschlag ging an das Auktionshaus Eppli in Stuttgart.

Ein paar Monate später war es dann soweit und ich löste mein Versprechen ein. Die Firma Eppli lud zu einem wundervollen Dinner in das Schloss Solitüde. Das Schloss Solitüde wurde 1763-1769 als Jagd- und Restpräsentationsschloss unter Herzog Carl Eugen von Württemberg, einem Vorfahren meiner Freundin der Fürstin von Urach Gräfin von Württemberg erbaut. Herzog Carl Eugen galt als ein überaus bau- und repräsentationsfreudiger Monarch und selbst Giacomo Casanova schwärmte von seiner prächtigen Hofhaltung. Seine Eskapaden überstiegen die finanziellen Möglichkeiten des Herzogtums Württemberg bei weitem und so wurde die Hofhaltung im Schloss Solitüde bereits 1775 wieder eingestellt. Heute befindet sich ein Gourmetrestaurant im Schloss, in welchem wir einen wundervollen Abend bei Kerzenlicht und im Ambiente mit edlem Champagner und köstlichem Essen verbrachten. So waren am Ende alle glücklich und wenn sie nicht gestorben sind, dann leben sie noch heute.

Was ich noch zu sagen habe ...

Was also ist das, was wir Leben nennen? Es ist ein Geschenk, das es zu entdecken gilt. Keines dieser offensichtlichen Geschenke, sondern es muss entpackt und entdeckt werden – jeden Tag, jeden Moment aufs Neue. Es ist wie einer dieser alten Schreibtische, die ein Geheimfach besitzen und in dieser versteckten Schublade befindet sich das eigentlich Wertvolle. Mit der Offenbarung des Fachs entdeckt man das Geheimnis, dass das Leben uns alles gibt, was wir uns vorstellen können. Das Geschenk „Leben" ist kein einmaliges Geschenk, es ist eine Aneinanderreihung von Millionen Geschenken von Geburt, also dem Anfang, bis zum Tod, dem Ende dieses Lebens. Jedoch nicht unseres Endes, denn wir werden niemals enden, wir nehmen lediglich eine andere Form an. Und dies tun wir auch im Leben, wir wechseln beständig unsere Gestalt und mit diesen verschiedenen Formen der energetischen Ausstrahlung, den Wellen, welche eine Form aussendet, formt sich auch unsere Umwelt ständig neu. Wir bilden demnach bewusst oder unbewusst unsere Umwelt und nehmen dieses beschränkte Bild irrtümlicherweise als statische Wahrheit an. In Wirklichkeit ist unsere Umgebung der Spiegel unseres Selbst – nicht mehr und nicht weniger. Das Leben ist ein Rätsel, das gelöst werden muss und wie es eben so mit Rätseln ist: Wo Fragen gestellt werden, tun sich sowohl Antworten als auch weitere Fragen auf.

Wenn wir begreifen, dass wir mächtig sind, statt ohnmächtig zu sein (wie man es uns lehrte), wenn wir erfahren, dass wir Schöpfer sind, statt Empfänger, wenn wir begreifen, dass es keine Begrenzungen gibt als diese, welche wir uns selbst erschaffen, wenn wir uns von all diesen Blockaden und Ängsten zu versagen, zu fallen, zu straucheln, alles zu verlieren, freimachen, wenn wir uns gegenwärtig werden, dass wir diese selbst erschaffen oder uns diese haben einreden lassen und in Wirklichkeit ist nichts davon existent, ja, dann erst beginnen wir, wirklich zu leben. Ja, dann erst beginnen wir, wirklich zu leben. Dazu bedarf es der Abkopplung von der kollektiven Meinung sowie der kollektiven Energie, die von den jahrtausendelang gegebenen Strukturen der Angst und des Gefühls der Machtlosigkeit erfüllt ist. Man hat uns so lange erzählt, dass wir klein sind, ein Niemand, dass wir auf diesem Platz, auf welchem wir geboren sind, verharren müssten, bis zum Tode. Und das alles nur, weil das Leben dem Einen die guten Karten und dem Anderen die schlechten Karten gäbe. Getrieben durch Gier ließen sich selbst intelligente Menschen zu unklugen Handlungen hinreißen, lebten in der Wahnvorstellung, es gäbe Begrenzungen an Geld, Gold und Reichtum, Zuneigung und Liebe. Aus diesem Grunde taten sie alles dafür, sich und ihren Besitz vor anderen zu schützen, sie bildeten Gruppen und Kasten zur Abgrenzung, damit niemand von unten nach oben gelangen konnte. Wer es doch schaffte, wurde als Emporkömmling geächtet und verurteilt. Anstatt den Menschen zu erklären, dass Gottes Geschenk Reichtum und Freiheit für jeden von uns bedeutet, hielten sie die Menschen in Armut und Abhängigkeit. Statt Liebe und Fürsorge zu spenden, verbreiteten die Kirchen Angst und Schrecken. Genau dies ist der Grund, warum wir uns so ängstigen. Wir sind Engel, denen man die Flügel abgeschnitten hat. Man hat uns kleingeredet.

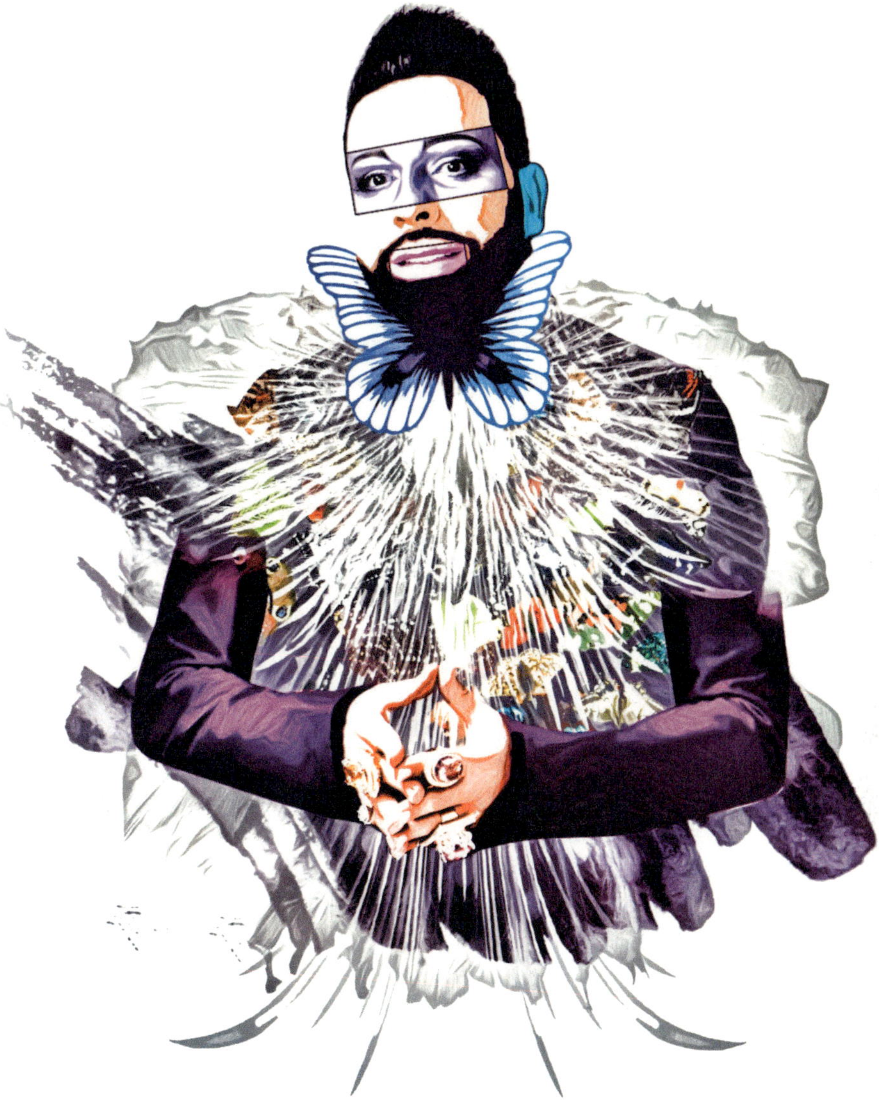

Doch da ist etwas, mit dem sie nicht gerechnet haben und dies ist der Schlüssel in ein Leben von Freiheit und Reichtum: die Fantasie. In der Fantasie ist alles möglich und das, was wir für möglich halten, werden wir erschaffen und erleben. Dies ist meine Message, meine Aufgabe in diesem Leben: den Menschen zu lehren, dass sie alles erreichen können. Es ist nicht einfach, aber in Wirklichkeit auch nicht schwer. Wir halten es für schwer, ja, geradezu für undenkbar und unmöglich, weil man uns immer wieder erzählt, ja, eingebläut hat, dass es so sei. Aber wenn wir aufhören, diesem destruktiven, unwahren Irrglauben zu folgen, ist es leicht. Wir müssen einfach unseren Wünschen in unserer Fantasie Ausdruck verleihen und uns die Welt kreieren, welche wir erhoffen. In Zeiten wie dieser Coronapandemie ist es für viele Menschen besonders schwer, in ihrer Mitte zu bleiben, ihrer inneren göttlichen Stimme zu lauschen. Sie verlieren sämtliche Intuition und die Fantasie fällt der Angst zum Opfer. Denn dies sind die Momente, in welchen uns die Ängste besonders im Nacken greifen und in die Knie zwingen können. Diese kollektive, lähmende Angst zerstört alles in und um uns herum. Deshalb ist es gerade in diesen Zeiten wichtig, bei sich zu bleiben, sich zu schützen, abzugrenzen und nicht in Panik zu verfallen. Eine lange Zeit meines Lebens verbrachte ich in einem solchen Zustand, meine ganze Kindheit, und ich sage Ihnen, es war wie Krieg. Zu Hause gab es täglich Streit, Gewalttätigkeiten seitens meines Vaters gegenüber meiner Mutter. Angst war allgegenwärtig. Ich habe nur überlebt, weil ich mich ausgeklinkt und abgegrenzt habe, meine eigene kreative Welt der Fantasie kreiert habe. Ich habe gelernt, in allem das Gute zu sehen und an diesem festzuhalten. So wurde ich zum Prince of POMPÖÖS. Auch in den Zeiten dieser Pandemie habe ich mich nicht kleinkriegen lassen. Ich habe mehrere Bücher geschrieben, das

Buch „Vor Zwölf“, „Krise als Chance“, „Famous by Harald Glööckler“ und zuletzt das Leben des „Prince of POMPÖÖS“. Ich habe Modekollektionen, Teppiche, Porzellan, Besteck, Pferde- und Hundeartikel, „Food and Beverage“-Produkte und vieles mehr auf den Weg gebracht. Und ich habe wundervolle Düfte kreiert. Die POMPÖÖS Parfums sind mystische Duftkompositionen, die es uns ermöglichen, in eine andere Welt einzutauchen. Sie reflektieren mein komplettes Leben und meine Erlebnisse. Lassen Sie sich inspirieren, beginnen Sie zu leben, machen Sie sich noch heute auf die Suche nach Ihrem Geheimfach, dem Geheimnis Ihres Lebens und beginnen sie noch heute damit, aus dem Vollen zu schöpfen, zu gestalten, ihr Leben zu kreieren. Übernehmen Sie die Führung über das Schiff, anstatt hilflos durch die Wellen des Lebens zu schaukeln. Er-Leben Sie.

Gott schütze Sie,

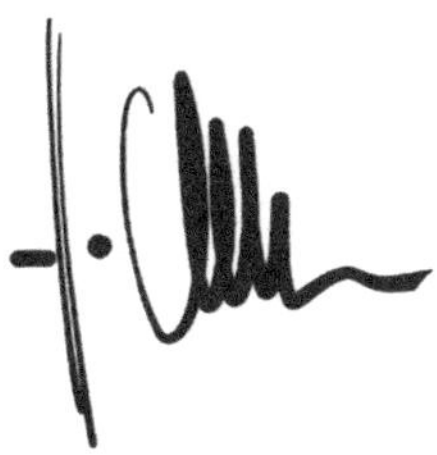

Harald Glööckler

Während ich dieses Buch schrieb, verstarb einer der größten Modemacher unserer Geschichte und einer derjenigen Personen, die mich in meinem Leben und Schaffen am meisten inspirierten: Pierre Cardin.

Die Presse bat mich daher um eine Stellungnahme und einen Nachruf, den ich für die Zeitschrift Cicero verfasste und an dieser Stelle gerne wiedergeben möchte.

Leute machen Kleider

EIN NACHRUF VON HARALD GLÖÖCKLER am 31. Dezember 2020

Wahre Mode beginnt dort, wo Frauen Kurven haben und aussehen wie Coca-Cola-Flaschen. Für den Modeschöpfer Harald Glööckler beherrschte Pierre Cardin eine Schneiderkunst für Persönlichkeiten aus dem echten Leben. Eine Verneigung vor dem am 29. Dezember verstorbenen großen Kollegen.

Pierre Cardin begleitet mich schon ein Leben lang. Mit sechs Jahren habe ich angefangen, mich mit Mode auseinanderzusetzen, da war Cardin schon allgegenwärtig. Die futurische Mode, die er gemeinsam mit André Courrèges und Paco Rabanne zwei Jahre vor meiner Geburt schuf, hat mich sofort in ihren Bann gezogen mit diesen puristisch abstrakten Linien.

So wie Cardin habe auch ich mit der Haute Couture begonnen und das Schneiderhandwerk von der Pike auf gelernt. Doch die Haute Couture umgibt eine große Überheblichkeit. Denn sie wird nur für einen ganz elitären Kreis von etwa zweihundert Kundinnen weltweit gemacht, was gemeinhin zum Maß aller Dinge hochstilisiert wird. Das ist lächerlich.

Haute Couture bewahrt Traditionen

Die Haute Couture hat ihre Berechtigung, und es ist auch schön, Traditionen zu bewahren, doch mit den Lebenswirklichkeiten junger Menschen hat das nichts zu tun. Für sie existiert die Haute Couture nicht mehr. Sie interessieren sich allenfalls dafür, was ein Influencer oder ein Hollywoodstar trägt. Eine Marke muss cool und kultig sein, sie kann sogar trashig sein, sie kann alles sein, solange sie den Nerv der Menschen trifft. Und am Ende des Tages machen die großen Modehäuser der Haute Couture ihr Geld auch nicht mit der Haute Couture, sondern mit Produkten wie der Kosmetik und Parfümerie, die sie den Menschen verkaufen, für die sie eigentlich keine Mode machen wollen – eine perverse Vorstellung. Das ist eine Dekadenz, die gerade unter der Lupe von Corona nicht mehr tragbar ist.

Pierre Cardin war immer anders. Er war der Erste, der sich von der Haute Couture abgewandt und die Prêt-à-porter mit wirklich bezahlbarer Mode zu einer Marke manifestiert hat. Was für eine glorreiche Pariser Palastrevolution! Böse Zungen versuchten sofort, seiner Marke einen Schiffbruch herbeizureden, doch das Gegenteil traf ein. Cardin war nicht nur ein großartiger Modeschöpfer, sondern auch ein kluger Unternehmer, der neben dem Immobiliengeschäft und Restaurants vor allem das Lizenzgeschäft mit seiner Marke Cardin zu Weltruhm führte. Ich bewundere ihn dafür sehr. Was für ein Vorbild, was für ein Motivator.

Schneiderkunst beginnt bei den Kurven

Auch ich habe in den Anfängen schnell realisiert, dass es keine große Kunst ist, einen Schnitt für eine Kleidergröße 34 oder 36 zu entwerfen. Einer dünnen Frau kann man einen Lappen umhängen, und sie sieht toll darin aus. Wirkliche Schneiderkunst ist erst dann gefragt, wenn eine Frau Kurven hat. Für mich sieht der Körper einer Frau wie eine Colaflasche aus und nicht wie eine Bambusstange. Ich denke, viele Designer machen deshalb keine Mode für Kleidergrößen, die der Wirklichkeit einer Frau entsprechen, weil sie es schlichtweg nicht können.

Diese Mode kann man nur kreieren, wenn man die Menschen auch tatsächlich liebt und ihnen nahe ist. Man muss wissen, was die Wünsche einer Frau sind, die Kinder groß zieht und nebenher noch arbeiten muss, weil sonst das Geld nicht reicht. Diese Frauen möchten aber auch schick aussehen. Diese Bedürfnisse und Begehrlichkeiten zu erspüren und gleichzeitig eine Mode anzubieten, die pflegeleicht und unkompliziert ist, ist der heilige Gral eines erfolgreichen Modehauses. Pierre Cardin besaß diese Fähigkeiten wie kaum ein anderer, denn er hat nie die Basis aus den Augen verloren.

Die Persönlichkeit formt die Mode

Das Sprichwort nach Gottfried Kellers gleichnamiger Novelle „Kleider machen Leute" trifft deshalb auch nur bedingt zu. Es stimmt schon, dass dieselbe Person in verschiedenen Outfits abgewiesen oder eingeladen wird an einer Tür. Doch die Kleider alleine machen es nicht. Denn die Kleidung muss ausgefüllt werden mit Persönlichkeit. Erst wenn Haltung und Grandezza auf die richtige Kleidung treffen, passiert der Zauber, den Mode auslösen kann.

Der Zauber der Marke Cardin hat sich in den Köpfen der Menschen so sehr eingebrannt und hat auf so vielen unterschiedlichen Ebenen alles überstrahlt, dass selbst ich nie daran gedacht habe, Pierre Cardin könnte irgendwann einmal sterben. Er war nie so laut wie andere Designer und trotzdem immer präsent – so wie Gott, den sieht man auch nicht immer, und er ist trotzdem da. Zurecht kann man bei Pierre Cardin von einem Modegott sprechen. Bis zuletzt hat Cardin an Kollektionen gearbeitet. Das Geheimnis seines hohen Alters mag daran liegen, dass ihn stets diese Faszination für die Erschaffung neuer Mode umgab.

Eine Verneigung

Modeschöpfer sind meist große Romantiker, die die Welt immer schöner sehen, als sie eigentlich ist. Das ist auch bei mir so und meine Rettung in diesem Leben. Pierre Cardin wurde 98 Jahre alt. Ich bin 55 Jahre alt und habe noch 43 Jahre Zeit, dem Beispiel Cardins zu folgen. Möge das Beste noch vor mir liegen. Ich verneige mich vor Pierre Cardin.

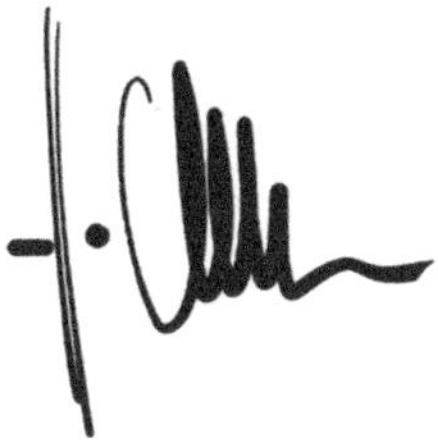

Harald Glööckler bringt deutlich und direkt, aber auch mit einem kleinen Augenzwinkern auf den Punkt, welche Strategien Erfolg und Bekanntheit nach sich ziehen. Mit überraschender Leichtigkeit gewährt er tiefe Einblicke in sein Leben als Unternehmer, Modeschöpfer, Designer, Maler und Medienstar. Der Autor formuliert in seinem ganz eigenen Stil praktische Hinweise und aufschlussreiche Lektionen, denn wenn jemand weiß, wie man mit Klugheit, Weitsicht und höchstem persönlichen Einsatz berühmt werden kann, dann Harald Glööckler. Mit dem Berühmtwerden ist es wie beim Ballett es bedarf bestimmter Voraussetzungen und viel Übung, das Ganze sollte jedoch niemals angestrengt, sondern immer mit selbstverständlicher Leichtigkeit praktiziert werden.

Famous

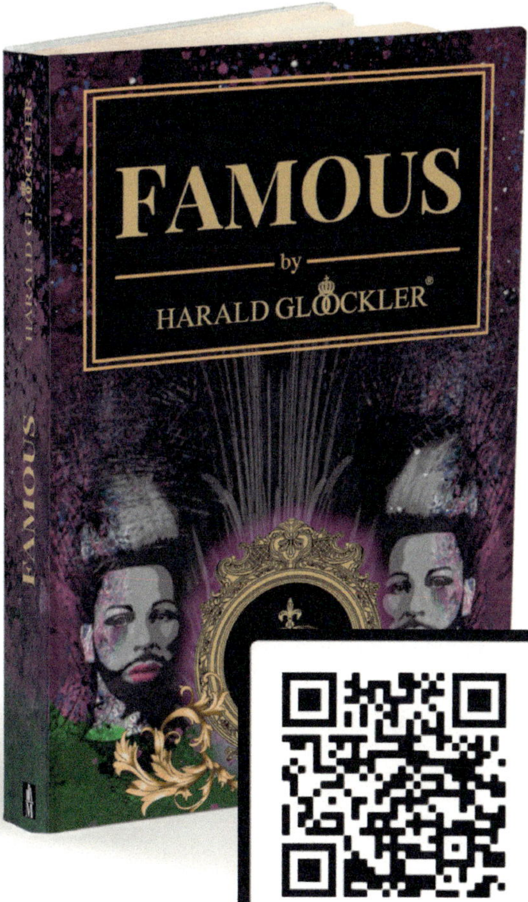

SCAN ME

Harald Glööckler erklärt, wie
jeder Mensch in schwierigen
Zeiten glücklich und
erfolgreich werden kann, ohne
sich selbst zu verlieren.

Krise als Chance

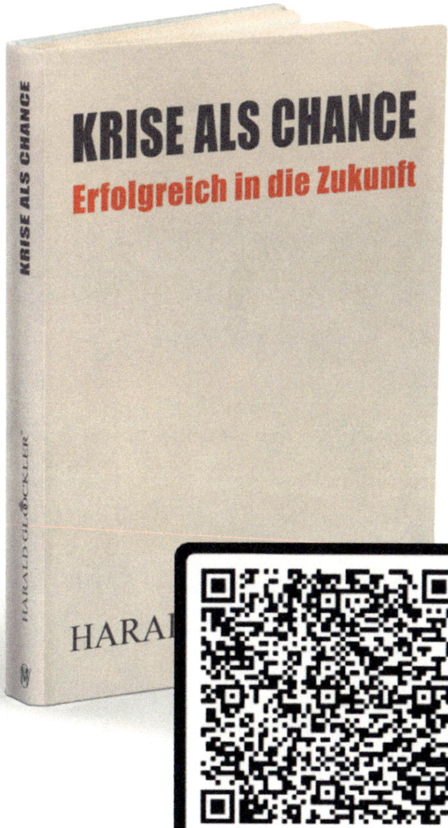

SCAN ME

In seiner gesellschaftskritischen Auseinandersetzung widmet sich Harald Glööckler den Fragen:
Warum haben wir Menschen uns so entwickelt, dass wir unseren Planeten Erde zerstören, verwüsten, verschmutzen und andere Lebewesen quälen und töten?
Wie konnte es soweit kommen?
Dabei klagt Harald Glööckler jedoch nicht an. Er will die Verantwortung, die jeder Mensch selbst in sich trägt, weder an die Politiker, noch an die Gerichtsbarkeit abgeben.

„Es ist fünf vor zwölf, aber noch nicht zu spät, um unser Verhalten zu ändern, die Welle der Brutalität und Zerstörung zu stoppen und die Erde bunter und schöner zu machen.“

Harald Glööckler vermittelt einfühlsam, wo wir heute stehen und welche Möglichkeiten uns bleiben, die Entwicklung der Welt positiv zu beeinflussen. Ein Plädoyer für ein Dasein in Liebe, Freundlichkeit und Verantwortung gegenüber der Natur und allen Lebewesen.

Vor Zwölf

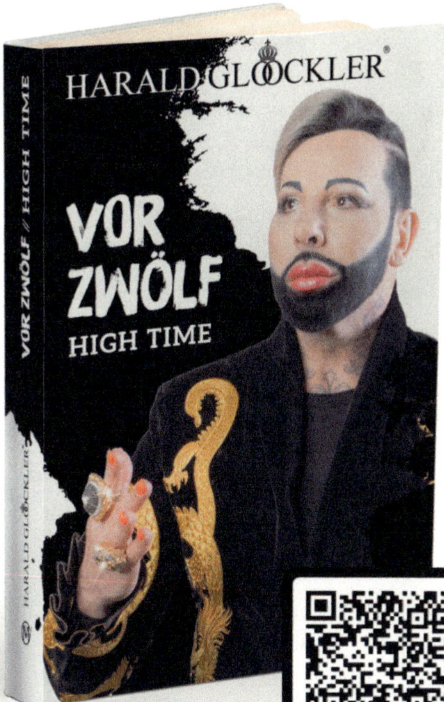

SCAN ME

Designer, Autor, Maler, Couturier, Multitalent und auf alle Fälle sehr pompöös: Das ist Harald Glööckler. Neben seiner schillernden Persönlichkeit überzeugt der Ausnahmekünstler auch durch Lebensfreude, Tiefgang und einer reflektierten Lebenshaltung. Harald Glööckler ist ein Menschenfreund und setzt sich aktiv für den Naturschutz ein. Neben der Unterstützung von PETA sammelt und spendet der Künstler seit vielen Jahren für Kinder in Not und macht auf Missstände aufmerksam.

Sein Credo: "Jede Frau ist eine Prinzessin" ist Programm: Unter seiner Lifestyle-Luxusmarke POMPÖÖS® kann Prinzessin alles kaufen, was ihr Herz begehrt!

Harald Glööckler proklamiert den romantischen Ansatz: Die Welt ist schöner als sie im ersten Moment erscheint. Der Exzentriker philosophiert über Gott und die Welt, dabei scheut er sich nicht, Missstände konkret anzusprechen.
Doch damit nicht genug: Harald Glööckler ist ebenfalls als Maler und Skulpteur anerkannt und erfolgreich tätig. International renommierte Größen der Kunstszene wie Prof. Dr. Helge Bathelt vom Verein Bildender Kunst und Kultur in Deutschland loben sein Schaffen. Und somit erweist sich Harald Glööckler tatsächlich als wahrhafter Ausnahmekünstler.

Art

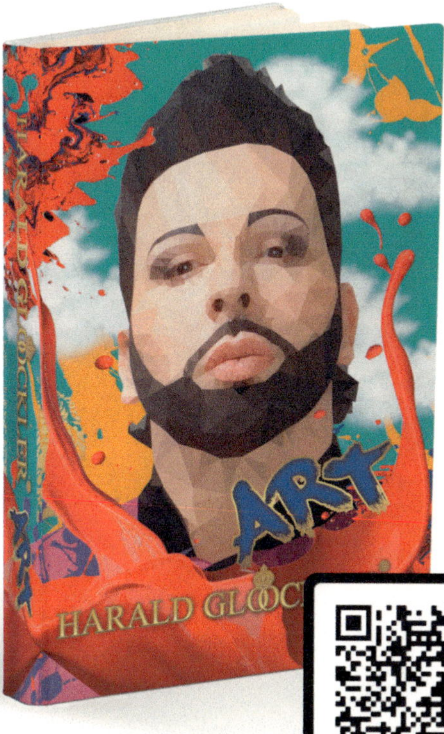

SCAN ME

FSC
www.fsc.org
MIX
Papier aus verantwortungsvollen Quellen
Paper from responsible sources
FSC® C141904